墨子

平民圣人的10堂智慧课

司徒司空 著

台海出版社

图书在版编目(CIP)数据

墨子：平民圣人的 10 堂智慧课 / 司徒司空著.--北京：台海
出版社,2015.8

ISBN 978-7-5168-0710-1

Ⅰ.①墨… Ⅱ.①司… Ⅲ.①墨翟(前 480~前 420)-哲学思想
-通俗读物 Ⅳ.①B224-49

中国版本图书馆 CIP 数据核字(2015)第 210342号

墨子：平民圣人的 10 堂智慧课

著　　者：司徒司空

责任编辑：王　品

装帧设计：虞　佳　　　　　　版式设计：通联图文

责任校对：尹丹丹　　　　　　责任印制：蔡　旭

出版发行：台海出版社

地　址：北京市朝阳区劲松南路 1 号，邮政编码：100021

电　话：010-64041652(发行,邮购)

传　真：010-84045799(总编室)

网　址：www.taimeng.org.cn/thcbs/default.htm

E-mail：thcbs@126.com

经　销：全国各地新华书店

印　刷：北京柯蓝博泰印务有限公司

本书如有破损、缺页、装订错误,请与本社联系调换

开　本：710mm×1000 mm　　　1/16

字　数：280 千字　　　　　　印　张：17

版　次：2016 年 1 月第 1 版　　印　次：2016 年 1 月第 1 次印刷

书　号：ISBN 978-7-5168-0710-1

定　价：36.00 元

1

据《史记·孟子荀卿列传》记载:"盖墨翟宋之大夫,善守御,为节用。或曰并孔子时,或曰在其后。"自此,后世便对墨子的身世争论不休,有说是宋人,有说是鲁人。也有的说他原为宋国人,后来长期住在鲁国。

近代学者一般认为,墨子生于公元前476年左右,卒于公元前390年左右。

墨子出身低微,"上无君上之事,下无耕农之难",可能是一个接近手工业劳动者的读书人。因而墨子养成了注重节俭、劳身苦志的作风,"量腹而食,度身而衣",吃的是"藜藿之羹",穿的是"短褐之衣",足登的是"跂蹻"。

墨子"好学而博"。据《史记》记载:"学儒者之业,受孔子之术"。除创立与儒学并称为显学的墨家学派外,墨子在科学技术领域,如宇宙论、数学、物理学、机械制造、哲学等方面都有开创性的成就。相传他的木工技术也很精湛,与鲁班齐名,其制成的"木鸢",据说三天三夜飞在天空没有掉下来。

墨子因墨学而成为战国时期最具影响力的大思想家之一。墨子以"为万民兴利除害"为使命,"日夜不休,以自苦为极",长期奔走于各诸侯国之间宣传自己的政治主张。为游说诸侯,谋求制止战争,安定社会,安定民生,墨子"平生足迹所及,则尝北之齐,西使卫,又屡游楚,前至郢,后客鲁阳,复欲适越而未果"。

墨子的思想、事迹活动主要记载在《墨子》一书中。《墨子》内容广博,涉及政治、军事、哲学、伦理、逻辑、科技等方面,是研究墨子及其后学的重要史料。

2

国学大师季羡林说："墨子在人类文明史上，代表了一个时代的高度，他在哲学、教育、科学、逻辑、军事防御等许多领域都有杰出贡献，是一位伟大的平民圣人。"

他与众多圣贤一道，展开思想的砥砺和交锋，共同创造了百家争鸣的繁荣局面。但他从不是一个单纯的思想者，在先秦诸子普遍轻视下层体力劳动者的情况下，他却始终不脱离生产实践和科学实验活动，他突破了大多数思想家局限于人文科学的思考范式，将社会意识与自然规律作综合一体的观照，因而，他的政治观点和学术思想，打上了深深的下层劳动者的印记；同时，也形成了他独具特色的智能结构和人格魅力。

在墨子生活的时代，像他那样拥有如此广博的知识、多方面的建树和熟练的手工技艺的人，几乎是绝无仅有的。用现代的话说，墨子是一个集思想家和科学家于一体的全能型人才。

3

20世纪中国上半叶，当时社会上最具影响的政治精英和文化巨擘，在对墨子的兴趣和地位评价上，章太炎与梁启超，胡适与鲁迅，蒋介石与毛泽东，并没什么不同。

鲁迅在《故事新编》里，直接赞颂过墨子的言行。将墨子视为中国的脊梁。蒋介石在"西安事变"期间，"阅墨子自遣"，当时任中共中央宣传部政治秘书的陈伯达，在1939年写成《墨子哲学思想》一书，毛泽东以略见欣喜和肯定的语气，对陈说，"这是你的一大功劳，在中国找出赫拉克利特来了"。

本书采撷《墨子》中的语录，发掘墨家思想中的精华，使之与已成为中国主流文化的儒家思想相结合，带领读者顿悟生命中的大智慧，洞见历史深处的大光明，获得对自身及周围世界别样的感受。

目 录
contents

第一章

大爱无疆,用善良温暖冷漠

1. 爱人者,人恒爱之

【原文】爱人利人以得福者,有矣!恶人贼人以得祸,亦有矣!

【大意】爱人利人而得福的,是有的!厌恶人残害人而得祸的,也是有的!

兼爱,是墨家学派所倡导的"十大主题"之一。所谓"兼爱",就是人们之间不存在血缘与等级的观念,不论是什么人,都爱别人如同爱自己,视人如己,相亲相爱。

20世纪30年代,在德国的一个小镇,有一个犹太传教士,每天早晨总是按时到一条幽静的小路上散步。不论见到谁,他总会热情地打一声招呼:早安!

小镇上一个叫米勒的年轻人,对传教士每天早晨的问候,反应很冷淡,甚至连头都不点一下。然而,面对米勒的冷漠,传教士未曾改变他的热情,每天早晨依然给这个年轻人道早安。几年以后,德国纳粹党上台执政。传教士和镇上的犹太人,都被纳粹党徒集中起来,送往集中营。下了火车,列队前行的时候,有一个手拿指挥棒的军官,在队列前挥舞着指挥棒,叫道:"左,右。"指向左边的将被处死,指向右边的则有生还的希望。轮到点传教士的名字了。当他无望地抬起头来,眼睛一下子与军官的眼睛相遇了。传教士不由自主地脱口而出:早安,米勒先生。

米勒虽然板着一副冷酷的面孔,但仍禁不住说了一声:早安。声音低得只有他们两人才能听到。然后,米勒果断地将指挥棒往右边一指。传教士获得了生的希望……

人是很容易被感动的,而感动一个人靠的未必都是慷慨的施舍、巨大的投入。往往一句热情的问候,一个温馨的微笑,就足以唤醒一颗冷漠的心。但这需要你付出内心的真情实感。

如果说上面这个事例说明了"爱人利人而得福",那么下面这个例子则说明"厌恶人残害人而得祸",两者结局悬殊之大,令人扼腕深思。

越战结束后,一个士兵打完仗回到国内,从旧金山给父母打了一个电话。

"爸爸,妈妈,我要回家了!但我想请你们帮我一个忙,我要带我的一位朋友回来。"

"当然可以。"父母回答道,"我们见到他会很高兴的。"

"有些事必须告诉你们,"儿子继续说,"他在战斗中受了重伤,他踩着一个地雷,失去了一只胳膊和一条腿。他无处可去,我希望他能来我们家和我们一起生活。"

"我很遗憾地听到这件事,孩子,也许我们可以帮他另找一个地方住下。"

"不,我希望他和我们住在一起。"儿子坚持。

"孩子,"父亲说,"你不知道你在说些什么,这样一个残疾人将会给我们带来沉重的负担,我们不能让这种事干扰我们的生活。我想你还是赶快回家来,把这个人给忘掉,他自己会找到活路的。"

就在这个时候,儿子挂上了电话。

父母再也没有得到他们儿子的消息。几天后,他们接到旧金山警察局打来的一个电话,被告知,他们的儿子从高楼上坠地而亡,警察局认为是自杀。

悲痛欲绝的父母飞往旧金山。在陈尸间里,他们惊愕地发现,他们的儿子只有一只胳膊和一条腿。

墨子认为诸侯国之间互相攻伐,家与家之间互相篡夺,人们之间互相残害,君臣之间不忠诚,父子之间不慈孝,兄弟之间不友爱,都是由人们之间只知自爱、不能相爱而引起的,因此他倡导兼爱。

爱的可贵之处就在于它:化解了冲突,创造了和谐;缓和了撞击,建立了平衡;避免了扭毁,保全了物性。当心灵有了爱,我们的生命便像是演奏家手中的六弦琴,会被弹出一支支悦耳动听的妙曲;当心灵有了爱,我们的生命便像是穿越生活之海的帆船,一阵阵狂风的袭扰,只能使高高的桅杆在空中划出优美的弧线;一次次浪涛的洗礼,正是为航海者的引吭高歌奏响的和弦。

生活中,有些人自私自利,不知爱人,或者带有功利性地去爱人。结果往往使自己陷入绝境,又或者失去最珍爱的人。凡是不能去真正爱人的人,别人一定也不会爱你。

2. 帮助别人就是帮助自己

【原文】爱人不外己,己在所爱当中。

【大意】爱别人并不是不爱自己,自己也在所爱当中。

墨子在强调爱人的同时也指出,爱别人并不是不爱自己,在你帮助别人的同时,也会给自己带来快乐。你若热心帮助别人,很有可能为自己带来幸运。这是因为,在很多时候,我们在帮助别人的时候,也等于是在帮助自己。

一天,一个贫穷的小男孩儿为了攒够学费,正在挨家挨户地推销商品,劳累一天的他此时感到非常饥饿,但是,摸遍全身,却只有一角钱,怎么办呢?经过一番思考,他决定向下一家讨口饭吃。门铃响过之后,一位美丽的年轻女子打开了房门,站在门口,面带微笑地看着小男孩。然而,这个小男孩儿却有点不知所措了,讨口饭吃的话最后化为乞求一口水喝。

也许是女孩看出了他很饿,以及他的为难,只见她转身回屋,拿了一大杯牛奶给他。男孩儿慢慢地喝完牛奶,问道:"我应该付多少钱?"这时,美丽女子笑了笑,然而摇摇头,答道:"一分钱不用付。妈妈常常教导我们,施予爱心,不应该图回报。"男孩儿说:"那么,就请接受我由衷的感谢吧!"说完,男孩儿离开了这户人家。

十五年后,那位美丽的女子得了一种罕见的怪病,当地的医生对此束手无策。最后,她被转到大城市医治,由专家会诊治疗。大名鼎鼎的霍华德·凯丽医生参与了医治方案的制定与手术的执行。

经过艰辛努力,手术非常成功。当接到药费通知单的时候,她几乎不敢看,因为她确信,治病的费用将会花去她全部的积蓄。最后,她还是鼓起勇气翻开了医药费通知单,旁边的那行小字引起了她的注意,她不禁轻声读了出来:"医药费……一满杯牛奶。"

原来,这个霍华德·凯丽医生就是曾经那个她曾经帮助过的小男孩儿。治疗期间,霍华德·凯丽医生无意间发现床上躺的病人就是那位曾经帮助过他的恩人,决心竭尽所能来治好恩人的病。手术成功之后,在医药费通知单旁边,他签了自己的名字。

从这个颇具传奇色彩的故事中,我们看到了一个生活中最朴素的道理:热心帮助别人,你才可能在需要的时候,得到别人的帮助。

青年演员米歇尔刚出道时,英俊潇洒的外貌以及演技绝佳的表演天赋,使他受到许多人的欢迎,很快就成为主要角色演员。

然而,这还远远不够,他的目标是把自己刻在全国每一个人的心目中。所以,他需要有人为他包装和宣传以扩大名声,也就是说,他需要一个公共关系公司为他在各种报刊杂志上刊登他的照片和有关他的文章,增加他的知名度。

建立这样的公司,肯定需要花费许多钱,虽然,米歇尔已经很红了,但是,这笔钱对于刚出道不久的他来说,仍然有些多。偶然的一次机会,他认识了莉莎。莉莎曾经在纽约一家最大的公共关系公司工作了好多年,她不仅熟知业务,而且也有较好的人缘。几个月前,她自己开办了一家公关公司,并希望最终能够打入有利可图的公共娱乐领域。然而,直到目前为止,比较出名的演员、歌手,甚至夜总会的表演者都不愿同她合作,她的公司主要靠一些小买卖和零售商店,经营得非常吃力。

经过一番秘谈,两人一拍即合,联合干了起来。她为米歇尔提供出头露面所需要的经费,而米歇尔则是她的代理人。事后,他们的合作达到了最佳境界。英俊有才华的米歇尔常常在电视剧中出现,而莉莎则让一些较有影响的报纸和杂志把眼睛盯在他身上。随着米歇尔名气越来越大,莉莎也出名了,越来越多的知名演员开始找她洽谈业务。而米歇尔不但不用为扩大自己的知名度花大笔的钱,而且还使自己在业务的活动中处于有利的地位。

他们互相满足了对方的需要,也使自己的需求得到了满足——米歇尔通过莉莎获得为自己作宣传的开支;莉莎则通过歇尔作自己的代理人吸引了众多的名人。

最智慧的做人之道是:"助人亦助己"。每个人都渴望实现自己的人生目标,然而,在实现人生目标的过程中,会遇到种种困难,如果你不善于借助别人的帮助开始起跳人生, 不善于给需要帮助的人送去帮助,那么,想要成功则是一件非常困难的事情。

3. 心存孝义,大爱无声

【原文】视父兄与君若其身? 犹有不慈者乎?

【大意】看待父亲、兄弟和君上像自己一样,还会有不慈爱的吗?

在古代,帝王选用良才时,首先就看你是不是孝子。他们认为:连生养自己的父母都不孝,怎么会对我君王尽忠呢? 此说十分有理。

现在不少人交朋友、找对象,有的厂长、经理选用部下、秘书、招工,也把"孝"字作为条件之一。因为孝敬父母的人忠心耿耿,实在可靠,在工作上会忠于职守,敬业精神强,不易出乱子。

可见,孝敬父母是一切良好品德形成的基础。所以,中国古代是以孝道作为思想教育的中心,有德之君以孝治天下,其本人也是百姓行孝、尽孝的好榜样。

很久以前,有一棵大大的苹果树。一个小男孩每天都喜欢来这儿玩。他有时爬到苹果树上吃苹果,有时躲在树荫里打个盹儿……

时光流逝,小男孩渐渐长大。

一天,小男孩回到树旁,一脸忧伤。树说:"和我一起玩吧!"

男孩回答:"我已经不是小孩子了,我想要玩具,我想有钱来买玩具。"

树说:"抱歉,我没有钱……但你可以摘下我的苹果拿去卖。"

男孩把苹果摘了个精光,开心地离去了。

一天,男孩回来了,树喜出望外。树说:"和我一起玩吧!"

"我没有时间玩。我要做工养家,我们要盖房子来住。你能帮我吗?"

"你可以砍下我的树枝来盖房子。"

男孩把树枝砍了个精光。

树再次寂寞和难过。

一个盛夏,男孩回来了,树雀跃万分。男孩说:"我越来越老了,我想去划船,悠闲一下。你能给我一条船吗?"

"用我的树干去造一条船吧。你可以开开心心地想划多远就多远。"

男孩锯下树干,造了一条船。

终于,多年以后,男孩又回来了。树说:"抱歉,我的孩子,可惜我现在什么也不能给你了……我惟一留下的就是枯老的根了。"树流着泪说。

"我现在只要有个地方歇一下就好了。经过了这些年,我太累了。"男孩说:"老树根是歇脚的最好的地方了。"

男孩坐了下来,树开心得热泪盈眶……

这是我们每个人的故事。树就是我们的父母。

当我们长大后,离开他们……只有当我们有求于他们或遇到麻烦的时候,我们才回家。

你可能觉得男孩对树太无情,然而我们谁又不是那般对待我们的父母的呢?

如果说,世界上还有哪一种爱是无私的话,那就是父母对儿女的爱;如果说,世界上还有哪一种爱可以让我们泪流满面,那也只有父母对儿女的爱。

季羡林曾经写过一篇叫《赋得永久的悔》的文章,内容是追忆母亲对他的深爱。季羡林自从离家出外求学,就很难与母亲见上一面,以致母亲临终时,都未能见到儿子最后一面,季羡林对此一直悔恨不已。

季羡林一直为自己不能尽孝而自责。季羡林曾写道:"我不忍想象母亲临终思念爱子的情况;一想到,我就会心肝俱裂,眼泪盈眶。当我从北平赶回济南,又从济南赶回清平奔丧的时候,看到了母亲的棺材,看到那简陋的屋子,我真想一头撞死在棺材上,随母亲于地下。我后悔,我真后悔,我千不该万不该离开了母亲。世界上无论什么名誉,什么地位,什么幸福,什么尊荣,都比不上待在母亲身边,即使她一个字也不识,即使整天吃'红的'。"

季羡林曾自责道:"我这永久的悔就是:不该离开故乡,离开母亲。'永久的悔'莫过于这种天人永隔的悔恨,再也无法弥补自己的错误,再也无法献上自己的深情厚谊。"

"百善孝为先",把孝放在一切善行之首,其用意可见一斑。自古以来,孝是中国文化中至关重要的一环。周朝建立礼乐制度,其中最重要的一条就是"祭祀丧服",也就是祭拜祖先以及为长辈守孝,以提倡"家"这一概念,由此才能让孝推广开来。

孔子曾教导弟子说:"夫孝,德之本也,教之所由生也。复坐,吾语汝。身体发肤,受之父母,不敢毁伤,孝之始也。立身行道,扬名于后世,以显父母,孝之终也。夫孝,始于事亲,中于事君,终于立身。"孔子把孝看得非常重,说它是"德之本",并由此延伸出行孝才能对他人有所贡献,实现自己的价值这一观点。

传说,春秋时期有个老莱子,对父母极其孝顺,七十岁了还会穿着彩色衣服,扮成幼儿,引父母发笑。老莱子贫穷,没有能力给父母物质上的享受,却能够逗父母开心,始终在父母身边。这样的孝才是一种真正明白父母所需的孝。

许多人把孝顺父母当成是一种负担,其实这是不对的,孝顺父母应该是一种爱,一种子女对于父母的爱,心中怀着感恩与爱去孝敬父母,那才是真正的孝。

《增广贤文》里说:"羊有跪乳之恩,鸦有反哺之义。"动物尚且如此,更何况人呢?一个人出生在这世界,由父母抚养长大,并给予教育和爱;及至成年,父母老了,难道不应该由我们来照顾吗?一个人如果连至亲的父母都不能孝顺,不知关爱,那这个人还有什么感情可言?

4. 赠人喜乐,爱心无界

【原文】视人之国,若视其国;视人之家,若视其家;视人之身,若视其身。是故诸侯相爱,则不野战;家主相爱,则不相篡;人与人相爱,则不相贼;君臣相爱,则惠忠;父子相爱,则慈孝;兄弟相爱,则和调。天下之人皆相爱,强不执弱,众不劫寡,富不侮贫,贵不敖贱,诈不欺愚。凡天下祸篡怨恨,可使毋起者,以相爱生也。是以仁者誉之。

【大意】看待别人国家就像自己的国家,看待别人的家族就像自己的家族,看待别人之身就像自己之身。"所以诸侯之间相爱,就不会发生野战;家族宗主之间相爱,就不会发生掠夺;人与人之间相爱就不会相互残害;君臣之间相爱,就会相互施惠、效忠;父子之间相爱,就会相互慈爱、孝敬;兄弟之间相爱,就会相互融洽、协调。天下的人都相爱,强大者就不会控制弱小者,人多者就不会强迫人少者,富足者就不会欺侮贫困者,尊贵者就不会傲视卑贱者,狡诈者就不会欺骗愚笨者。举凡天下的祸患、掠夺、埋怨、愤恨可以不使它产生的原因,是因为相爱而生产的。所以仁者称赞它。

在人类大家庭里,每个人都是其中一分子,爱与被爱、自爱与他爱都是互相的,没有天生的高低贵贱之分。聪明人懂得,爱心是自己的事,是自己生命充实而有光彩的需要。无论是显贵一时还是默默无闻,无论是穷人还是富人,对爱心来说,那又有什么关系呢?

一个老和尚带着个六七岁的小和尚走进一个小饭馆。饭馆的老板布施给他们每人一个饼，他们正准备坐下吃饼时，店里又进来一个人。那人穿着一件破烂的上衣，弓着背，缓慢地走向狼藉的饭桌，寻找残羹剩饭。当他拿起别人吃剩下的东西时，小和尚不解地向老和尚道："师父，那人为什么吃别人剩下的饭菜？"

"他饿了，但是没有钱买饭菜。"老和尚小声地告诉小和尚。

"我们能给他一个烧饼吗？"小和尚怜悯地看着那个人。

"他是个有骨气的人，只吃别人不要的东西。"老和尚摇头道。

小和尚突然拿起手中的饼咬了一小口，然后跑到那人面前，把饼放在他前面的桌子上，又很快跑了回来。那人很惊讶，感激地看着小和尚，拿起了那个"吃剩的饼"开始狼吞虎咽。

看到这些，老和尚欣慰地拍了拍小和尚的头。

爱心使人善良、明智、聪慧。富有爱心，是人生的一大幸福。我们要以自己发自内心的慈悲和关爱去感召他人，我们会发现，生活到处都有爱心的足迹，爱心是没有界限的。

在一座半山腰上的寺庙，香客很多，来来往往很热闹。香客来寺庙拜佛许愿的同时，都会留下一些钱财作为"香油钱"供奉佛祖。

这天，来了一个叫花子，他参拜完佛祖之后，向着盛放"香油钱"的匣子走过去，他没有放钱，只是往里面放了一束野花。旁边的小和尚看见了刚要阻止，身旁的另一个和尚悄悄地拉了拉他的衣袖，低声对他说："这鲜花，也是香油钱。"

小和尚对这话并不是很明白，但是也没有多说什么。到了晚上快要睡觉的时候，他又想起了白天的事，于是就拿着那束鲜花来到师父的房间，师父看着鲜花就知道是什么事情了，没有问小和尚任何话，只是看着野花面露欣赏的微笑。

小和尚刚想要开口问师父，但是看着师父的笑容，他突然了悟了：供佛不一定非要用金钱，一束野花能让人心生愉快，不也是一份虔诚的爱心吗？

墨子提倡的兼爱是一种平等之爱，是一种抛开血缘的平等的博爱，对任何人一律平等。

首先要对自己生活周围的人富有爱心，如亲戚朋友，邻居街坊，单位同事，他们与自己都有着千丝万缕的联系，对他们怀有同情和关切之心，爱邻如己能够使自己的生活环境融洽、祥和、温馨。这是兼爱的第一个层次。

其次，能够对与自己不相关的人和事产生兴趣，并乐意尽力相助，有人落水了，赶快下去抢救；有房子失火了，赶快冲进去抱出啼哭的婴儿；遇到流氓闹事，能够见义勇为，主持正义；很遥远的地方受到灾乱了，捐献一点财物表示心意，等等。在这里，爱就是一种社会公德之心。

更有境界的人，对自己所属的民族、国家，对共生于这个地球的各个种族、各个国家满怀着热情，关心国际国内发生的大事，就像关心邻居发生的事一样。中国女排得了世界冠军，你能不兴高彩烈吗？中国足球输了球，你能不焦急不安吗？这是他爱的第三个层次。

大智大爱之人，不仅具有上述的三个层次，而且能够超越对具体事物的爱心而上升到对人类命运的终极关怀，能够对漫漫历史长河给予沉静的思索和持久的注视。尽管人的生命有限，但这种大爱者将其爱心融入进绵绵不断的生命长河，因而使有限的生命获得了一种永恒的辉煌。

这是真正的生命之爱。大爱者无时无刻不体验到一种难以言喻的热流涌遍全身，体验到自己与自然、与人类的互亲和互爱。

5. 善良的力量是无穷的

【原文】身若其身,谁贼? 故盗贼亡有。

【大意】看待别人就像自己一样,谁会害人? 所以盗贼没有了。

善良是广阔无垠、包容一切的胸怀;善良是没有得失的计较、没有对错的分辨、没有好坏的执著的一种大气;善良是一种看不见、摸不着的美丽;善良是一种至尊、高贵的气质。生命会因为善良而闪烁瑰丽的光芒。

一名劫匪头戴蜘蛛人面罩,冲进捷克北部城镇捷克捷欣的一家商店,拔枪向店员要钱。59岁的店员马尔凯塔·瓦霍娃既没有奋起反抗,也没有给劫匪拿钱,而是不慌不忙地递给他一杯茶和一块蛋糕。

奇迹因此发生了,劫匪放下了敌意,和瓦霍娃聊了起来。他们谈得很放松,也很和谐。"我问他为什么干这个,我们就聊了起来。当时店里没有其他人,因此我猜他放松了一点。"瓦霍娃说。

瓦霍娃还对劫匪说,如果他愿意,可以跟她讲讲他的故事,还可以喝茶,吃蛋糕。劫匪居然同意了,最后离开前还没忘记道歉和道谢。

瓦霍娃的一杯茶和一块蛋糕,就这样不动声色地化险为夷。虽然劫匪曾拿枪指着她,但瓦霍娃仍愿意相信"他是个挺好的年轻人"——正是这种善意的想法拯救了瓦霍娃自己。

我国南方某市曾发生过这样一个真实的故事:两名毫无经验的绑匪

绑架了一个6岁的孩子。在等待赎金的过程中,他们身无分文。其中一人出去借了20块钱,买回来两个盒饭,一盒给了那个孩子,另一盒两个绑架者分而食之。获救后,孩子对警察说:"警察叔叔,放了这两个叔叔吧,他们不是坏人,他们实在太穷了。"

两个"毫无经验"的绑匪,绑架失败,却获得了被绑架者——一个6岁孩子的同情和宽恕,这一切只源于他们一个小小的善举——他们把用借来的钱买来的一个盒饭给了孩子,而他们两个成年人却分食另一个盒饭。

这听起来多少有些让人难以置信,可在一个6岁孩子的眼里,这种善意留给他的印象比绑架带给他的恐惧感要强烈得多、深刻得多。这就是善意的力量。

黎巴嫩南部城市苏尔有家很普通的理发店,店主叫法里斯。一天,店里来了个衣衫褴褛、蓬头垢面的人。法里斯热情地招呼他坐下,并认真地给他剪起了头发。那人说他叫萨米,在附近的建筑工地打工。理完发的萨米精神多了,俨然跟换了个人似的。

该付钱了,萨米却说他根本没钱,身上只有一张前几天买的彩票。萨米说如果他中奖了,愿意把奖金的一半送给法里斯。法里斯笑了,他知道萨米中奖的几率微乎其微,但他还是欣然答应了。

谁也不会想到,奇迹竟然真的发生了。几天后,萨米拿着7.5万美元来补交理发费。他那张彩票竟然真的中了奖,奖金高达15万美元。

有位印度人曾经说过这样的话:"如果某个人在路上发现有人中了箭,他不会关心箭从哪个方向飞来,也不会关心箭杆用什么木头做成,箭头又是什么金属,更不会在意中箭的人属于什么阶级。他不会过问这么多,只会努力去拔出那人身上的箭。"这就是善意,是人最本能、最原始的能力。正是这种善意,使人类得以一代代地传承。

古人有云:"心净生智能,行善生福气。"心就像一粒种子,生长在天地之间,喜怒哀乐的情感造就了善恶之心。有一颗充满善意的心,行为和语言就会大不一样。心怀善意的人,人生的路必将越走越宽。

特蕾莎修女一生行善,大爱无疆。

曾经,她在尼加拉瓜想要建一个仁爱传教会,但尼加拉瓜的总统丹尼尔·奥尔特加是一个独裁者,为了获得这位独裁者的同意,特蕾莎修女铁了心要见他。

见面被批准了。特蕾莎修女和随行的人被带到一间没有窗户,只有一个高耸平台的房间,平台上放着一张桌子,桌子后面坐着四个蒙着脸的男子,每一个人手里都有一把重型机枪。

丹尼尔·奥尔特加就坐在四个男子中间。他首先对特蕾莎修女做了一番长达半个小时的激情演讲,演讲内容无外乎是他所进行的游击队战争的合法性和他恶魔般的敌人。当他终于怒发冲冠地讲述完他的一切,突然出现了死一般的寂静。房间里的空气闷得令人窒息。空气里都弥漫着一股危险的气息。

突然,特蕾莎修女站起身来,径直走到了高耸的平台下面。一边掏着包里的东西,一边问独裁者:"请问您有孩子吗?"

一头雾水的总统回答:"有。"

"有多少个?"

"七个。"

特蕾莎修女从包里拿出了七块显灵圣牌,一一亲吻过后,高举着双手把它们递到平台前。奥尔特加仔细观察过每一块圣牌后,越过平台的桌子从特蕾莎修女的手中接过了这份小礼物。

"那么您有妻子吗？"

"那当然！"

她又拿出一块显灵圣牌，亲吻后，往上递过去。"现在这块是给您的。"特蕾莎修女分完了她的显灵圣牌，"您需要它！但是请您一定要挂在脖子上，就像这样……"

特蕾莎修女指了指独裁者脖子上的一根线，然后用手势告诉他这块显灵圣牌应该挂的位置。

现场气氛一下子就得到了缓和。接着，特蕾莎修女给了这位独裁者另外一个礼物：她愿意提供五位修女去为尼加拉瓜首都马那瓜贫民窟的贫民服务！

第二天，她就接到通知，总统已允许特蕾莎修女在尼加拉瓜建立第一个仁爱传教会。

善意的力量是无穷的，它带人进入崇高的境界。

善良是人生的灯塔，它不仅照亮了我们前行的方向，也给人们、给世界带来了光亮。只有经历过善良的人，才能悟透善良的含义，"吃亏是福"在这时也有了清晰的注脚。

我们苦苦地追逐财富，却不知道善良才是这个世间最为珍贵的宝物，是一笔无价的财富，也只有善良才是我们心灵真正的归宿。善良，在我们每个人的内心深处，即便是罪孽深重者，穿过灵魂的缝隙，也总能寻到一丝善的光芒。当我们自以为失败，甚至一无所有时，至少还有时间和未来；当我们自以为贫穷，甚至一文不值时，至少还有微笑和善良。

6. 爱你的敌人不吃亏

【原文】大人之爱小人也，薄于小人之爱大人也；其利小人也，厚于小人之利大人也。

【大意】君子爱小人，胜过小人爱君子；君子施利给小人，胜过小人施利给君子。

人都是血肉之躯，必然会有着喜、怒、哀、乐等情绪，当某事或某人侵犯了自己的尊严，以及使自己受到损失之时，怨恨是难以避免的。然而，生活的智者，则有一种能包容万物的胸襟，不但能容人，还能容言、容事。古往今来，每一位快乐的传播者，都拥有博大的胸怀与襟怀坦荡的度量。要做到容忍仇人，最重要的就是要拥有一颗爱心！

乔治·华盛顿便是用一颗宽宏大量的心，逐步坐上了美国总统的宝座。

在美国独立以前，弗吉尼亚殖民地议会选举，都是在亚历山大里亚举行的，而作为当地驻军长官的乔治·华盛顿，自然也参加了选举的活动。

当选举步步筛选到最后时，在候选人名单上，只剩下两个人相互竞争了，由于地利人和的因素，大多数人都支持华盛顿推荐的那名候选人，只有一名叫威廉·宾的人坚决反对。在大家的激烈推荐之下，威廉·宾与华盛顿也发生了激烈的争吵，争吵之中，华盛顿因一时失言，说了一句冒犯对方的话，这使得本来脾气暴躁的威廉·宾怒不可遏，一拳便将华盛顿打倒在地。

华盛顿的朋友们一看这阵势，立刻都围了上来，纷纷高声叫喊着要揍威廉·宾。而在另一边，当驻守在亚历山大里亚的华盛顿部下，听说自己的司令官被殴打时，便马上带着枪冲了过来，一时间，气氛十分紧张。在这种情况下，只要华盛顿一声令下，威廉·宾就会被打成肉泥。然而，当时的华盛顿却十分冷静，他只说了一句："这不关你们的事。"

就这样，在华盛顿的容忍之下，事态才没有被扩大。

第二天一早，心有余悸的威廉·宾，便收到了华盛顿派人送来的一张便条，便条上要他立即到当地的一家小酒店去。这时，威廉·宾马上意识到，这一定是华盛顿为了昨天的事，而约自己去决斗，自己这一去势必会有危险，但是，如果不去那岂不是太没面子了。

思来想去以后，富有骑士精神的威廉·宾还是决定要去，还毫不畏惧地拿了一把手枪，只身前往。

一路上，威廉·宾都在想如何对付华盛顿，然而，当他到达那家小酒店以后，自己看见的一切却大出意料：他只看见华盛顿一张真诚的笑脸，还有一桌丰盛的酒菜。这简直让威廉·宾不敢相信自己的眼睛。正当威廉·宾发愣之时，耳边已经响起了华盛顿的声音。"威廉·宾先生，"华盛顿热诚地说，"犯错误乃是人之常情，纠正错误则是件光荣的事，我相信，昨天的确是我不对，不过，你在某种程度上，也已经得到满足了，如果你认为我们到此可以和解的话，请现在握住我的手，让我们交个朋友吧！"

听完华盛顿的这些话，威廉·宾已经感动得几乎要落泪了，回过神后的他，连忙将自己的手伸给了华盛顿，并一脸歉意地说道："华盛顿先生，也请你原谅我昨天的鲁莽与无礼！"

从那以后，威廉·宾便成为了华盛顿坚定的拥护者！

没有人能赢得全世界的喜爱，你当然会有敌人，总会有人表现出对你的不满，和你暗暗较劲，甚至背后中伤你。然而，也正是这样的人让你不得不警惕，躲过人生中一个又一个的陷阱，迫使你不断地增长智慧和才干。你应该为你拥有一个强大的敌人而骄傲,你的敌人越强,说明你也在越来越强大。

优胜劣汰是谁也无法逃避的自然法则,公正而又残酷。不可否认的是,这其中总会有很多人被自己的对手打败,甚至葬送了前途。正是为了避免这种可悲的结局,我们才更应该努力强化自己,勇于竞争,这样才能战胜敌人、超越对手。

有人曾这样说过,懂你的敌人可能正是你最好的老师,你可以讨厌他,但必须向他学习。

有时候,仇敌会对你更好些,朋友反倒对你更坏些。从来,只有在和别人的角逐和较量中,我们才会收起所有的懒散和借口,全力以赴地对待别人的挑衅,从而表现出超常规的毅力和智慧,甚至达到自己都难以相信的境界,这些都离不开对手的存在,是我们的敌人让我们发挥出无限的潜能来。

敌人并不可怕,没有敌人才更可怕。

因为,朋友却往往会出于善意的保护,为你编织了一个又一个的美丽谎言,让你躺在自己的缺点上沾沾自喜,意识不到自己身上存在的缺点和问题。而只有敌人才能激发出你最大的潜能,让你投入全部的精力去跟他一争高低,也许,正是他的存在才让你变得优秀起来。

看看你身边的敌人,往往从他的身上,你才能真切感受到自己的水平,认识到自己的缺点和不足。

动物学家对生活在奥兰治河两岸的羚羊产生了浓厚兴趣,他们通过大量的研究发现,尽管河两岸羚羊的生存环境和食物储量都是一样的,但东岸羚羊繁殖能力远远强于西岸的,不仅如此,东岸羚羊的奔跑速度比西岸羚羊每分钟要快13米。

为了解释这一现象的原因,动物学家继续深入研究,结果发现,原来东岸羚羊的附近生活着一个狼群，羚羊为了不被狼吃掉，每天都要全力奔跑逃命，而西岸的羚羊则不存在狼群的威胁，过着悠游自在的日子。

动物学家随机把两岸的羚羊对换，结果放在东岸的西岸羚羊大多数被狼吃掉了，而放在西岸的东岸羚羊非但没死掉，繁殖反而更加壮大。

生活在挪威的渔民为了赚个好价钱，常常费尽周折从深海里捕捞出沙丁鱼，可往往还没等把沙丁鱼运送回海岸，它就已经口吐白沫，奄奄一息了。要知道，死了的沙丁鱼是不值钱的，为此，渔民们想了很多的办法，但都没有成功。

然而，有一条渔船却总能带回活的沙丁鱼上岸，船主为此卖出的价钱要比别人高出几倍。人们百思不得其解，不明白船主究竟用了怎样的方法。

后来，船主慷慨地告诉了人们其中的奥秘。原来，方法很简单，他在沙丁鱼槽里放进了鲇鱼。鲇鱼是沙丁鱼的天敌，当鱼槽里同时放有沙丁鱼和鲇鱼时，鲇鱼出于天性就会不断地追逐沙丁鱼。在鲇鱼的追逐下，沙丁鱼拼命游动，激发了内部的活力，从而才活了下来。

适应天敌，战胜天敌，才能让你不断挑战新的自我，才能让你不断地进步。这个道理适用于所有的生物链，号称高等动物的人类也不例外。翻开历史的长卷，细细体味，你将会发现，其实大部分人的聪明才智、光辉成就、乃至不朽英明，都离不开对手的打击和压迫。

你所面对的敌人越强大，你源于内心的压力就会越大，这样你的成长才会越迅速。

假如把人生比作是风云变幻的大海，那么我们每一个人都是行驶在海面上的航船，从起点到终点，我们按照各自不同的航线在前进，并没有一条固定的路线供我们选择。我们必须承受的来自敌人的种种磨难，就如同是我们承载的货物一样，这些"货物"虽然在一定程度上增大了船身的负荷，但同时也增强了船只抵御惊涛骇浪的能力。

7. 保持不求回报的清净心

【原文】爱人非为誉也，其类在逆旅。

【大意】爱人并非为了名誉，正像旅店一样，是为了利人。

一个人要求名求利，立功立德，首先必须要从不求名利做起，不能自恃有德。假如处处表现自己的有德，唯恐失去自己的"善"名，那实际上就已失去了"德"名。

墨子认为，有爱心是一种自然而然的生活观，它不是一种具体形状的实质，人有爱心并不是为了获取别人的感激、帮助或者别的什么东西，虽然这些在你付出爱心后会随之而来，有些人以金钱来衡量爱心，但金钱并不是万能之物，真正的爱心是发于真诚，救人于危难之中。

做善事是应该的，不要刻意去做好事追求名声，也就是不为名声而故意去做好事，这样才能安心，心平则气和。为了做好人而做好事，为了求得人家的表扬，为了让人家叫我们好人而做善事，那就不算善事了。

你总是期待别人为你做些什么吗？或是，经常质疑自己付出那么多，为何却没有人愿意为你付出吗？

很多人以为自己付出了许多，别人理应也为我们付出，只是就算人们给了回馈，却还是达不到他们所预期的，于是从他们嘴里听见的，总还是那一句："人心现实。"

真的是人心现实，还是我们贪图太多？仔细想想，别人又应当为我们做些什么呢？

星云大师在《舍得》里说过这么一个故事：

曾经有一个朋友向星云大师抱怨,他说:"为什么我这样对人,人们却这么对我?"

他抱怨了一整个下午,让人感觉他好像背负了天大的委屈,事实上并非如此。

他说:"那天他跟我说需要帮忙,我放下了妻子小孩去帮他,哪里知道,前些日子我希望他帮我,他却说老婆有事情要他去做,拒绝了我。你说气不气人?"

他说:"你知道吗?我努力打拼,就是希望公司能好起来,一切考虑都是为了公司,公司好了大家都好,但是他们连一点小牺牲都舍不得,你说,这样对不对?"

"唉,为什么我付出那么多,却没有人愿意为我付出?"最后他万分感慨地说。

"付出,不要追问收获。"星云大师说。

因为其他的事无法给予任何评论,毕竟我们不了解他的朋友当时的情况,何况老婆与朋友什么才是好选择,聪明如你,我们都有各自坚持的选择,这没有标准的答案,一切只是个人核心价值的取舍不同而已,没有什么对或不对的问题。

又好像公司一样,成就一个公司不是一个人的事,所有人同在一艘船上,谁也不希望船沉。我们应该相信,每个人都尽了全心在努力,没有谁牺牲太多谁牺牲太少的问题,如果你付出多一点,你唯一需要做的期待是能品尝到更多的甜果就好。你觉得呢?

人与人的交往互动要少一点计较心态,把心中的框去除,不要把别人的心也框进你的心室里,别忘了这两颗心有着不同的血液细胞,是绝对独立的个体,很难有真正的融合,若是太勉强,一旦发生排斥现象,会发生不可收拾的意外——例如好朋友最终老死不相往来。

有位热心助人的朋友曾说:"每当别人说:'真不好意思麻烦你了,如果你以后需要帮忙的话,我一定义不容辞。'这反而让我更不好意思,其实能付出,代表着我有能力,有余裕,一切都是充足的,开心都来不及了,哪里还会想着麻烦?开心,就是他们给我的最好收获。"

多棒的知足心,更进一步想想,在这个功利社会里,真正能取悦自己的人,始终还是你自己!所以,希望看见回馈收获,想得到别人付出的心意,其实不必等待,看见他们开心满足,知道自己有多余的能力付出,这不正是最好的回馈收获?

人和人之间只有互相付出,才能看见一段段美丽的交往故事,不要去想收获的事,只想着体贴人心就好,能将心比心更好,所以,星云大师说:"利他,是不求回报与回馈的清净心。"

我们不要把布施出的人情总挂在嘴上,那样会显得你小气。做足了人情,给够了面子,你该坐享其成,但千万不要夸大其词,最好不夸功,甚至可以不认账。你不认账,并不等于朋友不清楚。你记着我的好处,我记着你的好处,将来怎么办你我心里有数。张扬除了让别人称赞一句"这个人很能干",只能给你带来一些不利,首先得罪了请你办事的朋友,他会觉得你是在众人面前贬低他;其次你会让听的朋友讨厌,人家也会想:这朋友怎么这样,以后我可不求他,说不定将来也会说出去。

管好自己的嘴巴,事情已经过去了,该怎么做还是怎么做,总有一天,真正的朋友会好好回报。如果对方无意回报,即使你每天对他说一百遍,也无益处。

墨子的"兼爱"与孔子的"仁爱"

　　"仁爱"和"兼爱"分别是儒墨两家的代表性理论和核心范畴。从总体意义上来看，儒家的"仁爱"是一种有次序的差等之爱，即要求以对父母兄弟之爱为中点，层层外推，逐渐扩充到对宗族、国家和社会的爱，其中"亲亲"之爱最真实、最浓厚，即"孝悌也者，其为仁之本与"。

　　而墨家的兼爱则是一种爱所有人的无差等之爱，要求人们抛却血缘和等级差别的观念，爱人如己。用墨子的话说就是："视人之国若视其国，视人之家若视其家，视人之身，若视其身。"以此达到"国与国不相攻，家与家不相乱，盗贼无有，君臣父子皆能孝慈"的良好的局面。

　　"樊尺问仁，子曰：爱人。"以爱人作为仁的基本核心主要有两方面的内涵：一是就人和物的关系而言，前者比后者重要；二是就人和人之间的关系而言，应当互相尊重和亲爱。这就组成普遍的社会道德原则：肯定了人的社会价值和尊严。孔子强调"仁爱"，对我们中华民族精神产生过积极和深远的影响。我们民族的"尊老爱幼"、"雪中送炭"、"济困扶弱"、"成人之美"等等都是儒家仁爱思想的成果。

　　孔子推崇"仁爱"的首要心理动因是"报恩心"和"同情心"，报恩心主要指孝道，孝就是爱父母，这是人最真实、最基本的情感，是其他一切情感的基础。因为人一出生首先享受到的就是父母的怀抱之爱，个人最基本的利益是父母给的，不孝就会心不安。个人的一部分利益又是社会和他人给的，只不过父母给我们的利益多，而他人给我们的利益少罢了。这样，如果能爱父母，便能推而广之爱其他人，如果不能爱父母，那又怎么去爱那些给我们的利益少于父母的人呢？所以孝乃为仁爱的根本。

关于为仁的方法,孔子推崇"忠恕"之道。即己欲立则立人,己欲达则达人,己所不欲,勿施于人,这就是孔子的同情心理论。孔子认为只要及人,以同情心待人,便可达到仁的境界。孔子的仁爱是层层外推之爱,是植根于人的本性的,是人心自然而然萌发出来的。但是,同样自然的是,别人对我的爱总要少于父母对我的爱,所以爱父母总要胜于爱其他人,爱是有差等的。"仁爱"的第二个心理基础是完善自我品德之心。孔子认为"仁"是人之所以为人的基础与核心,所以,为了完善自己的道德品质,实现为人之本,就必须实行仁。可见,孔子仁爱的心理动因,无非两种感情,一种是源于个人需要的感情,是为了完善自我道德,满足自我道德需要。一种源于个人非道德需要的感情,人所以有爱人之心,一方面是因为他有报恩心,他懂得个人利益是他人给的,另一方面是因为他有同情心,能够推己及人。

墨子的兼爱是为了消除当时"国之与国相攻,家之与家相篡,人之与人相贼"的混乱局面。他说:"视人之身若其身,谁贼?""视人之家若其家,谁乱?""视人之国若其国,谁攻?"(《墨子·兼爱》)。那么,用什么来作为兼爱的保证呢?墨子认为博爱无私,没有亲疏远近、贫贱贵贱的天是兼爱的保证。天有意志,人顺之得赏,违之得罚,天志是衡量人间善恶的惟一标准和最高依据。而儒家不仅关注天,更重视人,注重人的内在修养即道德意识的苏醒和自觉,贯穿着道德的主体精神。儒家的仁爱除了以天作为外在的保证之外,还有内在的保证,更有一套由近及远,由亲及疏的环环相推的可循之路。可以说,儒家的仁爱是天道、人道的相融合,内在与超越的相统一。而在这点上,墨子显然是有欠缺的,他只注重人的超越层面和现实性的探讨,而忽视了对人的内在本性的探究。

因此,儒家的仁爱易转化为现实去推行,而墨家的兼爱作为一种博爱,虽然是对仁爱的超越,但在血缘关系起重要作用的中国传统家族社会,就难免流于空想。

　　墨子则提出"兼爱"来针对孔子的仁爱,主张"天下人兼相爱,爱人若爱其身"(《墨子·兼爱上》)。墨子又把爱和仁义看作有共同内涵。"兼即仁矣,义矣"(《墨子·兼爱下》)。"兼以易别"(《墨子·兼爱下》),否定爱有亲疏尊卑的现实性差别。这就使墨子的人道原则和孔子的人道原则呈现出差异:具有为"爱有差等"所压抑的博爱、平等的因素,散发出强烈的平民气息。墨子的"兼爱",直接冲击了儒家的"亲亲有术,尊贤有等"的"仁爱"。可以说,儒墨对立本质是:人道原则和理性原则的结合与分野。从"爱有差等"和"爱无差等"这角度来说,显然墨家的"兼爱"比儒家的"仁"更体现出博爱。其兼爱观,也突出了互助互利的精神,是应予以褒扬和发挥的。

第二章

以德为本,完善自己的人格魅力

1. 修身从立德开始

【原文】士虽有学,而行为本焉。

【大意】做官虽讲才学,但必须以德行为本。

墨子认为君子修身要一切以德行为事,他非常注意品德对于人的重要性。

有句古话叫做:其身不正,虽令不行;其身正,不令而行。一个人要想赢得别人的尊敬和爱戴,首先就要成为一个顶天立地的正直之人。

所谓"德"就是人的品行、德行就是"德",自古"才"与"德"并重,形容一个人最好的词语就是"德才兼备"。

司马光在《资治通鉴》里分析智伯无德而亡时写道:"才德全尽谓之圣人,才德兼亡谓之愚人,德胜才谓之君子,才胜德谓之小人。"他提出的选材标准是:"苟不能得圣人君子,与其得小人,不若得愚人。"既然不能得到德才兼备的圣人，那就宁可用有德无才的愚人，也不用有才无德的小人。

每一个人的心里大概都存着流芳百世的愿望，然而大多数的人在岁月的打磨之下，终将湮没在历史的长河中，只有极少一部分的人才能名垂千古，至今为人们津津乐道。这些人都有一个共同的特点，那就是生前立德，我们之所以这么长久地怀念，尊崇他们，就是因为他们的德行感染了一代又一代的人。他们一生的所作所为，都是在积累功德，而这些公德就是他们青史留名的保证。

文天祥是南宋末年的抗元英雄，他少年时期便敏而好学，年仅二十一岁便高中状元，因为当时朝廷奸臣当道，所以一直不得重用。咸淳十年（1274）七月，度宗病死。贾似道抑长立幼，扶四岁的赵显继位，即宋恭帝。九月，二十万蒙古铁骑由丞相伯颜统领，分两路进攻南宋。各地宋军将官在铁骑压境时纷纷叛变。

无奈之下，太皇太后下了一道《哀痛诏》，述说继君年幼，自己年迈，民生疾苦，国家艰危，希望各地文臣武将、豪杰义士，急王室之所急，同仇敌忾，共赴国难。文天祥于是起兵勤王，两年时间内，转战大江南北。祥兴元年（1278）十二月二十日，文天祥在五坡岭不幸战败被俘。

蒙元的元帅汉奸张弘范率水陆两路军队直下广东，要彻底消灭南宋流亡政府。文天祥被他们用战船押解到珠江口外的伶仃洋（今属广东省）。张弘范派人请文天祥写信招降张世杰，文天祥当然坚拒写招降书，但写了一首七言律诗，表明自己的心迹。这便是名流千古的《过零丁洋》。

文天祥被俘后，起先被押到广州，张弘范对他说："南宋灭亡，忠孝之事已尽，即使杀身成仁，又有谁把这事写在国史？文丞相如愿转而效力大元，一定会受到重用。"文天祥回答道："国亡不能救，作为臣子，死有余罪，怎能再怀二心？"

大元为了使他投降，决定把他押送元大都，忽必烈下了谕旨，拟授文天祥高官显位。投降元朝的宋臣王积翁等写信告诉文天祥,文天祥回信说:"管仲不死,功名显于天下;天祥不死,遗臭于万年。"

元朝统治者见高官厚禄未能使文天祥屈服,又变换手法,用酷刑折磨他。大元丞相孛罗威胁他说:"你要死,偏不让你死,就是要监禁你!"文天祥毫不示弱:"我既不怕死,还怕什么监禁!"

文天祥誓死不降,元朝统治者也渐渐失去了耐心,于是决定处决文天祥,消息一出,数万百姓就聚集在街道两旁为他送行。从监狱到刑场,文天祥走得神态自若,举止安详。行刑前,文天祥问明了方向,随即向着南方拜了几拜,随后便英勇就义。

"人生自古谁无死,留取丹心照汗青"。文天祥一生为国操劳,最终为国捐躯,虽寿不过五十,但他的一片丹心却流传千古,永垂不朽。

当今社会,大家都变得浮躁了,某些人往往以功利的眼光,批判道德为无用之修养。基于道义、原则而放弃一些物质利益的人,往往会被人讥笑,说他们迂腐,甚至虚伪。但是真是道德君子,真是在做任何有意义、有价值的事情,即使相当长一段时间内都不得不完全依靠自己的努力,但只要自己不懈地追求,最后总是会遇到支持他,认可他价值的朋友的。

万章问孟子:"如何交友?"孟子说:"不挟长,不挟贵,不挟兄弟而友。友也者,友其德也,不可以有挟也。"意思是:交友不依仗年长,不依仗富贵,不依仗亲戚,而结交朋友。交友是以德交,不是为了依仗权势而交友。

2006年9月11日晚,温家宝总理在芬兰进行正式访问期间,来到中国驻芬兰使馆,会见了使馆工作人员、中资机构、华人华侨和留学生代表并讲话。在讲话中,温总理说:"'德不孤,必有邻。'我们在世界上做一个负责任、有信誉、有影响的国家,从不分国家大小、贫富、强弱,一律平等。我们自己受过欺负,因此我们也懂得尊重别人,一个尊重别人的国家,别人也会把我们当做朋友。要真诚对待平等对待我们的人,向他们实事求是介绍中国取得的成就和存在的问题,这样使人家感觉我们可亲、可信、可交朋友。"

国际交往中,一个国家要做要公正、诚信、守约,同时尊重他国,才能获得别国的友谊。同样,个人也是一样,一个人道德品质和修养的高下,是决定与他人相处得好与坏的重要因素。道德品质高尚,个人修养好,就容易赢得他人的信任与友谊。如果不注重个人道德品质修养,就难以处理好与他人的关系,交不到真心朋友。

南宋朱熹在《论语集注》中解释此句说:"德不孤立,必以类应。故有德者,必有其类从之,如居之有邻也。"

道德是发展先进文化,构成人类文明,特别是低级文明向高度文明发展过程的重要因素和内容体现。它也是调节人与人之间和人与社会之间的行为规范。

一个有道德的人,在自己行德的同时,也会不由自主地影响到身边的人,从而使得别人也变得高尚,有德的人,无私无我的与人为善,凡事总能够先为别人着想,为事情的整体大局想,圆融好周遭的一切。善良有德的人,心宽路自宽,有失亦必有得,终其一生是永远不寂寞的。

2. 给生命注入正义的理念

【原文】万事莫贵于义。

【译文】天下万事之中,没有什么比道义更可贵的了。

墨子指出"义者,正也",认为"义"是"正",是正义之利,也就是有益于他人之利,将那种个人之利排除在"义"之外,从而与那种狭隘的功利主义划清了界限。

高石子,墨子的弟子之一。墨子曾经让他的另一位弟子管黔敖举荐高石子到卫国做官。卫国的国君给了他很高的爵位和优厚的俸禄,但是高石子三次朝见卫君,每次都竭力进言,遗憾的是卫君都没有采纳实行,于是高石子毅然决然地辞去了卫国的高官厚禄。这种"背禄向义"的高尚品行受到墨子的赞赏。

俗话说"邪不压正",正气是遏制邪念的根本。何谓正气?正气是一种品格,一种胸襟、一种气概。一个人一旦有了凛然正气,就会刚正不阿,胸怀坦荡。即使面对威逼利诱,也能镇定自若,处变不惊,进而达到"富贵不能淫,贫贱不能移,威武不能屈"的高尚境界。有了这种大义存于胸中,邪不可侵。

墨子的这种"背禄向义"的思想信念,不失为一种金玉良言,值得我们好好品味,并引以为鉴,拿它反观照察一下自己的仕宦生活和人生追求应是大有裨益的。人莫不有欲,欲求高官厚禄,欲求美满幸福、丰衣足食的生活,但是,欲望的满足和实现却应该有一个原则的限定,那就是"义",也就是要"得之有道"。如若不然,那就"背义向禄",甚或以权谋私、贪污腐败,而欲罢不能,终至于身陷囹圄而后止,像这样落一个可悲可叹的下场,倒不如"背禄向义",做一个两袖清风的高洁之士为好。

由此我们不难理解,正气是大义大德造就的,是不能靠伪善或是挂上正义与道德的招牌就能获取的。因此,一个内心充满正气的人,本身就是道德高尚之人,也正是因为如此,他才不会生出一些自私邪恶的念头,更不会因为受到威胁或利诱而屈服。

安史之乱后,唐王朝从强盛转向衰落。各地节度使乘机割据地盘,扩充兵力,造成了藩镇割据的局面。唐代宗死后,他的儿子李适即位,就是唐德宗。唐德宗想改变藩镇专权的局面,结果引起了藩镇叛乱。唐德宗派兵讨伐的结果,叛乱不但没有平定,反而蔓延开来了。

唐德宗建中年间,有五个藩镇叛乱,其中淮西节度使李希烈兵势最强。他自称天下兵马都元帅,向唐境进攻。五镇叛乱,使朝廷大为震惊。唐德宗找宰相卢杞商量,卢杞说:"不要紧,只要派一位德高望重的大臣去劝导他们,用不着动一刀一枪,就能把叛乱平息下来。"

唐德宗问卢杞说:"你看派谁去合适?"卢杞推荐年老的太子太师颜真卿,唐德宗马上同意。

颜真卿是当时一个很有威望的老臣。安史之乱前,他担任平原太守。安禄山发动叛乱后,河北各郡大都被叛军占领,只有平原城因为颜真卿坚决抵抗而没有陷落。后来,他的堂兄颜杲卿在藁城起兵,河北十七郡响应,大家公推颜真卿做盟主。在抗击安史叛军中,立了大功。唐代宗的时候,他被封为鲁郡公,所以人们又称他颜鲁公。

颜真卿又是我国历史上著名的书法家。他写的字雄浑刚健,挺拔有力,表现了他的刚强性格。后来,人们把他的字体称为"颜体"。颜真卿为人正直,常常被奸人诬陷排挤,只是因为他的威望高,一些奸人不得不表面上尊重他。宰相卢杞是个心狠手辣的人,他忌恨颜真卿,平时没法下手,这一次想趁藩镇叛乱的机会,派颜真卿去做劝导工作,是企图陷害他。

这时候,颜真卿已经是七十开外的老人了。许多文武官员听说朝廷派他到叛镇去,都为他的安全担心。但是,颜真卿却毫不畏惧,带了几个随从就去了淮西。

李希烈听说颜真卿来了,想给他一个下马威。在见面的时候,叫他的部将和养子一千多人都聚集在厅堂内外。颜真卿刚刚开始劝说李希烈停止叛乱,那些部将、养子就冲了上来,个个手里拿着明晃晃的尖刀,围住颜真卿又是谩骂,又是威胁,摆出要杀他的架势。颜真卿毫不畏惧,面不改色,朝着他们冷笑。

李希烈假惺惺站起来护住颜真卿,命令他的养子和部下退出去,然后把颜真卿送到驿馆里,企图慢慢软化他。过了几天,四个叛镇的头目都派使者来跟李希烈联络,劝李希烈即位称帝。李希烈大摆筵席招待他们,也请颜真卿参加。

叛镇派来的使者见到颜真卿来了,都向李希烈祝贺说:"早就听到颜太师德高望重,现在元帅将要即位称帝,正好太师来到这里,不是有了现成的宰相吗?"

颜真卿扬起眉毛,朝着四个使者骂道:"什么宰相不宰相!我年纪快八十了,要杀要剐都不怕,难道会受你们的诱惑,怕你们的威胁吗?"四名使者被颜真卿凛然的神色吓住了,缩着脖子说不出话来。

李希烈拿他没办法,只好把颜真卿关起来,派兵士监视着。兵士们在院子里掘了一个一丈见方的土坑,扬言要把颜真卿活埋在坑里。第二天,李希烈来看他,颜真卿对李希烈说:"我的死活已经定了,何必玩弄这些花招。你把我一刀砍了,岂不痛快!"

过了一年,李希烈自称楚帝,又派部将逼颜真卿投降。兵士们在关禁颜真卿的院子里,堆起柴火,浇足了油,威胁颜真卿说:"再不投降,就把你放在火里烧!"

颜真卿二话没说,纵身就往柴火堆跳去,叛将们连忙把他拦住,向李希烈回报。李希烈想尽办法,也没能使颜真卿屈服,就派人逼迫颜真卿自杀了。

颜真卿虽然付出了自己的生命,但其坚贞不屈的刚正气节却让人永远敬佩。

墨子将"义"与和氏之璧、隋侯之珠、三足六耳的九鼎这些天下诸侯们所称道的"良宝"作了一番比较,指出这些诸侯所谓的宝物并不能起到富国家、众人民、治刑政、安社稷的作用,而惟有"义"才能做到这些,所以"义"才是真正的"天下之良宝",并因此而强调"万事莫贵于义",指出"死生利若,一无择也",认为苟有利于天下,则生不足重,死亦不足惜。墨子亲自以"摩顶放踵"的实际行动来教育墨家弟子为了行"义",要有超越生死、粉身碎骨的无畏精神。而墨家弟子也没有辜负墨子的期望,当真做到了为"义"而舍生忘死。

一般的人认为天下没有比生命更重要的,而墨子却认为生命在"义"的面前是微不足道的,只有"义"才是最为重要的,"万事莫贵于义"。在人类社会的发展史上从来就存在正义与邪恶,光明与黑暗,革新与守旧,真与假,善与恶,美与丑的斗争。在前者与后者的斗争中,就必须有舍生取义的人,就必须有舍生取义的精神,这是不容置疑的。古今,概莫能外,舍生取义者不胜枚举。

在墨子心中,万事莫贵于"义","义"是天下的真正的良宝,是比生命更贵重的东西,更何况高官厚禄这些身外之物。因此,为人处世必须以"义"为准则,符合道义、利于天下的事情,就去做;不符合道义、不利于天下的事情,就坚决不能做。

3. 宽容是终身奉行的原则

【原文】天地不昭昭,大水不潦潦,大火不燎燎,王德不尧尧者,乃千人之长也。其直如矢,其平如砥,不足以覆万物。是故溪陕者速涸,逝浅者速竭,埆者其地不育。

【大意】大地正是因为它的包容,美丑皆收,才显得大地的博大,大海正是因为它的海纳百川,才显得它的宽广;大火正是因为它的草木皆容,才显示出它的熊熊火光,只有贵贱皆亲,才能做将领。像箭一样直,像磨刀石一样平,那就不能覆盖万物了。所以狭隘的溪流干得快,平浅的川泽枯得早,坚薄的土地不长五谷。做王的人深恩厚泽不出宫中,就不能流遍全国。

宽容是处世做人的要点。一个以敌视的眼光看人,对周围的人戒备森严,心胸窄小,处处提防,不能宽大为怀的人,必然会因孤独而陷于忧郁和痛苦之中;而宽宏大量,与人为善,宽容待人,能主动为他人着想,肯关心和帮助别人的人,则讨人喜欢,被人接纳,受人尊重,具有魅力,因而能赢得更多人的喜欢。

宽以待人,就是在人际交往中有较强的相容度。人们往往把宽广的胸怀比作大海,能广纳百川之细流,也不惧暴雨和冰雹;也有人把忍耐性比作弹簧,能屈能伸。谁若想在困难时得到援助,就应在平时待人以宽。这就是说,相容接纳、团结更多的人,在顺利的时候共奋斗,在困难的时候共患难,进而增加成功的力量,创造更多的成功的机会。反之,斤斤计较,则会使人疏远,减少合作力量,人为地增加阻力。

古希腊神话中有一位大英雄叫海格里斯。一天他走在坎坷不平的山路上，发现脚边有个袋子似的东西很碍脚，海格里斯踩了那东西一脚，谁知那东西不但没有被踩破，反而膨胀起来，并且在加倍地扩大着。海格里斯恼羞成怒，操起一条碗口粗的木棒砸它，那东西竟然长大到把路堵死了。

正在这时，山中走出一位圣人，对海格里斯说："朋友，快别动它，忘了它，离它远去吧！它叫仇恨袋，你不犯它，它便小如当初，你侵犯它，它就会膨胀起来，挡住你的路，与你敌对到底！"

我们在茫茫人世间，难免与别人产生误会、磨擦。如果不注意，在我们仇恨之时，仇恨袋便会悄悄成长，最终会导致堵塞了人与人之间的交往之路。所以我们一定要记着善待仇恨，那样我们就会少一分烦恼，多一分机遇。宽容别人也就是宽容自己。

学会宽容，对于化解矛盾、赢得友谊，保持家庭和睦、婚姻美满，乃至事业的成功都是必要的。因此，在日常生活中，无论对子女、对配偶、对同事、对顾客等等都要有一颗宽容的爱心。

"忍一时风平浪静，退一步海阔天空。"这并不是懦弱，也不是忍让，而是宽容。在人际交往过程中，人与人之间的相处总是不可避免地会发生一些摩擦，或因观念的冲突，或因秉性的不和。所谓宽容就是在别人和自己意见不一致的时候，也不要去勉强别人。

三国时期的蜀国，在诸葛亮去世后，蒋琬接任宰相他的位置主持朝政。他的属下有个叫杨戏的人，甚为蒋琬看重，但是杨戏性格孤僻，讷于言语。蒋琬与他说话，他也是只应不答。于是就有些别有用心的人，在蒋琬面前嘀咕说："杨戏这人对您如此怠慢，太不像话了！"蒋琬坦然一笑，说："人心不同，各如其面，当面顺从而背后非议，这是君子所不为的。杨戏要称赞我，这又不是他的本意，要反驳我，又会表明我的错误，所以沉默不语。这正是他为人坦诚的表现。"后来，有人赞蒋琬"宰相肚里能撑船"。

其实任何的想法都有其来由，任何的动机都有一定的诱因。要想了解对方想法的根源，就得够设身处地地好好想想了。

宽容有时会是一种幸福，那些缺少宽容的人，总是会为了些许的琐碎小事而耿耿于怀，稍不如意，便会拍案而怒，甚至对他人恶语相向。从此让自己陷入了斤斤计较的泥潭，生活变得黯淡无光。

宽容又是一种生活的智慧，有时原谅别人的某些冒犯，并不会让人觉得你软弱，反而能够赢得别人的尊重。这种宽容是一种博大的胸怀，是一种不拘小节的洒脱，也是一种伟大的仁慈。

清朝康熙年间，文华殿大学士兼礼部尚书张英乃是安徽桐城县人。有一年，他的家人因为盖房子，而与邻居桐城名医叶天士家在宅基地问题上发生了争执，两家人寸步不退，一时间僵持不下，最后，叶家更是一纸诉状告到了县衙。张家京城有人自然不慌，于是便派管家飞书京城，让张英利用权势"摆平"叶家。而张英看了家信后，只是淡淡一笑，提笔写下了一首诗，让管家带回去。"一纸书来只为墙，让他三尺又何妨。长城万里今犹在，不见当年秦始皇。"家人见书，立马明白了他的意思，心中感到很惭愧，就来到叶家，告诉叶天士，张家准备明天拆墙，后退三尺让路。叶家以为是戏弄他们，根本不相信这是真话。管家就把张英这首诗给叶秀才看。叶家看了这首诗，十分感动，第二天早上，张家就动手拆墙，后退了三尺。叶家见了，也把自家的墙拆了也后退了三尺。于是张、叶两家之间就形成了一条百来米长六尺宽的巷子，被称为"六尺巷"。据说，这里成了桐城县一处历史名胜，一直保存下来。

其实尺许篱墙只是意气之争,多几尺少几尺都无关紧要,张英不愧是大学士出身,区区三尺墙便化解了邻里之间矛盾,更是赢得了大家的尊敬。

对于别人的过错与冒犯,必要的指责无可厚非,但若是能以博大的胸怀宽恕别人,这岂不是更好。以宽容的心去看待他人的过错,那自然就可以原谅别人。在天性善良,心胸宽广的君子眼中,世间的万事万物都是美好的,因为他总是抱着乐观开朗的态度去看待它们,待人接物都怀着宽大为怀的原则。而对于那些自私狭隘的人来说,对不符合自己心意的事物只是一味的去谴责和迁怒,在他们的眼中,世间的一切似乎都在与他作对,都在对不起他。这样的人,自然不可能领悟到人生的真谛。宽容是一种美德,为人常怀一颗宽容之心,就能理解别人的难处,从而原谅别人的稍许过错。同时它也是自身摆脱烦恼的良药,人际交往中,唯有抱着谦和宽容的心态去相处,才能够获得真诚和友谊。

4. 平等待人,去除傲慢心

【原文】草之本,天子食之,以顺其疾,岂曰一草之本而不食哉?今农夫入其税于大人,大人为酒醴粢盛,以祭上帝鬼神,岂曰贱人之所为,而不享哉?

【大意】一把草根,天子吃了它而治好自己的病,难道会说这是一把草根而不吃吗?农民缴纳租税给贵族大人,贵族大人酿美酒、做祭品,用来祭祀上帝鬼神,贵族大人难道会因为是贱人种的而不享用吗?

长期的不平等环境培养出人的阶级意识，把人分成三六九等。

因而，能以平等之心待人便显得愈发珍贵。贵不自傲，贱不自卑；得意不张狂，失意不卑微；童叟无欺，上下无别。这才是人的真性情、真品格。

唐朝时期有一位德山大师，俗姓周，他通达诸经、精研律藏，他最得意的就是自己讲《金刚般若波罗蜜经》。为此，人们还敬称他为"周金刚"。

那个时候，南方盛行禅宗，对此，德山大师不以为然地说："出家的僧人们，历经千万劫来学佛的威仪和细行，都不一定能学成佛道，而那些所谓的禅宗，竟敢说什么'直指人心，见性成佛'。为了报答佛恩，我一定要灭掉这些佛教的败类。"

于是德山大师就挑着自己写的《青龙疏钞》，要到湖南的澧阳去。有一天他正在路上走的时候，突然觉得饥肠辘辘，正巧前面有位老婆婆正在卖烧饼，德山大师就想去买个饼充饥。当德山禅师走到跟前的时候，老婆婆见他挑着一大担东西，就好奇地问："大师挑了这么大的担子，里面都装了些什么东西啊？"

德山大师回答说："是《青龙疏钞》"

"《青龙疏钞》是什么？"老太太不解地问。

"是我为《金刚般若波罗蜜经》作的注解。"德山大师自豪地回答道。

老太太又道："如此说来，大师对《金刚般若波罗蜜经》很有研究吧？"

"可以这么说！"德山大师不禁露出了得意的神情。

老太太见状，就说到："既然这样，我这里刚好有一个问题要请教大师，如果您能够答得出来，我就供养您点心；如果您答不出来，就请您赶快离开此地。如何？"

德山大师心想：我最擅长的就是讲解《金刚般若波罗蜜经》，一个老太太怎么可能难得倒我？于是毫不在意地说："您有什么问题就尽管提吧！"

老婆婆就说："在《金刚般若波罗蜜经》中有句话：'过去心不可得，现在心不可得，未来心不可得。'敢问大师您要的是哪一个心？"

经老婆婆这一问，德山大师呆立半晌，竟一句话也说不出来。他只好挑起那一大担的《青龙疏钞》，怅然离去。

受到此次的教训后，德山大师再也不敢轻视禅门中修行人，后来他诚心参谒龙潭祖师，不骄不躁，最终大彻大悟。

平等待人，不仅能使人获得好的名声，为周围的人所敬重；而且，平等待人，才能办真事、办好事、办大事。墨子说：江河之水，非一源之水也。虚心使人进步，骄傲使人落后。骄傲就是自以为是，目中无人，傲慢无理，这种人迟早要栽跟头的。而谦虚的人，多以别人的长处对照自己的短处，乐意向比自己地位低下、年纪小的人学习求教，始终怀着平等自然之心。这种人必有所成。

墨子讲了一个商汤的故事：

从前商汤将去见伊尹，让彭氏之子驾车，彭氏之子在半路上问道："你要到哪里去？"商汤回答说："我要去见伊尹。"彭氏之子说："伊尹是天下的贱人，如果你想要见他，就派人召他来问问，他算是受到恩赐啦！"商汤说："此言不对。如果这里有一种药，吃了它耳朵加倍灵敏，眼睛加倍明亮，那么我必定高兴地尽力吃药。现在伊尹对于我们国家，好比是良医善药。而你不想让我见到伊尹，这是你不想让我好呀。"

墨子说得好，平等待人并非是给了对方多大的面子，而是善待珍爱自己的行动。你敬人一分，人敬你十分。你给别人一分尊重，别人给你十分信任。始终如一地平等待人，便活出了做人的滋味，懂得了做人的道理。

　　洛瑞是个高傲的女人，平时上下班的时候，都会把自己用不到的废纸扔到地上，每次打扫卫生的阿姨都会花很长时间来收拾她那一块的卫生。打扫卫生的阿姨曾经和洛瑞说过这些事情，但是，洛瑞很轻蔑地对阿姨说："这个是你的工作，没有什么资历就是干下贱活的。"之后，阿姨再也没有说过洛瑞，而是尽心地干好自己的事情。

　　一天，洛瑞像平常一样把没有用的废纸团成一团，用它练习着投篮（垃圾桶），没有进去的纸团也不去管它。恰巧经理过来看到这一幕，原本经理是要等到洛瑞把废纸捡起来的，可是当经理看到洛瑞像个没事人一样走出了办公室时，经理真的很生气。

　　于是，第二天就把洛瑞叫到了办公室谈话。当说起昨天关于废纸的事情时，洛瑞表现得很不屑一顾，觉得经理在小题大做。但是，没有过多久洛瑞就被老总开除了。

　　现实中，有很多人往往因为自己的职位比别人的要高，常常也对他们冷眼相待，觉得做什么都是应该的，也会认为尊重只是相对于比自己有能力或者是有实力地位的人。看大门的大爷和打扫卫生的阿姨和自己本身就不是一个级别的，觉得和他们谈尊重很可笑。其实，这样的想法是错误的，想要别人尊重自己，那么就要学会尊重别人。

　　巴菲特曾经告诉过自己的儿子，"每个人在人格上都是平等的，他们是上帝安排在你身边的天使。不要因为自己是乐队的头，就目中无人居高临下，就把身边的人当成自己的员工，强迫他们臣服于自己。"

5. 谦虚是不可缺少的品德

【原文】江河不恶小谷之满己也,故能大。

【大意】长江、黄河不嫌弃小溪、小流的水来注满自己,所以才能使水量增加,汇成滔滔巨流。

古人有"满招损、谦受益"的箴言,告诫世人要虚怀若谷,对人对事的态度不要骄狂,否则就会使自己陷于四面楚歌之中,被世人讥笑和瞧不起。这样处世,怎么能使自己有进步呢?

法国资产阶级启蒙思想家孟德斯鸠说过:"谦虚是不可缺少的品德。"

美国总统柯立芝生平有两则脍炙人口的轶事,众所周知,克里斯是以谦逊而闻名的,第一则轶事即是他的谦逊。

柯立芝在阿姆斯特学院的最后一年,获得了一枚金质奖章,它是由美国历史学会颁给的最高荣誉。这在全美国来讲,也是人人欣美的,可他没有向任何人炫耀,甚至连自己父母都没有告之。毕业后,聘用他的裁判官伏尔特,无意中从6周以前一份杂志的消息中发现了这一记载。这使他对柯立芝倍加赞赏与青睐,不久便给了他一个很重要的职位。

在柯立芝的全部事业中, 从一名小小的职员一直上升为著名的总统,常以这种真诚谦逊的风貌出现在大众眼里。他的身价也由此而抬高。

柯立芝的第二件轶事是:从表面上看,正好与他谦逊的美德相反,但仔细分析,其实质仍是出自于谦逊。

还是在柯立芝从事麻省省议员连任竞选的时候, 在进行投票的前一晚，他将一个小而黑的手提袋包装好，急步向雷桑波顿车站走去，因为他忽然得到省议会议长一席空缺的消息。两天以后，他从波士顿归来，而他那小而黑的手提袋里已装满了多数议员赞同他为省议会议长候选人的签名。就这样，柯立芝开始正式步入自己的政治生涯，就任麻省省议会议长职务。

在适当的时机、对着合适的人，这位历来谦逊的人，用最敏捷的方法脱颖而出。真是"不鸣则已，一鸣惊人；不飞则已，一飞冲天"。

可见，在平素以真诚的谦逊待人，博得大众的好感，为自己事业的腾飞奠定基础；一旦时机成熟或者机遇一到，就要充分利用谦逊所带来的身价，一蹴而就，达到目的。

另一个以谦逊闻名于世的人，就是美国南北战争时期南方联盟的战将杰克逊。有人说"天赋的谦逊"是杰克逊显著的特性和优秀的品质。

杰克逊在西点军官学校就读时，便以谦逊著称。有一名为"石城"的战役，本来是他指挥的，但他却一再坚持说，功劳应属于全体官兵，而不属于他自己。还有一例就是，在墨西哥战斗中，总司令斯哥托对他的指挥能力予以了极高的评价，而杰克逊却从未向任何人提起过这事。

不过，杰克逊并不是视功名如粪土，从墨西哥战争开始时他给他姐姐的一封信中便可以看出，他有着树立声誉、博得大众注目的计划。因为那个时候他只不过是一个徒有其名的副官。在他后来的事业进程中，这位勇敢、谦逊且聪明过人的人，机智地运用了他向上进取的每一计划，使斯哥托将军大为欣赏，在他的手下，杰克逊得到了不断的提升。

在此，我们不难看出，杰克逊的谦逊的两重性与柯立芝何等相似！这些人所不愿声张的，只是那些一定会为人所知道的事情。而当他的至关重要的功绩被人们忽略时，他们也会立即采取必要的行动来标识自己，只是这是一种实事求是的标识罢了。

所以，只有目光短浅、胸无大志的人才会时时标榜自己做了什么，有时为了标识自己，甚至在大众面前掩饰自己的错失。像杰克逊、柯立芝等伟大的人物却不是这样，他们都能超然这种浅薄的虚荣之外。他们深知，人们所乐意接受和尊敬的是谦逊的人。

一个有功绩而又十分谦逊的人，他的身价定会倍增。

对于谦逊，我们还要指出一点的是：在这个现实的世界上，好的道德与才能，如果没有人知道，并不是很好的回报。这不仅是在欺骗自己，也是在欺骗别人，更是对自己功绩的诋毁。所以，过度的谦虚并不是一种可取的美德。谦逊适时的自我标识相结合，也是一个人获得成功的艺术之一。

谦虚的人恪守的是一种平衡关系，即使周围的人在对自己的认同上达到一种心理上的平衡，让别人不感到卑下和失落，不仅如此。有时还能让别人感到高贵，感到比其他人强，即产生所有人都希望能获得的所谓优越感。

另外，保持谦虚的品德对于人际交往也尤其重要。一个背着自负自傲沉重包袱的人，他的友谊财富必然少得可怜。一句话，谦虚是通往成功和赢得人们尊重的最重要的品质之一。

6. "礼"字万万不能丢

【原文】亟遍礼四邻诸侯。

【大意】赶快礼交遍四邻的诸侯。

墨子在鲁国的时候,鲁国的国君问墨子,别人要攻打鲁国怎么办。墨子就以从前三代的圣王禹、汤、文、武为例,认为要施行仁义、礼交四邻,才能取得天下,解救自己。

中国自古以来就是"礼仪之邦",这个"礼"字万万不能丢。有些人认为这些"繁文缛节"早就过时了,其实不然,"待人以礼"永远不会过时,而且在任何时代都有其意义。

季羡林在《谈礼貌》一文中这样写道:"如果一个人孤身住在深山老林中,你愿意怎样都行。可我们是处在社会中,这就要讲究点人际关系。人必自爱而后人爱之。没有礼貌是目中无人的一种表现,是自私自利的一种表现,如果这样的人多了,必然产生与社会不协调的后果。千万不要认为这是个人小事而掉以轻心。"

王国维有一篇著名的文章叫做《殷周制度论》,他在其中论述了从商朝到周朝制度上面的巨大变革,而这变革正是周朝建立了"礼乐制度",包括祭祀、典礼、君臣之分,等等。他说周天子不是一个国家统帅,而是一个国家的道德标准,正是他自上而下的一整套完备的礼乐制度,才让周朝得以绵延八百年。

而清朝出现的著名儿童启蒙读物《弟子规》,采用的便是《论语》"学而篇"第六条的文义,列述弟子在家、出外、待人、接物与学习上应该恪守的礼仪规范,以此作为儿童启蒙读物,可见"礼"的重要性。

"君子有情,止乎于礼。不止于礼,止乎于心"。意思是说,君子有了情感,还要有行动上的礼貌,礼貌还不够的话,就要用心去表达这份礼貌。

宋代学者杨时和游酢结伴到嵩阳书院拜见程颐,正遇上老先生闭目养神,躺着休息。其实程颐并没有睡着,他明知门外来了两位客人,却依然不言不动，不予理睬。杨、游二人怕打扰先生休息，只好恭恭敬敬，肃然待立，一声不吭等候他醒来。当时外面正下着大雪，二人站在门口也不进屋，等了好半天，程颐才出声让二人进来。两个人浑身都沾满了雪。这就是"程门立雪"这一典故的由来。

"程门立雪"说的是尊师重道，这正是一种"礼"的体现。

礼是尊敬的一种延伸，是一种通过方方面面的行为语言来表达对对方的尊敬。我们可以把礼理解成日常生活要礼貌，但是礼绝对不是仅仅只有这一层意思。礼不只是外在的规范，它还体现着一种悠久的文化精神，是一种做人的品质，任何人都能通过它达到对人尊敬、为人着想的境界。

领导要想得到下属的忠诚，首先要按人之常情和事之常理对待下属。礼的内容是很多的，如尊重、仁慈、爱护等等。领导如果对下属尽心，则下属自然也会忠心。

聪明的上司，无论是君主、将领还是一般的领导都必须明确这个道理。争取群众的最大支持，才是建功立业的根本，不得人心者失天下，这是古已有之的训导。

秦穆公是春秋五霸之一。作为一个英明的国王，他治国有方，文臣武将各尽其力，井井有条。而且他一直具有称霸中原的野心，不仅从军事上大力扩张实力，而且很注意施恩布惠，收买人心。

秦穆公养有一匹千里良驹，由于得来不易所以倍加珍惜。为此特地盖了新马厩，各处洗刷得一干二净，金络脑宝石鞍，配备得别提多齐整了。秦穆公对这匹马喜爱异常，叫两名马夫精心伺候它。有一天马夫们一个闪失，马厩门没关严，千里马瞅准机会便跑了出去。

这匹马跑出了都城，来到荒郊野外。它养尊处优惯了，没有料到会有什么危险。一群穷百姓看见了这匹无主的肥马,乐坏了,一拥而上将它逮住,毫不犹豫就把它杀了,三百人美美地吃了一顿。

马夫发现马走失了,吓得大惊失色,赶紧报告上级官史。官吏心想,此乃国王之爱马,有个三长两短怎么了得!一大帮官吏倾巢出动去寻千里马。好不容易找到了它,眼前的景象真令人意想不到:一大群衣衫褴褛的穷人正围着一锅肉吃得欢,旁边扔着马皮、骨头,真惨哪。

毫无疑问的,三百人统统被抓起来,只待秦王一声令下便处以极刑、以百姓之贱躯,而敢食大王的爱马,还有比这更厉害的弥天大祸吗?官吏抱着将功折罪的心情飞报秦穆公,请他定夺。

秦穆公听了,沉吟半晌,说:"放了他们吧。"

"啊?为什么,他们可是吃了您的千里马啊!"

秦穆公说:"君子不能为了牲畜而害人。算了,不要惩罚他们了,放他们走吧。而且,我听说过这么回事,吃过好马的肉却不喝点酒,是暴殄天物而不加以补偿,对身体大有坏处。这样吧,再赐他们些酒,让他们走。"

过了一些年,秦国发生饥荒,晋惠公趁机大举入侵。秦穆公忙率领大军抵抗,这时,有三百勇士主动请缨,原来他们就是多年前吃掉千里马的那群百姓。战场上杀声震天,秦穆公被晋军包围了,身上也受了伤。三百勇士为了报恩,护卫着穆公左冲右突,拼了死力斩杀晋军,晋军吓得连连后退,撤了包围圈。穆公才得以安全地逃脱;那三百人杀得性起,继续追杀晋军,竟然反败为胜,在乱军中将晋惠公活捉了,凯旋回国。

当"官"不要像"官"。要学学美国人的坦诚,淡化"当领导"的意识,处处不摆官架子,安排工作用商量语气。"你有时间吗?有空你去一趟……";如下属拒绝接受指派的工作,用平和语气询问他们理由所在,不必煞有介事地大叫大嚷；如果批评，也要注意场合、分寸，措辞不可太激烈。当下属在工作中出现失误，不要当众对其批评，而应争取用一对一的方式，语气不要太激烈，要使用建议、和缓的语气，这样的批评方式更容易让下属接受。

下属不友好，一笑了之。以德报怨，以诚待人，有些人是很难改变的，甚至可称铁石心肠，但大多数人通情达理，会逐渐被你的大度感化的。要相信，心诚则灵。

7. 不怕交不到朋友，就怕交到损友

【原文】染于苍则苍，染于黄则黄。

【译文】染了青颜料就变成青色，染了黄颜料就变成黄色。

墨子在这里以染丝为喻，说明国君必须正确选择自己的亲信。因为国君能否治理好一个国家，同他周围人的影响有密切关系。而要得到良好的影响就必须善于选择贤良之才，亲近、信任他们；而一般的士人如果要有所成就，也要谨慎选择好自己周围的朋友，朋友是有好坏的，交了好的朋友则有益于己身，交了不好的朋友，就会害了自己。

在《所染》篇中，墨子用了大量事例证明"所染"的重要性。

"其友皆好仁义，淳谨畏令，则家日益，身日安，名日荣，处官得其理矣，则段干木、禽子、傅说之徒是也。其友皆好矜奋，创作比周，则家日损，身日危，名日辱，处官失其理矣，则子西、易牙、竖刀之徒是也。诗曰："必择所堪"。必谨所堪者,此之谓也。"认为一个人所交的朋友都爱好仁义,都淳朴谨慎,慑于法纪,那么他的家道就日益兴盛,身体日益平安,名声日益光耀,居官治政也合于正道了,如段干木、禽子、傅说等人即属此类(朋友)。一个人所交的朋友若都不安分守己,结党营私,那么他的家道就日益衰落,身体日益危险,名声日益降低,居官治政也不得其道,如子西、易牙、竖刀等人即属此类(朋友)。《诗》上说:"选好染料。"所谓选好染料,正是这个意思。在他看来,所染的影响有时候可以关系到事业的成败和国家的兴亡:"舜染于许由、伯阳,禹染于皋陶、伯益,汤染于伊尹、仲虺,武王染于太公、周公。此四王者所染当,故王天下,立为天子,功名蔽天地。"而"夏桀染于干辛、推哆,殷纣染于崇侯、恶来,厉王染于厉公长父、荣夷终,幽王染于傅公夷、蔡公毂。此四王者,所染不当,故国残身死,为天下谬"。

除了以上这些事例以外,墨子还举了齐桓公、晋文公等"所染"的事例,反复说明了这样一个道理:有贤才辅佐,"所染当",国君就能治理好国家,成为贤君;而亲信、任用唯利是图的小人,"所染不当",就会导致亡国。

墨子用染丝作比喻,说明了感染和影响的力量之大,其主要意图是奉劝统治者慎用人才,切忌任用不当之人。在今天,"染于苍则苍,染于黄则黄"这句名言多用来指人们在社会环境中所受到的感染和影响:社会环境及周围的人如果是高尚、贤良的,那么人处在其中耳濡目染,也会变得优秀;相反,如果周围的人品德低下、学识浅薄,与他们交往不会受到什么好的影响。故而,人们一定要格外重视周围的社会环境,尽量结交一些正直、善良的朋友,远离不良因素的干扰,使自己得到更好的陶冶和教育。朋友是我们生活中不可少的一部分,也是我们的生活中心之一,所以我们一定要能交友,但交友并不是不加标准,不分对象的乱交,在选择朋友进行交往时一定要谨慎，要有一定的心机，选那些志同道合，谈得来、说得开、信得过的朋友而交。

　　齐国的名相晏婴身材矮小，其貌不扬，看起来还有点滑稽。可是他有一个车夫，却长得特别帅，身材伟岸、仪表堂堂。

　　这个车夫觉得自己每天坐在车前面，驾着高头大马，而晏子虽然是宰相却只能在车棚里面坐着，所以常以此沾沾自喜！

　　有一天，车夫回到家里，发现自己的夫人哭哭啼啼地收拾了东西要回娘家。他吃惊地问道，你要干什么？他夫人说，我实在忍受不了你了，我要离开你。我觉得跟你在一起挺耻辱的。

　　车夫大惊，你不觉得我风光吗？他夫人说，你以为什么叫作风光？像人家晏婴那样身怀济世之才的人，都如此谦恭，坐在车里毫不张扬；而你不过就是人家的一个车夫而已，却洋洋得意！你整天跟晏婴这样的人在一起，却不能从他身上学到一点东西来反省自己，这使我对你很绝望。跟你生活是我人生最大的耻辱了。

　　后来这个事情不知怎么的，就传扬出来，晏婴听了之后，就对这个车夫说：就冲你有这样的夫人，我就应该给你一个更好的职位，因此提拔了这个车夫。

　　常人与品德高尚的人相处，总是能从他身上学到很多的东西，而晏婴的车夫不但没有学到他的谦逊，反而以此沾沾自喜，所以他的夫人才会对他绝望。而晏婴听了这件事之后，反而提拔这个车夫，就是因为他的夫人的品德，他认为车夫能有这样一位贤惠的妻子，朝夕相处之下，将来也一定会有所作为。

　　一个好的朋友会当面指出你的过错，让你知道自己的不足，从而自我弥补，他不会计较你是否会记恨他，只是为了让你变得更好。而一个坏的朋友,在明知道你有过错的时候,也不会挑明,只是一味的阿谀奉承,将你吹捧得十全十美,让你得意忘形、飘然若仙,最后渐渐地迷失自己。

子贡和原宪都是孔子的学生。原宪很穷很穷,他住的地方看起来惨不忍睹,外面下大雨,里面下小雨,门也没有门闩,因为里面没有东西可以偷。而子贡则做了鲁国的大夫,身上穿绫罗,出门有车马。

有一次,子贡坐着高大的马所拉的马车,身上穿着锦缎丝绸做的衣服去看原宪。但是马车太大,巷子太小,进不去,子贡只好走下来,按照门牌号码去找。

找到之后,他对原宪说道:"老兄,你怎么落魄到这种地步呢?"

原宪听了这话,脸色一板说:"我听说,没有财产的人叫做穷困,有道德,有理想不能实践才叫落魄,我虽然穷困,但不是落魄。"

子贡听了这话后满脸羞惭。

原宪便是这样一位益友,在子贡熏熏然得意的时候,当头棒喝,让他不要忘记自己的理想和本心。

人不怕交不到朋友,而是怕交到损友。一个人要交朋友,交友之道必须明确。"益友",是第二个自己;"损友",是一失足千古恨,如果交的朋友都是在德性和品质、学问方面超过我们的人,那么我们在耳濡目染和熏陶之中,一定会有所收获的。

延伸阅读：

墨家的兴起与衰落

春秋战国时期，正是中国从奴隶社会向封建社会转型的时期，诸侯争霸，群雄并起。这时候社会的转型需要思想学说作理论指导，诸侯之间的激烈竞争又导致他们极力招揽人才。时代的需要，宽松的学术氛围，孕育了中国最朴素而灿烂的思想文化。一时间诸子兴起，百家争鸣，互相借鉴又互相诘难。讨论的问题之广，涉及题材之多，发掘的深度之远，以及对后世的影响之深远，都是空前绝后的。丰富灿烂的文化成果构建成了中国古文化的基本框架，而后中国文明两千多年的发展，尽管也受到一些外来文化影响，但总是被中国文明消化和吸收（如西汉末年开始传入中国的佛教，唐朝后期开始传入中国的伊斯兰教，宋代以后开始传入中国的基督教——包括天主教和新教，晚清时期开始影响中国的西方思想哲学体系），中国的主流文化还是这个时期奠定的。这期间形成的对后世较有影响的学说有：儒家、墨家、道家、法家、兵家等。所谓东方人的智慧，无论是中国、日本，还是韩国，都离不开这几家的范畴。

墨子，他正好生活在孔子和孟子之间。墨子早年"学儒家之业，受孔子之术"，后来他看到儒家学说的种种弊端，于是自立门户，开创了墨家学派。毕生为之身体力行、言传身教，为墨家学说的发扬光大和实施济世而奔走呼号。在其晚年和身后，墨家渐渐成了最有影响的学说，与儒家学说分庭抗礼，并大有凌驾其上之势。以至于孟子哀叹：墨翟之言盈天下。荀子更是说：礼乐灭息，圣人隐伏，墨术行。韩非也说：世之显学，儒墨也。

墨家学说成于道、儒之后，为什么能够异军突起而盛行一时呢？在于它提出了一些当时儒道两家学说没有提出的社会学说和政治方案，如王天下、正诸侯、尚贤能、等贵贱等思想。尤其它反对非正义的战争和穷奢极欲的享乐生活，得到了很多小国的支持，反映了广大下层老百姓的呼声。

先秦诸子的学说，主要是围绕修身齐家治国平天下展开的，墨家也是如此。墨子注重品性的完善，认为有四种品行是君子必须具备的：贫则见廉、富则见义、生则见爱、死则见哀。他认为，君子必须意志坚定、言而有信、言行如一、表里一致，敢于捍卫真理，善于明辨是非，并要经常审视自己。他不但注重本身的修行，还注意到了结交朋友的重要性，说道："染于苍则苍，染于黄则黄"，即我们所说的近朱者赤、近墨者黑。

墨子跟道家儒家还有个显著不同的地方，就是他不但注重言传，还注重身教，身体力行。墨家的人全部葛衣短衫，亲自劳作。墨子不像老子孔子那样四体不勤五谷不分，他甚至鼓励弟子们以自苦为乐。正因为如此，墨子才深知民间疾苦，才对儒家提倡的繁文缛节深恶痛绝。也是这个原因，墨家才迅速得到广大平民的支持，具备广泛的民众基础，成为一时之显学。

但墨家提出的非攻思想，不符合战国时期大一统的趋势。在当时的条件下，不通过战争不可能真正结束分裂而使天下稳定。墨子及其后来的弟子都没有弄清楚，至少来说没有把这样的观点形成文字：战争，有时也是和平的一种手段。因此非攻思想不可能被那些实力强大的诸侯国接受。而兼爱非攻是墨子的主流思想所在，因此墨子思想不可能被大国接受并施行。墨子奔走呼号一生也没有实现自己的理想，他的弟子更是如此，主要原因就是非攻不符合那种特殊战乱的年代。

墨家内部严格的半军事化的纪律，准宗教式的信仰，慷慨赴死的精神，对大义的执著追求，导致在战国时期帮助守城时死难很多，丧失了大批墨学精英。墨子为劝楚惠王而亲自赴楚，根本不把生死当回事，其后来者可想而知也是如此。

墨子思想在很多地方跟孔子儒家直接针锋相对，一直互相攻击。当儒家成为正一统后,墨家思想就被视为异端,遭到封杀。

在墨子之后,墨家没有出现一个天才的集大成者,进一步完善其思想,以保持其旺盛的生命力,与时俱进,适应时代的要求。像道家先有老子,后有庄子和刘安;而儒家自孔子后有孟子、荀子、董仲舒。特别是在西汉初年,国家大治,统治者在寻找治国良策时,董仲舒及时奉上《春秋繁露》,刘安也献上《淮南子》,而墨家作为当时的显学却在学术和治国思想上无所作为。结果汉武帝采纳了董仲舒的学说,罢黜百家,独尊儒术。儒家正式跟皇权结合,成为正统思想,墨家沦为杂家。

西汉初年,游侠成为一种风气。疑为墨家弟子的郭家朱解之流对民间影响非常之广。加之墨家内部有一套完整的赏罚制度,墨家弟子犯了法,自己处罚,完全不理政府。作为封建集权的统治者,怎么可能容忍有人的影响比皇帝还大？又怎么可能容忍有别的组织可以在法外立法？因此汉景帝时开始弹压墨家。到汉武帝时,儒家思想成了主导,郭家朱解之流又以武犯禁,藐视皇权,杀人于千里之外;更有一些墨家子弟参加当时的七国之乱。汉武帝震怒之下,先后三次重拳出击镇压墨家。墨家子弟的活动从此走向地下,逐渐衰落。游侠之风也因此衰落,直到大唐才又渐渐兴起。

第三章

谨言慎行,沉住气才能成大器

1. 小聪明不是真正的聪明

【原文】今天下之士君子,知小而不知大。

【大意】现在天下的君子,只知小道理而不知大道理。

墨子所处于一个战乱纷飞的年代,人人急功近利,为了追求利益而丧失了道义,所以墨子指出,知小而不知大。别只注意小聪明,而忽视大的道义所在。

我们当中总不乏有些人在做事前先要费尽心思地盘算能不能偷工减料,能不能找到解决问题的小窍门、小技巧,甚至不惜损害他人的利益来达到自己的目的。这些人总以为自己很聪明,可事实证明,越是自作聪明的人,越是"聪明反被聪明误"。

人若有些小聪明是好事,但是我们不应当将所有的希望,将事物的成败都寄予我们的"小聪明"上,更多的时候,我们需要的是脚踏实地地去做、去努力,而不是依靠投机取巧。

世界上最伟大的哲学家之一柏拉图正和他的学生走在马路上。这名学生是柏拉图的得意弟子之一。他很聪明,总是能在很短的时间之内领会老师的意思;他很有潜力,总是能提出一些具有独特视角的问题;他也很有理想,一直希望自己能够成为像老师一样伟大,甚至比老师还要博学的哲学家。所以他常常自视聪慧,不愿意在学识上多下功夫,自认为聪明能敌过他人的努力。

但是柏拉图认为他还需要生活的历练,还需要更加刻苦。柏拉图曾经语重心长地对这名学生说过一句话:"人的生活必须要有伟大理想的指引,但是仅有伟大的理想而不愿意脚踏实地,一步一个脚印地朝着理想奋进,那也就不能称为完美的生活。"

这名学生知道老师是在教导自己要脚踏实地,但他认为自己比别人聪明,总能用一些技巧轻易地解决问题,自己的理想也比别人的更加伟大,所以只要自己想做的,总能轻易地取得成功。

柏拉图也相信这名学生能够做出一番大事业,但是他却只看到大目标而不顾脚下道路的坎坷以及自身的缺点。柏拉图一直想找一个合适的机会让学生自己意识到他的这一缺点。一天,柏拉图看到他们前面的不远处有一个很大的土坑,这个土坑周围还有一些杂草,平常人们只要稍加注意就可以绕过这个土坑,但柏拉图知道他的学生在赶路时经常不注意脚下。于是,他指着远处的一个路标对学生说,"这就是我们今天行走的目标,我们两个人今天进行一次行走比赛如何?"学生欣然答应,然后他们就开始出发了。

学生正值青春年少,他步履轻盈,很快就走到了老师的前面,柏拉图则在后面不紧不慢地跟着。柏拉图看到,学生已经离那个土坑近在咫尺了,他提醒学生"注意脚下的路",而学生却笑嘻嘻地说:"老师,我想您应该提高您的速度了,您难道没看到我比您更接近那个目标了吗?"

他的话音刚落,柏拉图就听到了"啊!"的一声叫喊,学生已经掉进了土坑里,这个土坑虽然没有让人受重伤的危险,但是它却足以使掉下去的人无法独自上来。

学生现在只能在土坑里等着老师过来帮他了,柏拉图走过来了,他并没有急着去拉学生,而是意味深长地说:"你现在还能看到前面的路标吗?根据你的判断,你说现在我们谁能更快地到达目的地呢?"

聪明的学生已经完全领会了老师的意思,他满脸羞愧地说:"我只顾着远处的目标,却没走好脚下的每一步路,看来还是不如老师呀!"

一个人拥有智慧的头脑是值得骄傲的,但是聪明并不代表着一切,聪明是天赋,是先天的优势,但是成功却等于1%的天赋加上99%的汗水。倘若你比他人有天赋,那说明你比他人离成功更近,你有更多的资本走上成功的捷径。但并不代表着成功,如果仅仅想要依靠聪明天赋来成就一番事业,而不愿意脚踏实地、勤奋努力地做事,那即使有再高的天赋也是无用的,因为成功还必须有付出和努力。

聪明也并不代表智慧。很多人在不同的方面都有些小聪明,但真正有大智慧的人却寥寥无几。

莎士比亚提醒我们,千万不要自作聪明,变成"一条最容易上钩的游鱼","用自己全副的本领"来"证明自己的愚笨"。正如同上面故事中的主人公一样,自视聪明,不遵守应有的规则制度,认为自己的方法比别人便利,节省了更多时间,结果却是小聪明把自己送上了绝路。

因为真实的情况是,一个人如果把心思过多地用在小聪明上,他必定没有精力去开发和培植他的大智慧。聪明和智慧是两个不同的概念,智慧有益无害,聪明益害参半,把握得不好的小聪明则贻害无穷。

拥有太多小聪明的人,往往都用于追逐眼皮底下的急功近利,看不到长远的根本利益。相反地,具有大智慧者很少会在众人面前炫耀自己的聪明才智,他们更不会自作聪明地干一些实际上愚蠢至极的事情。真正的聪明者不需要通过投机取巧来加以表现,自作聪明者常常反被自以为是的小聪明所累。

从前有个小男孩,非常聪明,但在长久的夸奖声中,他渐渐地开始偷懒,想靠投机取巧来获得成功。

这天,小男孩有幸和上帝进行了对话。

小男孩问上帝:"一万年对你来说有多长?"

上帝回答说:"像一分钟。"

小男孩又问上帝:"一百万元对你来说有多少?"

上帝回答说:"相当一元。"

小男孩对上帝说:"你能给我一元钱吗?"

上帝回答说:"当然可以。请你稍候一分钟。"

一位哲人说过:"投机取巧会导致盲目行事,脚踏实地则更容易成就未来。"

我们的成功需要智慧,更需要脚踏实地地付出。人要站的牢才会走得稳,投机取巧走捷径或许在一时能得到好处,但是因为没有厚实的基础,脚步太过于轻快,导致的结果只会是在长途跋涉中落后于别人。作为一个渴望获得成功的人来说,我们的眼光永远看向前方,但是前进的道路却在我们脚下,只有实实在在地走好每一步,才能走得更远。

世界上绝顶聪明的人很少,绝对愚笨的人也不多,一般都具有普通的能力与智商。但是,为什么许多人都无法取得成功呢?

一个最重要的原因在于他们习惯于投机取巧,用小聪明来替代所必须要付出的心血,不愿意付出与成功相应的努力。人们都懂得"宝剑锋从磨砺出,梅花香自苦寒来"的道理。可是一旦摊上自己做事,马上就又回复到"投机取巧"的"捷径"上来了。

投机取巧会使人堕落,无所事事会令人退化,只有勤奋踏实地工作才是最高尚的,才能给人带来真正的幸福和乐趣。成功者的秘诀就在于他们能够摒弃"投机取巧"的坏习惯,无视那些小聪明,用自己的努力开创属于自己的辉煌。

"机关算尽太聪明,反误了卿卿性命。"聪明是好事,但要用在适当的地方,才能显示出其真正的价值,想投机取巧、不劳而获,聪明只能把你带入失败的深渊。

2. 适时听取逆耳的忠言

【原文】世俗之君子,贫而谓之富则怒,无义而谓之有义则喜。岂不悖哉!

【大意】世俗的君子,如果他贫穷,别人说他富有,那么他就愤怒,如果他无义,别人说他有义,那么他就高兴,这不是太荒谬了嘛!

这是墨子在分析人的心态,人们都是喜欢听好话,听不进去批评的。但是要知道,批评一个人是需要很大勇气,冒很大风险的。谁都知道"多栽花,少栽刺"的道理。一般而言,人们都喜欢听好话,即便明知对方是在阿谀奉承自己,心里也是美滋滋的,对那些甜言蜜语欣然笑纳。而对于规劝自己的肺腑之言,则常常不爱听、不想听,不乐意采纳,对规劝自己的好心人抱着反感、疏远甚至仇视的态度。

还需指出的是,智者只对值得批评的人提出批评意见,而对不值得批评的人根本不会去说他,懒得冒被人仇视的风险。

耕柱是一代宗师墨子的得意门生,不过,他老是挨墨子的责骂。有一次,墨子又责备了耕柱,耕柱觉得自己非常委屈,因为在墨子的许多门生之中,耕柱被公认是最优秀的,但他却偏偏常遭到墨子的批评,这让他觉得很没有面子。

一天,耕柱愤愤不平地问墨子:"老师,难道在这么多门生中,我竟是如此差劲,以至于要时常遭您老人家责骂吗?"

墨子听后反问道:"假设我现在要上太行山,依你之见,我应该要用良马来拉车,还是用老牛来拖车?"

耕柱回答说:"再笨的人也知道要用良马来拉车。"

墨子又问:"那么,为什么不用老牛呢?"

耕柱回答说:"理由非常简单,因为良马足以担负重任,值得驱遣。"

墨子说:"你答得一点也没有错。我之所以时常责骂你,也是因为你能够担负重任,值得我一再教导与匡正。"

听了墨子这番话,耕柱立刻明白了老师的良苦用心,从此再也不以遭受批评为耻,而是更加发奋努力,终于成为墨子的继承人。

在生活中和工作中,我们也常常会碰到一些给我们找点刺、挑点小毛病的人,虽然心里如梗在喉,但在我们的成长过程中,却不能缺少这类人,他们可以让我们时时警惕,少犯错误,一个人如果缺少了提醒,缺少了约束,那么他离身败名裂的日子也就不远了。古今多少腐败案例,探其根源,皆是因缺少了权力的监督,个人可以随心所欲、为所欲为、只手遮天,以至于走上了不归路。

有位将军,领兵作战二十余年从未有过败绩,他熟读《孙子兵法》和

《六韬》,并且对历代阵法也颇有研究,打起仗来更是英勇无敌,的确是一个不可多得的勇将,他的赫赫战功令敌军一听到他的名字便被吓得闻风丧胆。所以,他很受皇帝的器重,掌握着全国的兵权,成为了"一人之下,万人之上"的重要人物。

这位将军手下有个谋士,此人足智多谋,从将军带兵打仗时,便跟随他左右,为他出谋划策。将军和这位谋士亲如兄弟,不分彼此。

有一天,将军接到圣旨,说邻国敌军带兵来犯边境,命令将军立刻带兵迎敌。

将军接旨后不敢怠慢,立即点齐兵马准备出发,谋士自然跟随前往。

两军对垒,将军连胜数阵,把来犯的敌军打得落花流水、抱头鼠窜。皇帝闻知这个消息后,特意派人送来千两黄金以示嘉奖。

将军高兴得嘴都合不拢了,拉着谋士说今晚要一醉方休!但出乎将军意料的是,谋士并没有显现出高兴的神情,反而是一脸的愁容。

谋士沉思了片刻,对将军说:"你不觉得这场仗打得很蹊跷吗?原来我们和敌军交战时,有过这样轻松取胜的记录吗?从来没有过。敌军既然来犯,势必来势汹汹。可是,我感觉好像他们全都无心恋战似的,这很不正常。我认为,今夜他们一定会来偷营劫寨,我们还是小心些好呀。"

将军心里甚是不快,但是碍于谋士一直为自己出谋划策的份上,没有反对。晚上让人轮流值班,不可懈怠。一个漫长的不眠之夜就这样在平安中度过了,什么事都没有发生,将军的脸色由红变白,又由白变灰,最后铁青着脸看着谋士,一句话都没有说。

当夜,将军又提议饮酒,谋士依然把他拦住,诚心诚意地对将军说:"古语云:'兵不厌诈',我们还是小心些好,不如我们轮班站岗,这样将士们可以保证充足的睡眠,还能防患于未然。"

这回将军没好气地说:"你真是过于多虑了,你要是想守夜,你自己去守吧。"说完,将军就命令备上酒席,全体将士晚上来个一醉方休!

谋士还想再劝,将军挥了挥手,让他退下去了。谋士摇摇头,带着为数不多的几个士兵去看守营寨。

半夜时分,敌军果然来了,以迅雷不及掩耳之势夺取了将军的大营,大部分将士还在沉醉中便丧失了性命,谋士终因寡不敌众而战死。

将军抚着谋士的尸体悔恨交加,最后拔出剑自刎了。

奉承话虽然听来顺耳,却能害人,有些忠告听来虽然是让人心生不快,但那却是真的在助你。所以,一个人,一定要克服自己的虚荣心,不要只听那些悦耳的"歌声",也要适时的听听那些逆耳的忠言吧。

人与人之间如果不彼此信任,只会顺着对方说些场面上的话,说这些是不需要任何成本的,连脑子都不需要动。因为不管粘不粘边,差不多的好话永远让人受用,让人开心。可听多了听久了会让人产生错觉,以为自己真的那么好,却不知这些话对自己不仅全然无用。有时他们会把你的"缺点"说成"优点","问题"说成"成绩",把你朝不好的方向引导。

而真正的朋友和亲人,会提醒你即将遇到的危险和麻烦,或者在你高歌猛进时提醒你前方的弯路和险路。他们还会真心地为你出主意想办法。有这样行为的人,才是应该珍惜的亲人和朋友。

3. 争论是世界上最大的空耗

【原文】国家发政,夺民之用,废民之利,若此甚众。然而何为为之?

【大意】国家发动战争,剥夺百姓的财用,荒废百姓的利益,像这样多,然而又为什么还去做这种事呢?

墨子在《非攻》篇大篇幅地阐述了战争给人们带来的危害,农民不耕作,士人不当官,物质资料减少,人口下降这对双方都是不利的。

这就如我们在生活中,无谓的与他人争论一样,与人无休止地争论,这样谁都得不到好处。

20世纪初的美国总统威尔逊,他有一名得力助手,就是财政部长威廉麦克阿杜,他也曾以多年的从政经验,告诉我们一个重要的道理:"你不可能用辩论击败无知的人。"

有一次唐斌参加朋友的婚礼,席间有一位年轻人在说明新郎与新娘的关系时,用了"青梅竹马"这个成语。他为了夸耀自己的博学,还念出了这首诗:"郎骑竹马来,绕床弄青梅。"不过,这位年轻人却搞错了,他所念的这首诗是唐代诗人李白所写的《长干行》,而他却误以为是宋代女词人李清照所写的诗,可能因为这首诗蕴含的感情深厚,害得他误以为是出自女性作家之手。

当时唐斌年轻气盛,又认为中国文学是自己的特长。为了夸耀这点,他毫不客气地当着众人的面,纠正那人的错误;可是不说还好,这样一说,那人反倒更加坚持自己的意见了。

就在他们争论不休时,恰巧唐斌的大学老师坐在隔桌,这位老师是专攻唐代文学的博士,现在任教的课程也都是和诗有关,于是他们就找这位老师评判,各自陈述观点,老师却只是静静地听着。然后在盖着桌布的桌下,用脚轻踢了唐斌一下,态度庄重地对他说着:"你错了,那位先生说的才对。"

对此唐斌非常的疑惑,回家就查到了那首诗,准备找老师问个明白。

第二天,他在教授研究室里找到老师,还没等他开口,老师就先说了:"你昨天说的那首诗是李白的《长干行》,一点也没错。但我们都是客人,何必在那种场合给人难堪?他并未征求你的意见,只是发表自己的看法,对错根本与你无关,你与他争辩有何益处呢?在社会上工作别忘记这点,永远不和人做无谓的争辩。"

"永远不和人做无谓的争辩。"这句话应该成为我们每个人的座右铭。

在辩论结束之后,争论的双方十有八九比原来更坚持自己的论调。

其实,争辩是毫无意义的。因为假如我们辩论输了,那便是无话可说;假如我们赢了对方,把他的说法攻击得体无完肤,那又能怎样呢?我们如果得到一时的胜利,那种快感也维持不了多久。

相反,你的胜利必然会对别人的自尊心造成极大损失,使他面子上下不来,对方可能因此而忌恨你,伺机报复你也不是没有可能的。

因此,当你要与人争辩时,不妨想想两个方面的结果:一个是毫无意义的"表面胜利",一个是对方的好感。这两件事就如孟子所说"鱼"与"熊掌"不可兼得。你需要的是什么呢?

4. 口不择言,后患无穷

【原文】谮慝之言,无入之耳;批扞之声,无出之口。

【大意】谗害诽谤之言不入于耳,攻击他人之语不出于口。

俗谓:"良言一句三冬暖,恶语伤人六月寒。"语言是传达感情、沟通交流的工具,但是如果运用不当,虽是出自无心,也会成为伤人的利器。

言语在有的时候非常的重要,说不准哪一句话说得不对,或是说得让人听着刺耳,这样就得罪了别人,所以我们在交谈的时候也就需要讲究一种艺术。

每个人都有自己的生活环境,环境造就了每个人的处事原则与方法上存在着差异,这就好比穿鞋,倘若我们不穿上别人的鞋,怎么会知道别人的脚是舒服还是痛苦呢?

二战的洗礼,使得苏联在建国初期相当贫穷,购买大部分的东西都必须排队。

有一个穷人,为了招待他的外国友人来访,正兴致勃勃地卖力打扫自己的房子。正当他卖力轻扫的时候,突然间竟然将惟一的一把扫把给弄断了。他愣了大约有一分钟,才回过神儿来,顿时跌坐在地上,号啕大哭起来。

他的几个外国朋友恰逢这个时候赶到了,见到他望着断掉的扫把痛哭不已,便纷纷上前来安慰。

经济强盛的美国人道:"唉,一柄扫把又值不了多少钱,再去买一把不就行了! 又何必哭得如此伤心呢?"

知法守法的英国人道:"我建议你到法院去,控告制造这柄劣质扫把的厂商,请求赔偿。反正官司打输了,也不用你付钱啊!"

浪漫成性的法国人道:"你能够将这柄扫把给弄断,像你这么强的臂力,我连美慕都还来不及呢? 你又有什么好哭的啊?"

务实的德国人道:"不用担心,大家一起来研究看看,一定有什么方法能将扫把粘合得像新的一样,我们一定可以找到方法的!"

最后,可怜的人哭着道:"你们所说的这些,都不是我要哭的原因,真正的重点是,我明天非得要去排队,才可以买到一柄新的扫把,不能搭你们的便车一起出去玩了。"

每个人都有着自己既定的立场，也因此而习惯于执著在本身的领域当中，忘却了别人也和自己一样，有着他自己特殊的一面，永远不要用自己的思维去审视别人，更不要用我们的想法去评价别人。

人的脸孔上，有两个眼睛，两个耳朵，两个鼻孔，却只有一张嘴巴，这奇妙的组合，蕴涵着很深的意义，就是告诫人们要多听、多看、少说。

《伊索寓言》中有句名言："世界上最好的东西是舌头，最坏的东西还是舌头。"中国还有句谚语："背后骂我的人怕我；当面夸我的人看不起我。"因此，人要懂得"祸从口出"的道理，管住自己的舌头。

范雎在卫国见到秦王，尽管秦王求教再三，他都沉默不语；诸葛亮在荆州，刘琦也是多次请教，诸葛亮同样再三不肯说。最后到了偏僻的一座阁楼上，去了楼梯，范雎和诸葛亮才分别对秦王和刘琦指示今后方向，所以历史上的"去梯言"，就表示慎言的意思。

东晋时代的王献之，一日偕同二个哥哥王徽之、王操之去拜访东晋当代名人谢安。徽之、操之二人放言高论，目空四海，只有献之三言二语，不肯多说。三人告辞以后，有人问谢安，王家三兄弟谁优谁劣？谢安淡淡说道：慎言最好！

一个成熟的人知道什么话该说，什么话不该说；有些话，什么时候该说，什么时候不该说。

嘴巴，可以是吐放剧毒的蝎子，令人生畏远避，也可以像柔软香洁的花苑，散发清和喜悦，为人间邀来翩翩的彩蝶。《吉祥经》就说："言谈悦人心，是为最吉祥。"为我们的嘴巴洒几滴馨香的甘露吧，让我们的言行种几棵芬芳的树吧！让它行列井然，终日咏快乐，生活在美妙的欢乐园。

首先态度要诚恳，只有这样才会有一个双方都乐于沟通的氛围。态度傲慢并不能表现你的优越感，相反而言会暴露出你的修养缺乏，这是交谈的一大禁忌。但亲切友好的态度则会让对方、甚至您的对手心里放松,当然愿意与你畅谈、倾诉了。

其次,我们在说话的时候,语言要文明,这一点也是相当的重要的。使用文明语言是对别人的尊重,也是对你自己的尊重。粗话、脏话、黑话、荤话、怪话等先在脑子里过滤过滤再说出口,否则是一句话没说对,也可能会闹得大家都不欢而散。另外隐私和敏感话题也要尽量少谈及,否则的话对方感觉如坐针毡,交谈还怎么进行下去呢?

另外,还应当注意的是身体语言也是非常重要的。目光注视对方,表情要自然,要不时地点头,适时地微笑。有些时候我们需要与对方保持适当的距离,不能太远,否则的话根本听不清彼此之间所要交谈的内容是什么,也不宜太近,否则会给对方以压迫的感觉。

5. 不受人言语挑拨

【原文】杀伤人之孩,无存之心。

【大意】伤害人的念头,不要存留在心中。

墨子告诉我们做人要堂堂正正、光明磊落,要有一颗善良的心。对于谗言恶语,不要予以理睬,不要太在意、为其所左右,更不要浪费时间纠缠于此,因为"身正不怕影子斜",谗言恶语可能流传一时,但不能流传一世,它终究会不攻自破。同时,做人也不要笑里藏刀、口蜜腹剑,背后指责谩骂别人以此抬高自己,而要心底宽厚,不可有害人之心。尤其是在竞争激烈的当今,这一条做人的原则极为重要。凡事要坚持公平竞争的原则,有什么问题应该摆在桌面上协商解决,切不可背后造谣中伤、指手画脚。当然,自己也要保持理性的心态,不能为恶言所困。

弘一法师说:"明朝杨椒山先生曾说:人言:'某人恼你谤你。'则云:'他与我平日相好,岂有恼谤之理?'我们若有如此宽大的心胸,不受别人言语挑拨,必能化解对方的怨恨。"

《史记》中讲述了这样一个故事:刘邦有个属下叫曹无伤。这个人想挑拨项羽和刘邦的关系。于是,他对项羽说,刘邦有称帝的迹象。以前刘邦爱财贪色,但自从进了关中,他就完全变了一个人。项羽听了曹无伤的话,于是摆出鸿门宴,请刘邦来赴宴,计划在宴会上结果了刘邦的性命。刘邦得到邀请后,知道有人在挑拨离间。不去解释的话,自己只有死路一条。于是,他带了许多礼物去见项羽。项羽一看礼物,觉得刘邦还是很恭敬,不像是要谋反。刘邦看项羽语气有所缓和,就对项羽说不知道是谁在挑拨将军和我之间的关系。项羽想都没想,就脱口而出,说是曹无伤。

刘邦从鸿门脱险回来后,立刻找了个理由把曹无伤杀了。

事实上,没有任何人喜欢挑拨离间的人,只会将他当作小人。然而,在我们每天的说话中,可能经常做着挑拨离间的事情。或许出于嫉妒,或许出于愤怒,或许出于其他种种不可告人的想法,或者仅仅出于无心。在这个时候,我们一方面要提高自己的修养和智慧。不挑拨离间,不仅是修养,而且也是智慧。挑拨离间不仅是败德行为,而且也是十分愚蠢的。

另一方面,我们要注意改变我们说话的语气和句式。谨慎使用这样的句式:"有些话我本不想说的,但是……"这种句式在挑拨别人关系的时候经常使用。在与人谈话的过程中,不要总是成为秘密的宣扬者,不要总是跟别人说:"有件事,不知道你知不知道……"或者"我原来也认为他不是那样,但是……"这种话的影响很坏,很容易让人相信,也难免成为挑拨离间的用语。

在与人交往的过程中,千万不要挑拨离间别人的亲朋好友关系。即使他们有矛盾,也千万不要认为自己有机可乘。对于亲朋好友,即使有再大的矛盾,也难免有"历经劫波兄弟在,相逢一笑泯恩仇"的一天。试想,这一天到来的时候,他们自然将矛头全部指向自己。

光明磊落、正直坦荡的人能够赢得别人的尊重,鬼鬼祟祟、挑拨离间的人只会让人唾弃,被人看不起。人说话做事,心中都应该有个尺度,这个尺度就是道德底线。显然,挑拨离间是在道德底线之下的。

在说话的时候,一定要注意自己的口气和说话的内容。口气不能有挑拨的暗示,不能有意装作无心出口。而说话的内容更是要谨慎选择,即使自己是个心直口快的人,也要懂得有些话可以说,有些话万万不能说。说者无心、听者有意。很多话当你说出来之后,才会发现那些话特别刺耳,甚至有可能让听者勃然大怒,去找其他人算账。在这个时候,你实际上是在煽风点火,这是最让人不齿的行为。

事实上,世上没有不透风的墙。只要你话说出口,它如何传播就已经不在你控制的范围之内了。试想一下,如果挑拨别人的关系,被当事人知道的话,在他心目中,会认为你是什么人?显然是小人,是进谗言的人。有了这种判断,他会觉得无论对你做什么,都是正义的。因此,他也不会吝惜使用各种手段来对付你,你无形中就给自己树立了一个敌人。

当然,我们不仅不要背后说人,即使对别人的背后说法,我们最好也不要去听,以免卷入这样那样的是非之中。你并不赞同他的观点,但你还是出于礼貌倾听他的话。这个时候,你要想想自己究竟处在一个什么位置,自己的头脑中究竟需不需要塞入这些并非事实的东西。即使你赞同那些话,那些话听来也会影响你对别人的判断,影响你和别人之间的交往。说话的人唯恐说出来的话不吸引人,不夸张,不能让你记忆犹新,于是便添油加醋,添枝加叶,进行了很大的发挥。你听进了他的话,你甚至认为世界上怎么有那种人存在，你自己心中的正确判断就会被掩盖，你就会用一种错误的情绪代替理性的思考。

6. 莫因小节而失大益

【原文】故我曰：瞽不知白黑者，非以其名也，以其取也。

【大意】所以我说：盲人不知白黑，不是因为他不能说白黑的名称，而是因为他无法择取。

墨子以一个盲人来做比喻，指出能看见黑白，就要能辩别，在生活中做每件事情都要知道择取，都应该有一个大局性的眼光，但事实上很多时候我们常常被眼前的蝇头小利所迷惑。

一个香港的老板来大陆投资，机器设备都是从国外进口最好的，生产效率极高。但是有一天突然这个地方发了洪水，虽然经过奋力抢救使大部分机器脱离了险情，但是还是有一台设备没有抢救出来。洪水退了，为了尽快恢复生产，香港老板就在当地市场上采购了一台中国大陆制造的机器来充当重任。

这台机器质量还过得去，用了一段时间也没有什么大的问题，但是不久它就原形毕露，各种小毛病开始显现出来。今天这个螺丝松了，明天那个零件坏了，总得不断修理，这样常常影响整个生产任务的顺利进行。老板想重新买一台进口的新机器，但是进口机器非常贵，再说这台机器也还能用，所以就这么一天又一天地耗着。但是那个大陆产的机器还是不争气,总是出毛病,而且损坏的周期越来越短。到年底一算细账,就因为这台机器的这些各种小毛病,产量较上年度有明显的减少,这些损失加上维修费用等,足可以换一台进口机器了。香港老板这才痛下决心,以低廉的价格把这台机器处理掉,从国外购置回一台新机器。

世间万物都是由小到大发展变化而来的,都有一个由量的积累到质的变化的过程。

周武王灭掉商朝,做了天子以后,远方的西戎国派使臣送来一条大狗。这条狗是西戎的特产,非常名贵,武王高兴地收下了。召公担心武王贪图享受,就劝谏他。武王觉得不过是收下一条狗,没什么大不了的。召公说:"贤明的君主应该给百官做出表率,随时注意积累自己的德行,哪怕是小细节也应该注意。大德是出小德积累而来的,就好像用土去堆一座很高的山。山很快就要堆成了,只差一筐土的高度。如果这时你停止了,就不能成功,这不是太可惜了吗?您是一个贤明的君主,可不能犯这种错误啊!"武王听了召公的劝告,就专心治理朝政,最终成为一位贤明的君主。

召公说得没错,越是干大事业的人,越应该注意小节。俗话说"千里之堤,溃于蚁穴",垃圾堆里的一点火星,可以把一座宫殿烧成灰烬。"一子落错,满盘皆输"。你站在高处,身上任何一个微小的弱点都可能成为敌人集中火力攻击的目标。荷马史诗中的著名英雄阿喀琉斯刀剑不入,但他的脚后跟却是他的致命之处。就因为有了这个弱点,他终于死在太阳神的箭下。

一个人能不能干成大事,有很多种检测的方法,但最简单的一种,就是看他在处理小事时的态度和做法。

　　明朝抗倭名将戚继光出身于将门世家,他的父亲戚景通对他管教很严格。戚继光十二岁的时候,有一次,有人送给他一双很漂亮的丝织鞋子。戚继光很喜欢这双鞋,就穿着它跑来跑去。戚景通一见,十分恼火,立刻将儿子叫住,斥责道:"你有吃有穿,还不知道满足,小小年纪就穿这样的鞋子,长大后,你就会去追求荣华富贵。要是你今后当了军官,说不定还会侵吞士兵的粮饷,后果不堪设想啊!"戚继光听了父亲的教诲,感到很惭愧,他立刻弯腰脱掉丝鞋,换上了布鞋。从此,他再也不追求奢侈了,当上将军以后,他也依然过着俭朴的生活。

　　现代社会,人们都希望自己过上富足的生活。而使自己变得富裕的方法有很多,但最重要的一点就是要珍惜自己的钱,善用自己的钱。你省下来的或额外得到的一分钱,都是自己的资产,说不定什么时候就会派上用场,发挥关键的作用。

　　有两个年轻人一起找工作。一个是英国人,一个是犹太人。一枚硬币躺在地上,英国青年看也不看地走了过去,犹太青年却激动地将它捡起来。英国青年对犹太青年的举动露出鄙夷之色:"一枚硬币也捡,真没出息!"犹太青年望着远去的英国青年心生感慨:"让钱白白地从身边溜走,真没出息!"后来,两个人同时走进一家公司。公司很小,工作很累,工资也低。英国青年不屑一顾地走了,而犹太青年却高兴地留了下来。两年后,英国青年还在寻找一份自己满意的工作,面试他的老板正是那位犹太青年。英国青年对此很不理解,他问:"为什么你能这么快成功呢?"犹太青年说:"因为我没有像你那样从一枚硬币上迈过去。你连一枚硬币都不要,怎么会发大财呢?"

在对一枚硬币的取舍中,英国青年以他的绅士风度选择了藐视,最终一无所获;而精明的犹太青年却不放过任何一个积累财富的机会,终于成为了大富翁。这里边,难道没有值得我们深思的东西吗?

疏忽小节的人,最终做不成大事。古人所说的"一屋不扫,何以扫天下",也正是这个意思。

7. 量力而行,切勿逞能

【原文】言足以复行者,常之;不足以举行者,勿常。

【大意】言论如果能付诸实行的,就不妨常说;要是不能付诸行动的,就不要老是去说。"

所谓"量力而行",即正确估量自己的能力,不做力不能及的事情。能做的,但说无妨;不能付诸行动的,不要老是去说,切勿逞能。战国时期是个社会大变动的特殊时期,在这样动荡不安的生存环境下,人们常常言行不一、前后矛盾,执政当权者更是凭借权势之威而朝令夕改、倒言反行。这种人心诡谲、言行不一甚至背信弃义的普遍现象的发生,引起了思想家们的广泛关注和深切忧虑,他们纷纷建言计献策,力图矫正这种败坏的世风人心,这其中,墨子是积极主张人们言必行、行必果或极力奉行言行合一的思想家。

当然,在现实生活中,人们经常会遇到这样的情况:有人逼迫你讲了违心或违背道义的话,你就没必要一定要落实在行动上,但一般而言,只要是符合或不违背道义的话语或事情,你理所当然应该说到就尽力做到。说了就应该努力去做到，做不到的事情就不要乱说，讲究诚实守信、言行一致，这是做人的一种基本美德，无论是在古今中外，这都是一种具有普世性意义的对人的道德要求或行为规范。

《庄子·人世间》中有这样一个故事：

鲁国的名士颜阖来到卫国游历，卫灵公听说他很有才学，便打算聘请他当自己长子蒯聩的老师。

颜阖听闻蒯聩非常凶暴，任意杀人，卫国的人对他十分惧怕。对这样的人是否可以教导，他吃不准，因此去请教卫国的贤人蘧伯玉。

颜阖把自己对蒯聩的了解告诉了蘧伯玉，然后说道："如今大王要我当他长子的老师，我要是同意了，会很难办的。如果放任他而不引导他走正路，他一定会继续残害国人，给国家带来危难；如果对他严加管束，制止他胡作非为，他就会来害我。我该怎么办呢？"

蘧伯玉回答说："你想用自己的才能去教育蒯聩，是很困难的。如果真的当他老师，应该处处谨慎，不能轻易地去触犯他，否则便会惹出杀身之祸。就像有个人太爱自己的马了，见有虫咬马，便赶紧猛力拍打。结果惊了马，自己也被马踢死。"

蘧伯玉见颜阖不住地点头，便又举了一个例子："你知道螳螂吗？一次我乘马车外出，看到路上有只螳螂，不顾车轮正在朝它滚去，却奋力举起两条前腿走来，想挡住车轮行进。它不知道自己的力量根本不能胜此重任，结果当然被车轮辗得粉身碎骨。螳螂之所以被辗死，是因为它不自量力。如果你也不自量力，想去触犯蒯聩，恐怕也要落得个与螳螂挡车一样的下场。"

颜阖听了，决定不去触犯蒯聩，尽快离开卫国。后来，蒯聩因闹事而被人杀死。

一个人的能力是有限的,不知道这一点,打肿脸充胖子,硬是挺着去承担重大的责任和使命,这显然是出力不讨好。

不能量力而行,即力微负重,自身能力弱小,却承担自己力不能及的事情,如明明自己做不到却答应别人某事,明明自己能力不足却处于某一位置等,这样超出自己的能力范围,轻则损己,重则损人、损国。

凡事一定要量力而行,绝不能力微负重,否则,会给自己带来不幸。

小高以前在中关村一家计算机公司做高级程序员,她之所以离开该公司,主要是因为她在同事跟前抱怨老板的话,传到老板的耳朵里后,老板处处排挤她,逼得她不得不辞职走人。

事情是这样的。一天,老板交给小高一个难度很大的任务,并跟她事先声明:"这件工作难度大,不知你敢不敢承担,敢不敢接受挑战。"尽管小高明白自己的实力有限,但她觉得在公司众人中,老板主动找她征求意见,说明老板器重自己,所以小高一咬牙就接受了。结果,由于老板给的期限较短,小高没能按时完成任务。因为此事小高遭到了老板的批评,并受到经济处罚。

可她感觉非常委屈也很气愤。小高认为:既然任务这么艰巨,做不完本是预料中的事。自己当时那么努力,没做完也不该算是工作失误。

"老板真过分,这么短的时间里,让我干那么难的活儿,我都说做不了,可他非让我做,没做完还罚我。"事后,小高跟身边的同事这么抱怨。结果,不久老板又给她新任务,还好,这回小高完成得相当顺利。

正当小高高兴时,老板又把一个难度更大的任务交给她。并说:"这里我是老板,下属只有服从,不许抱怨。我不养白吃饭的人,适应不了就走人。如果你这次再完不成任务,就要考虑是否该换一份自己力所能及的工作。"

有时,面对自己根本没有把握的事情,一定要具体分析,估量自己的做事能力,千万不要盲目自信。"没有做不到的事",虽然有正确的一面,但这是要看人看事的,做事时一定要实事求是,做不到就"退"。因此,我们在工作中,不要轻率承诺,承诺时不要斩钉截铁地拍胸脯,应留有一定的余地。当然,这种留有余地不是给自己寻找理由。承诺后,自己必须竭尽全力去兑现诺言。

任何事物都是不断地发展变化的。你原来可以轻松地做到的事可能会因为时间的推移、环境的变化而有了一定的难度。如果你轻易承诺下来,会给自己以后的行动增加困难,对方因为你现在的承诺而导致将来的失望。所以,即使是自己能办的事,也不要轻易承诺,不然一旦遇上某种变故,让本来能办成的事没能办成,这样一来,你在别人眼里就成了一个言而无信的伪君子。

在社会交往中,如果真能主动帮助朋友办点事,这种精神当然是可贵的。但是,办事要量力而行,说话要注意掌握分寸。因为,诺言的能否兑现不仅有个人努力程度的问题,还有一个客观条件的因素。有些在正常情况下是可以办到的事,后来由于客观条件起了变化,一时办不到,这种情况是经常会有的,这就要求我们在朋友面前,不要轻率地许诺。有的事,明知办不到,就应向朋友说清楚,要相信朋友是通情达理的,是会谅解的,千万不要打肿脸充胖子,在朋友面前逞能,轻率许诺。这样,不但得不到友谊和信任,反而会失去朋友。

任何事情都要量力而行,在做事情的时候要充分分析自己的能力。感觉自己可以付诸行动的不妨常说;不能付诸行动的,就不要乱说,否则将会落下不守信用的恶名。

延 伸 阅 读：

墨子与老子

　　墨子与老子都出身于没落贵族，老子曾为周朝史官，对他去职的原因，尽管《史记》上说的是"居周久之，见周之衰，乃遂去"，但至少可证明他在当时也是不得志的。在这样一个前提上，他们不仅有很多共同关注的问题，而且一些看法也很接近。但另一方面，由于他们在文化传承与价值观念等方面的明显差异，所以两人的思想往往是同中有异、异中又有同，把两人放在一起考察，是很有意思与意味的。

　　首先，第一个需要理清的是他们与儒家的关系。老子、墨子与儒家的矛盾是显而易见的，但如果仔细考较，则会发现冲突的程度不同。墨子由于"学儒者之业，受孔子之术"的原因，属于儒家阵营中的反戈一击者，因而更晓得儒家的弱点，所以专拣儒家的要害处攻击，如《淮南子》所谓"其礼烦扰而不悦，厚葬靡财而贫民，久服伤生而害事"。而在老子与孔老夫子之间，矛盾则没有这样激烈，尽管"世之学老子者则绌儒学，儒学亦绌老子"，但它们本质上还是正如司马迁说的这叫"道不同不相为谋"。也可以说属于"文人相轻"的一类，老庄一派最看重的是谁的道术更高明，因而《史记》关于孔子问礼于老子的记载，是他们最热心讲述与回忆的历史细节。庄子在文章中更是几次对此极尽渲染之能事，这与墨子对孔大圣人激进态度有很大的区别。与孟子把墨子与杨朱说成是"无父无君"的"禽兽之道"态度不同，在中国历史上，儒道之间一直是一种良性的对立互补关系。当然，孟子的批评是太自私了，有些意气用事，但他们各自占有了真理的一部分，所以在儒墨两家也是存在对话途径的。如荀子虽然把墨家思想贬称为"役夫之道"，但也坦承"墨术成行，则天下尚俭"(《富国》)。

而司马谈在《论六家要旨》更是强调讲"强本节用"的墨家"不可废也"。孔子之后的儒家,也往往是从墨、老两家吸取了一些智能之后,才完成了自身的理论补充的。如在儒家士大夫的"重农"措施中,就可以看到墨家的身影。而儒家的韩非子也是因为吸收了老子的政治智能,才把孔子的仁心转换为政治家的铁石心肠的。这是历史过程的复杂与变量所在。

其次是他们的政治态度。对儒家极力赞美的周王朝,墨、老都是有不同看法的。但由于墨子的传统是代表着原始奴隶社会公有制的"夏政",而老子的思想则更多地带有更加原始的母系制烙印,所以在什么是一个理想的政治与社会上,两人也往往是,有时是在相似,有时则相反,这当然需要仔细分辨才能弄清楚。在对统治者这方面,两人表面上的差别是"有为"与"无为"。在老子有"贵柔"政治哲学,他反复宣扬的道理是"以柔制强"。而墨子则完全不同,他说"君子不强听治,即刑政乱;贱人不强从事,即财用不足。"(《非乐上》)但由于老子要求"柔"的主体是统治者,而墨子要求"强"的是整个社会群体,要求的主体不同,所以这两条道路并不存在根本上的对立。甚至可以说,如果两者结合起来,一方面统治者对一己之私欲"塞其兑,闭其门",把他的个体欲望降到最低的限度,另一方面,又能像"腓无胈,胫无毛,沐甚雨,栉疾风"的大禹那样"形劳天下",全心全意地为人民大众谋福利,那离一个真正理想的社会就相去不远了。在对什么是理想的社会方面,老子的"小国寡民"与墨子的"夏政"也很相似,两人都有开历史倒车的因素。但由于墨子强调只有群策群力才能生存下去,而老子的意思却是"民至老死不相往来",一个是肯定了社会关系的必要性,尽管它的层次极低,而另一位完全否定了它,这正是墨家一些思想常可以在现实中发生作用,而老子思想只能退缩到抽象理论中的原因。

再次,对人生本身,他们都有物质关怀重于人文关怀的意思,如老子的"绝圣弃智"、"见素抱朴,少思寡欲,绝学无忧",以及"五色令人目盲;

五音令人耳聋;五味令人口爽;驰骋畋猎,令人心发狂;难得之货,令人行妨。是以圣人为腹不为目"等说法。而墨子本人更是极端的实用主义者,所谓的"先质而后文",所谓的"食必常饱,然后求美;衣必常暖,然后求丽;居必常安,然后求乐"都是如此。但在对人文关怀的否定程度与方式上,两者的关系又是相当复杂的。墨家要反对的是儒家的繁文缛节,而反对的目的则是它不仅要消耗大量的生活能源,而且还直接影响了整个社会的物质生产。如墨子"非乐"的原因是"使丈夫为之,废丈夫耕稼树艺之时;使妇人为之,废妇人纺绩织纴之事。今王公大人,唯毋为乐,亏夺民衣食之财,以拊乐如此多也"。而老子则把文明时代的新文化统统看作是灾难的根源,他最著名的说法如:"使有什伯之器而不用;使民重死而不远徙。虽有舟舆,无所乘之,虽有甲兵,无所陈之。使民复结绳而用之";"绝圣弃智,民利百倍;绝仁弃义,民复孝慈;绝巧弃利,盗贼无有"。这些说法太极端了,以至于著名英国哲学家罗素说:老子的"回归自然"与卢梭是完全不同的,因为在卢梭看来,回归自然就是从巴黎那种不健康的城市生活回到乡村,而不是老子的蛮荒时代。

最后在人性这一基本问题上,中华三圣(老子、孔子、墨子)又有着惊人的相似。老子认为:"人法地,地法天,天法道,道法自然。"已非常清楚地提出了人性"自然"的主张。孔圣人的"性相近也,习相远也"(《论语·阳货》),无疑是对老子人性观的传承。墨子一书开篇《所染》,以染丝为喻,"非独染丝然也,国也有染。""非独国有染也,士也有染。"一语道破人性的自然状态,并指出改造环境的重要性。

第四章

肯定自己，我命由我不由天

1. 接纳自己，肯定自己

【原文】福不可请。

【大意】福不是请求来的。

墨子在《非命》篇中指出，命是自己掌握的，不要相信命，只有自己才能拯救自己。

美国文明之父——爱默生有句名言："靠自己成功"，这句话影响了每一代美国人，那些原来从英国统治下独立的殖民地国家的人民也在典型的美国个人英雄主义影响下，迅速把这个国家建设成为当今世界上的超级强国。企业家吉姆-克拉克也给过年轻人忠告：不要凡事都要依靠别人，在这个世上，最能让你依靠的人是你自己。在大多数情况下，能拯救你的人，也只能是你自己。

在生命的旅程中，有时候我们难免会陷入各种危机中，而要摆脱这些危机,不要老想着依靠别人,要学会靠自己拯救自己。

有一天,某个农夫的一头驴子不小心掉进一口枯井里,农夫绞尽脑汁想办法救出驴子,但几个小时过去了,驴子还在井里痛苦地哀嚎着。最后,这位农夫决定放弃,他想这头驴子年纪大了,不值得大费周折去把它救出来,不过无论如何,这口井还是得填埋起来。

于是农夫便请来左邻右舍帮忙一起将井中的驴子埋了,以免除它的痛苦。农夫的邻居们人手一把铲子,开始将泥土铲进枯井中。

当这头驴子察觉到自己的处境时,刚开始哭得很凄惨。但出人意料的是,一会儿之后驴子就安静下来了。农夫好奇地探头往井底一看,出现在眼前的景象令他大吃一惊:当铲进井里的泥土落在驴子的背部时,驴子的反应令人称奇——它将泥土抖落在一旁,然后站到铲进的泥土堆上面。就这样,驴子将大家铲倒在它身上的泥土全数抖落在井底,然后再站上去。

很快地,这只驴子便得意地上升到井口,然后在众人惊讶的表情中快步地跑开了!

没有人能救得了那头驴子,只有当它放弃悲观与消极,明白只能依靠自己来进行自我拯救的时候,命运才有可能在山穷水尽之际,给它绝处逢生的惊喜。作为高等动物的人类,对于此番自我拯救理论的理解,也不应该逊于动物的求生本能吧?

诚然, 人生在世, 总要或多或少地依靠来自自身以外的各种帮助——父母的养育、师长的教诲、朋友的关爱、社会的鼓励……可以说,人从呱呱坠地那一刻起,就已开始接受他人给予的种种帮助。然而,许多年轻人"在家靠父母,出门靠朋友"的"靠",已经远远超出和大大脱离了一个人需要外部力量帮助这种正常之"靠",而演变成"唯父母和朋友是靠"的依赖心理,把自己立身于社会的希望完全寄托在父母和朋友的身上。

信奉"在家靠父母"的人,往往是那些生活上不能自理而饭来张口、衣来伸手,或者事业上不能自立而离不开父母权力、地位和金钱支撑的年轻人。这样的年轻人,显然不可能在生活上自立自强、在事业上有所作为。

我国著名教育家陶行知编的《自立歌》这样说道:滴自己的汗,吃自己的饭。自己的事,自己干。靠天靠地靠祖上,不算是好汉。不要总是依赖别人,把一切希望都寄托在别人身上,而要依靠自己解决问题,因为每个人都有许多事要做,别人只可能帮一时却帮不了一世。所以,靠人不如靠自己,最能依靠的人只能是你自己。

如果你想摆脱危机并有所成就,请记住忠告:最能依靠的人是你自己。

在这个世界上,聪明的人并不是很少,而成功的,却总是不多。很多聪明人之所以不能成功,就是因为他在已经具备了不少可以帮助他走向成功的条件时,还在期待能有更多一点成功的捷径展现在他面前;而能成功的人,首先就在于,他从不苛求条件,而是自己为自己创造条件——就算他只剩了一只眼睛可以眨。

一次聚会上,几个老同学在闲聊,一位事业上颇有成就的朋友,闲聊中谈起了命运。其中一个同学问:"这个世界到底有没有命运?"事业有成的那位说:"当然有啊。"同学再问:"命运究竟是怎么回事?既然命中注定,那奋斗又有什么用?"他没有直接回答同学的问题,但笑着抓起同学的左手,说要先看看他的手相,帮他算算命,然后讲了一些生命线、爱情线、事业线等诸如此类的话之后,突然,他对那位同学说:"把手伸好,照我的样子做一个动作。"他的动作就是:举起左手,慢慢地且越来越紧地握起拳头。末了,他问:"握紧了没有?"老同学有些迷惑,答道:"握紧啦。"

他又问:"那些命运线在哪里?"老同学机械地回答:"在我的手里呀。"他再追问:"请问,命运在哪里?"

那位同学如当头棒喝,恍然大悟:命运在自己的手里! 这位朋友很平静地继续道:"不管别人怎么跟你说,不管'算命先生们'如何给你算,记住,命运在自己的手里,而不是在别人的嘴里! 这就是命运。"

当然,你再看看你自己的拳头,你还会发现你的生命线有一部分还留在外面,没有被握住,它又能给我们什么启示? 命运绝大部分掌握在自己手里,但还有一部分掌握在"上天"手里。古往今来,凡成大业者,"奋斗"的意义就在于用其一生的努力去争取。但是如果你不靠自己去争取,你连这一点的机会都是没有的。

不管什么时候,牢记这句话:"只有自己才是最靠得住的。"

2. 自信焕发,激活生命的潜能

【原文】君子进不败其志,内究其情,虽杂庸民,终无怨心,彼有自信者也。

【大意】君子仕进顺利、有所成就时不会改变他平素进取的志向,不得志的时候也是一样,在逆境中能反思失败的原因。即使落魄地降为平民,终日与普通的平庸民众杂处在一起,终究也不会有任何抱怨的心理,也不会自暴自弃,这是因为他有自信心的缘故。

信心是一种最坚强的内在力量,它能够帮助你度过最艰难困苦的时期,直到曙光最终出现。信心从未令人失望,它会使人发现自身的价值和潜能,取得成功。卡耐基说:"自信才能成功。"

俞敏洪说,人活着可以有两种方式,一种是像草一样活着:你尽管活着,但由于你的自卑,你只能匍匐在地,脚步轻易踩过你,人们不会因为你的痛苦,而产生触动;人们不会因为你被践踏,而怜悯你,因为人们本身就没有看到卑微的你;你为何不充分吸收阳光雨露,像树一样自信地成长。即使你现在什么都不是,但是只要你有树的种子、树的心态、树的信心,即使被踩在泥土中,你依然能够吸收大地的养分。当你长成参天大树以后,在遥远的地方,人们就能看到你,你给世界一抹绿色、一片阴凉,你用坚强庇佑别人。即使人们离开你以后,回头一看,你依然是地平线上一道美丽的风景线。树,活着是自信之躯,死了依然是栋梁之才。活着死了都能顶天立地!

自信是扭转乾坤的利器,自信是人们面对挑战时勇往直前的勇气与精神,是发挥自身潜能和优势的"催化剂"。在认识自己、鼓励自己的基础上,将自卑、自怨的心理阴影抛到九霄云外,由此才能进入一个良性的心理循环:在自信中品味成功,在成功中享受快乐,在快乐中扭转乾坤,用自己的双手去创造命运的奇迹,活出一个精彩纷呈的人生。

世界著名交响乐指挥家小泽征尔,在一次世界优秀指挥家大赛中,按照评委会给出的乐谱演奏,发现其中有不和谐音,一开始他认为可能是乐队的演奏出了问题,于是要求乐队停下来重新演奏,可是不和谐音依旧存在,此时他怀疑乐谱有问题,可是当时在场的所有作曲家以及评委会的权威人士都予以否认,小泽征尔在深思熟虑后,站起来坚定地说:"不,一定是乐谱出错了!"话音刚落,台下立刻响起雷鸣般的掌声。

原来这是评委考核人才的一种方式,他们故意设下陷阱,借此来考验各位指挥家的自信心。他们故意给出错误的乐谱,然后对指挥者的怀疑予以否认,看看谁还能够继续坚持自己的想法。结果虽然许多指挥家都发现了其中的问题,但是大部分人在被专家否定后就开始随声附和,只有小泽征尔始终坚持自己的正确意见,最终在大赛中夺魁。

生活对谁都是公平的,如果你想有所作为的话,就必须树立强大的自信心,敢于坚持自己,因为别人的看法和态度永远都代表不了你也否定不了你。只有自己最了解自己,若要获得人生的成功,善于取舍、敢于决断,是极其重要的条件;否则,就失去了人生的主动权。

包玉刚1618年出身于宁波近郊的一个农村。从16岁起,就去上海当学徒,后来,有幸进入洋行工作。上海解放前夕,当国民党军政要员纷纷逃往台湾时,包玉刚辞职后选择了到香港谋求发展。

朝鲜战争后,世界大国都处在休养阶段,经济将会有大的发展,船的作用越来越大。包玉刚认识到这些,1955年,37岁的他毅然决定转行做航运。当时,香港局势稳定,地产生意蒸蒸日上。他父亲包兆龙听到后,第一个竭力反对。"你傻了吗?放着地产的好生意不做,这千载难逢的机会哪里去找?航运经营风险大,你又对此一窍不通,这生意决不能做。"后来,就连包玉刚自己的一些船业老朋友,都纷纷往他头上泼冷水。

但是,包玉刚通过冷静地考虑、全面地分析后认为,地产是死的,而船是活的。目前,就连上海这个远东最大的进出口贸易港都封闭了,世界运来的货物都要通过香港转运,这才是千载难逢的商机。于是,他满怀信心,坚持己见,力排众议,转手经营航运业,并且以低于市面的价格,长期包租给日本人。

1956年,发生了一件影响全球航运业的大事件:埃及占领苏伊士运河,非友好国家不得通过运河营运。悬挂英国米字旗的香港船,也在占世界商船80%的非友好国家之列。

这时,又有许多人劝他放弃,但包玉刚整体权衡,依然坚信自己的观点:目前,欧亚船只都得绕过好望角,船只紧缺,运费暴涨,此时不扩大租船规模,更待何时?于是他毫不犹豫地把一些家当变卖了,筹得一笔资金,买了一艘船龄已达27年的旧船,开始了自己璀璨的航运事业,为日后成为世界船王铺平了道路。

身处困境之中,自信更是必不可少。如果你不停地抱怨命运,认为生活亏欠了你,认为自己是世界上最不幸的人,那么,你已陷入了自卑的情绪泥潭。丧失自信,无异于自断生路;只要你勇敢果断地爬出自卑那口井,就能拯救自己。

自信是建立在对自己正确认知基础上的、对自己实力的正确估计和积极肯定,是自我意识的重要成分,是心理健康的一种表现,是学习、事业成功的有利心理条件。但并非人人都拥有自信心。实际上,缺乏自信一向是困扰人们的大问题,有调查显示,缺乏自信的人占75%的比率。在生活中,畏缩、深陷于不安,甚至对自我能力怀疑的人,几乎随处可见。

那么怎样建立自信心呢?可以采用以下五个步骤培养自信心:

(1)相信自己,鼓励自己真正的自信源于自身,依靠外界建立的自信来得快去得也快。虽然每个人都希望得到别人的赞美,但是那不过是过眼云烟,只有自己相信自己,不断鼓励自己,才会有生生不息的力量,这是建功立业的必要条件。建立自信首先要树立“天生我材必有用”的信念,相信自己有足够的潜能尚未开发,找出自己的优势,并以尊重自己的姿态努力开发这些潜能,就容易走向成功。

(2)扬长避短,善于学习人无完人,每个人各有所长,各有所短。在战胜自卑,建立自信的过程中,只有注意发挥自己的长处,才能在与人对比的过程中显出优势,才可能建立自信。如果老拿自己的短处与别人的长处作比较,那么自己可能永远是个失败者,更谈不上自信。

除此之外,培养学习力也是实现自信的重要途径。对于学习力很强的人来说,世界上没什么难事,即使面临陌生领域的挑战,他们也能从容应对,因为他们都可以去学。

(3)积极的心理暗示在辉煌的成就面前,没有人会不自信。缺乏自信的人大部分是尚未成功的人,他们渴望成功,却没有充足的自信。其实自信只是一种感觉,每个人都可以通过"训练"获得。比如每天都要告诉自己:"你是优秀的""你一定可以成功",每天找几件做得很成功的事,长期坚持下去,这种积极的心理暗示会逐渐驱走你的自卑心理,自信自然就会建立起来。

除此之外,在穿衣打扮、言行举止上,也要有意识的培养自信,穿衣时尚得体,举止热情大方,这些会在无形中帮你获取自信。

(4)用言行激发自信,自信需要表达,一个自信的人,他的一举一动都充满自信,别人也会更加认同他的自信,相反越是那些言行拘谨,妄自菲薄的人,越会遭到鄙视,所以要想获得自信就要勇敢地表达自己,通过言行举止增强自信心。

(5)自信的人凡事都会坚持原则,不会因为别人的意见而曲意逢迎,随便改变立场。他们有主见,有想法,坚持真理,不迷信权威。其实自信就是自我认同,就是坚持己见,就是相信自己。

自我表现是培养自信的捷径,得到别人的承认比自我认同更具有说服力,所以只有充分展现自己的才华,才能真正看到自己对别人的影响力,而这种影响力就是树立自信的资本。

(6)由自觉达到自信,设立合理目标要想获得积极、健康的自信,首先要做一个自觉的人,既不要过度悲观,使自己感觉无地自容,也不要盲目乐观,忘乎所以,能够公正客观地进行自我评价。其次在制定目标时,既不要去做超出自己的能力范围的事,也不能低估自己的能力,这样制定的目标才会更合理,更容易实现。自觉的态度,合理的目标,是成功的必要条件,也是培养自信的重要步骤。

重视或采纳他人的反馈意见,当你听取他人的反馈意见时,应当客观地评估、采纳其中可行性较高的建议或目标。但同时也要努力培养自觉和自信。当你认识到自身的优势和价值之后,即便有人反对,你的自信可以帮助你发挥优势,释放潜能。

因为自信,才智才变得无穷无尽;因为自信,奋斗的旗帜永远高擎;因为自信,困难才向你低下高仰的头颅;因为自信,生命才得以焕发更多的潜能。拥有自信,你才能在人生的征途上昂扬奋进,无所畏惧,勇敢搏击,扭转乾坤,创造生命的辉煌,人生才得以释放璀璨的光芒。

3. 坚持自我,勿人云亦云

【原文】不视人犹强为之。

【大意】不用看他人行事,仍然努力去做。

有一个人来到墨子门下,墨子问他为什么不学习,他说:"我的族人中没有求学的。"墨子认为这个人不学习的原因极为荒谬,因此讲了上面这番话。墨子这段话的核心意思就是告诫世人,只要是正义之事,做事情一定要坚持自己正确的观点和主张,切不可随波逐流。

然而,现实生活中就是有这样一种人,他们一听到不同的意见,就惶惶然不知所措,随便放弃自己的立场,毫无主见可言。

柯尔家的人都以画画为生,柯尔也非常希望自己能像家里人一样以画画为终生职业。

但是柯尔没有主见。

柯尔画完一张画,爸爸看看,撇撇嘴说:"哦,这太僵硬了。"

柯尔按照爸爸的意见修改。

妈妈看完说:"亲爱的,飘忽的东西没人爱看。"

柯尔又采纳了妈妈的意见。

可哥哥说:"上帝,这是什么?是块木头吗?"

柯尔赶紧按哥哥的意见改,姐姐却说:"天哪,这简直是被染料弄脏的一张纸。"

就这样,柯尔的时间都用在修改画上,他最终没能成为一名画家。他想讨好每一个人,却惟独不想做自己,失去了主见。

事实也的确如此,生活中每个人的知识、教养、经验、所处位置等各不相同,他们也完全会有不同的情感和取向。在这众口难调的世界里,如果一个人没有主心骨,人云亦云,亦步亦趋,没有自己的衡量取舍标准,他将无所适从。

所以,无论做什么事情,都要有自己的主见。当我们认定了一件事,就不能太在意别人的说法和看法。

墨子指出既然你喜欢学习,就不应该因为别人不喜欢,而就不去做。不要受他人影响。正所谓"走自己的路,让别人说去吧!"现在有许多人不能坚持自己正确的想法,受他人的影响而摇摆不定,对成功人生是非常致命的。所以,在做任何事之前,你不能受他人影响,要相信自己,相信"我"很重要。

　　希腊的柏拉图学园里，有个30多岁的年轻人在院子里走来走去，他低着头，嘴里不停地嘟囔着，一边嘟囔，还一边摇头。看上去，有个重大问题正困扰着他。

　　这个年轻人叫亚里士多德，他17岁的时候就被父亲送到当时最著名的大学问家柏拉图那里学习了。亚里士多德学习非常勤奋，人也很聪明，很喜欢钻研，他从老师那里学到很多知识，还看了很多书，有些书连柏拉图都没有看过。很快，他就成为柏拉图学园里学问最渊博的人，大家都说，有什么问题不懂，就去问亚里士多德吧，他肯定知道。所以，其他同学都很敬佩他，老师柏拉图也很喜欢他。

　　但是最近一段时间，聪明渊博的亚里士多德被一个问题困惑住了，而且整个柏拉图学园里没有人能帮助他。这究竟是一个什么问题让亚里士多德这么困惑呢？

　　原来，自从亚里士多德一进柏拉图学园，老师柏拉图就把自己的理论教授给了他。柏拉图认为人的理念才是最真实的存在，我们看见的树木、花草啊，只不过是我们脑子里想象的树木、花草的模仿，而我们制造出的房子、车子，更是模仿的模仿。所有柏拉图的学生都把老师的理论当做真理，从来都没有人怀疑过。随着看的书越来越多，思考的问题越来越深入。亚里士多德就越来越怀疑老师说得是不是正确。一棵树就是一棵树，是实实在在存在的一棵树，看得见、摸得着，怎么就不是真实的呢？应该先有现实世界中的树，才有思想中的树啊，现实的怎么会反成为思想的模仿呢？

　　亚里士多德认真地思考着这个问题，终于有一天，他向老师柏拉图提出了自己的疑问。柏拉图想了一下，没有回答亚里士多德的问题，反而说："我看啊，要给你的思想套上缰绳，不然，你会越跑越远，思想不受控制啦，很危险！"

　　亚里士多德见老师这样回答，就没有再追问。旁边的同学指责他说：

"亚里士多德，你怎么能怀疑老师的观点呢，要知道，老师是绝对正确的！你这样对老师非常不尊敬！"

亚里士多德摇摇头，坚定地说："我爱老师，但我更爱真理！"

后来，亚里士多德就凭着这样的精神，成为举世闻名的大学问家。

做人要有原则。这是为人处世、立身社会的根本。

"我爱老师，但我更爱真理！"这是亚里士多德的为学态度。也是他做人的原则。老师与真理孰轻孰重，在他心中泾渭分明，是绝不能颠倒混淆的。而这坚定的做人原则，也成就了他一代哲学大师的伟名。

一个人要想成就一番功业，就要努力克服这种人性的弱点，具备一种不怕违逆众人和流俗偏见的勇气，而始终坚持自己正确的观点和看法。当然，坚持自己正确的观点和看法不等于自以为是，深明大义也不等于刚愎自用，但要想有所成就，就需要对自己满怀信心，需要做自己的主人和生活的强者，永远向着自己追求的理想和目标勇往直前。正如我国大文学家鲁迅先生所说："其实地上本没有路，走的人多了也便有了路。"地上从无路到有路，都是人走出来的，因此，重要的是我们应该勇于走自己的路，决不轻言放弃自己的人生理想和目标，而盲目追求和别人保持高度一致。

古人云："成大功者，不谋于众；论至德者，不合于俗。"其实，在很多时候，人往往受一种从众心理的影响和支配，故而不能坚持自己正确的观点和看法，这是人性的弱点。做人不能没有原则。没有原则，也就没有了衡量对与错的尺度，如果自己都不知道哪些事该做，哪些事不该做，那么，就很容易走入歧途。所以说，一定要坚持自我，莫要人云亦云，随波逐流。

4. 肯反省才会有进步

【原文】见不修行见毁而反之身者也，此以怨省而行修矣。

【大意】君子不能修养自己的品行而受人诋毁，那就应当自我反省，因而怨少而品德日修。

墨子在《修身》篇中特别强调了自我反省的重要性，认为君子就需要不断的经常自我反省减少怨恨于仇恨。在对自己做错的事，知道悔悟和责备自己，这是敦品励行的原动力。不反省不会知道自己的缺点和过失，不悔悟就无从改进。

著名作家李奥·巴斯卡力，写了大量关于爱与人际关系方面的书籍，影响了很多人的生活。据说，他之所以有这样卓越的成就，完全得力于小时候父亲对他的教育，因为每当吃完晚饭时，他父亲就会问他："李奥，你今天学了些什么？"这时李奥就会把在学校学到的东西告诉父亲。如果实在没什么好说的，他就会跑进书房拿出百科全书学一点东西告诉父亲后才上床睡觉。这个习惯一直到今天还维持着，每天晚上他就会拿十年前父亲问他的那句话来问自己，若当天没学到点什么东西，他是不会上床的。这个习惯时时刺激他不断地吸取新的知识，产生新的思想，不断进步。

所谓反省，就是反过来省察自己，检讨自己的言行，看一看有没有要改进的地方。

肯定自己，我命由我不由天

反省是自我认识水平进步的动力。反省是对自我的言行进行客观的评价，认识自我存在的问题，修正偏离的行进航线。

为什么要经常反省？因为人不是完美的，总要有个性上的缺陷、智慧上的不足，而年轻人更缺乏社会历练，常常会说错话、做错事、得罪人。反省的目的在于建立一种监督自我的畅通的内在反馈机制。通过这种机制，我们可以及时知晓自己的不足，及时匡正不当的人生态度。良好的反省机制是自我心灵中的一种"自清洁系统"或自动纠偏系统。反省是砥砺自我人品的最好磨石，它能使你的想象力更敏锐，它能使你真正认识自我。

一个人要想让自己变得更加强大，就要懂得不断内省。很多曾国藩的研究者都得出这样一条结论：曾国藩之所以优秀、不同于其他历史政坛大人物，最突出的特点就是曾国藩这个人非常注重人格修炼，通过毕生不断的自省来改造自己的内心世界，最终成为"立德立功立言"的"三立"完人。

曾国藩被称为中国历史上"最后一位理学大师"，他如饥似渴地学习知识，想尽办法来提升自己的智慧。同时，他还发挥自己强大的内省功夫，不断检视自己的思想和行为，找到不足或者不正确的地方，然后有则改之无则加勉，不断提升自我的道德修养。曾国藩的内省功夫之所以强大，是因为他是随时随事、时时处处反省自己的，这就使得他的内心始终有一位称职的警察，时刻监督着他的一举一动，让他不敢越雷池一步。

曾国藩到京师的最初几年里，每天迎来送往的应酬特别多，并不是因为他有多重要，而是借此来消磨时光。

道光二十年四月，庶吉士散馆，曾国藩留在翰林院。"本要用功"，但"日日玩愒，不觉过了四十余天"。此后的一段时间，除了给家里写一封信商议家眷来京之事外，"余皆怱怱，因循过日，故日日无可记录"，每天都是送往迎来,吃酒、读书、闲侃。所以他早期的《日记》每天都在"检讨",但每天都会故态复萌。很显然,一开始曾国藩的自省并没有收到好的效果,但是他知道这样的品行如果不能改掉,是无益于成大事的。尽管会不断地犯,但他一直在坚持反省。

和同僚的交往固然可以加深了解、沟通,却也会荒废时日。道光二十二年十月的一天,曾国藩读了《易经·损卦》后,即出门拜客,在杜兰溪家吃了中饭,随即又到何子敬处祝贺生日,晚上又在何宅听了昆曲,到了"初更时分"才拖着疲惫的身体回家。当天的日记充满了自责,说"明知(何子敬生日)尽可不去,而心一散漫,便有世俗周旋的意思,又有姑且随流的意思。总是立志不坚,不能斩断葛根,截然由义,故一引便放逸了"。尽管《日记》中不忘"戒之"二字,但很快就又犯了。

当月的二十四、二十五两天,京城刮起大风,曾国藩"无事出门,如此大风,不能安坐,何浮躁至是!""写此册而不日日改过,则此册直盗名之具也。既不痛改旧习,则何必写此册?"

如此大风也不能安坐家中,曾国藩的浮躁可见一斑,他也认识到了浮躁的危害,于是决心强迫自己静坐下来读书,但甚至连"白文都不能背诵,不知心忙什么。丹黄几十页书,如勉强当差一样,是何为者?平生只为不静,断送了几十年光阴。立志自新以来,又已月余,尚浮躁如此耶!"他也分析为什么如此交游往来,无非是"好名","希望别人说自己好"。并说这个病根已经很深,只有减少往来,"渐改往逐之习"。

几天后,他听说菜市口要斩杀一位武臣,别人邀他一同看热闹,他"欣然乐从",虽然内心很挣扎,但也不好驳了朋友的面子,因此"徘徊良久,始归"。他说自己"旷日荒谬至此"。虽然没有去,但是心却没有静下来,于是又去了雨三家,他不顾正在忙碌的雨三,非要东拉西扯地谈谈"浑"。《日记》中说:"谈次,闻色而心艳羡,真禽兽矣。"从雨三家出来,本来已经很晚了,但他仍不愿回家,又到子贞家中,三更才归。《日记》说自己

肯定自己,我命由我不由天

"无事夜行,心贪嬉游"。

参加进士同学的团拜,他也"目屡邪视""耻心丧尽";赴朋友的喜筵,他"谐谑为虐,绝无闲检"。周身为私欲所纠缠,使得他的理学功夫大减,一听别人谈论理学,感到隔膜不入。于是,决定一改昔日所为,"截断根缘,誓与血战一番"。

曾国藩为了改掉自己的坏习惯,提出了三戒:一戒吃烟,二戒妄语,三戒房闼不敬,后来都做到了。

其中,吸烟有害健康,曾国藩还认为吸烟有害精神。他说:精神要常令有余,做起事来才能精气十足而不散漫。"说话太多,吃烟太多,故致困乏。"他觉得应酬过多,精神就难以集中,做起事来也会出差错,而吸烟对此有很大影响。

曾国藩认识到,沉溺于色是会妨碍事业的。他曾经有"喜色"的毛病,看到朋友纳了小妾就会浮想联翩。为了能他日有所作为,他严格限制自己的情欲,甚至夫妻之间正常的情感交流都严加克制。他认为,人的私欲、情欲一旦膨胀就难以收拾,终会妨碍大事业。他始终坚决不纳妾,生活作风上也严格自律,这正是他精神品格上突出之处。

当然,尽管曾国藩一意要自立,要与过去的缺点告别,然而,要改过要自立是何其艰难,其改过自立的过程何其曲折。不过,曾国藩刻苦自立的努力并没有白费,到了道光二十三年,上述诸多的毛病已经得到了有效的遏止,在这一年的日记里,很少看到他再为上述毛病而忧心了。新的一年里,曾国藩致力于纠正忿、欲两大毛病。

曾国藩的成功不是偶然的,他终其一生的内省功夫是一个强大的助力,他在这种强大的内省中修炼了自己的内心和品德,提升了自己的人生智慧。

古人云:吾日三省吾身。内省历来是儒家所提倡的道德修养方法,孔子在《论语·里仁》中说："见贤思齐焉，见不贤而内自省也。"荀子则把"自省"和学习结合起来，作为实现知行统一的一个环节。他说："君子博学而日参省乎已，则知明而行无过矣。"朱熹说："日省其身，有则改之，无则加勉。"

以上种种，无不说明，内省是查漏补缺的最好办法。肯反省才会有进步，要知道"智者事事反求诸己，愚者处处外求于人"。当今最具影响力的心理学家加德纳强调，内省智能是多元智能中一种十分重要的智能。内省智能强的人能自我了解，意识到内在情绪、意向、动机，以及自律、自知和自尊的能力，了解自己的优劣，科学谨慎地规划自己的人生。

5. 信念决定结果

【原文】政哉，无天命。

【大意】要虔敬！不要相信天命。

墨子指出，所谓的天命都是掌握在自己的手中的，只要你相信自己，你就能改变命运。

天赋可以由勤劳来弥补，能力可以通过实践来锻炼，而这一切的一切都需要信念的支持。没有坚定的信念，人生就会像弹簧，遇强则弱，遇难便缩。而你所具有的资质、能力等一切也都终将发挥不出来，只能随着你的信念一起萎靡退缩。信念决定结果，信念不同结果就会不同。

一个魔鬼来到一个村庄。它看见这个村庄富饶丰裕，就住下来。它每天偷鸡摸狗，害得大家不得安宁。村长奇里决心找魔鬼决斗，为村民除害。

有一天，奇里在草原上走，寻找魔鬼。迎面碰到一个人，他们互相问好后，对方问："你往哪里去？"

"我去寻找魔鬼。"村长回答。

"为了什么？"对方问。

"我想除掉它，解救村民。"村长答道。

这时对方说："我就是魔鬼。"

村长一听，就向它冲去，双方打了起来。奇里终于战胜了魔鬼，把它打倒在地，接着拔出短刀，准备下手。

这时，魔鬼止住了他，说："村长，且慢下手，你可以杀死我，请先听我说几句话。"

"说吧。"村长说。

"你杀死我没有一点好处。"魔鬼说，"如果你饶了我，我保证每天日晨在你的枕头下放20个金币，直到你生命的最后一天。"

村长一听这话，就马上动摇了，心想：我打死它，有什么好处？它又不是世界上唯一的魔鬼，因为世上的魔鬼有千千万万。我若饶了它，每天我就可以得到20金币！于是，村长奇里同魔鬼订了协议，放走了魔鬼。

第二天早晨，村长奇里发现枕头底下真的有20个金币，心里不禁大喜。

这样，持续了一个星期，村长奇里对谁也没有说过这件事。

有一天早晨，村长奇里醒了，手伸到枕头下摸钱，但一个钱也没有摸到。他感到纳闷，心想，大概是魔鬼忘记了，明天它一定会放好两天的钱的。

但是，第二天枕头底下还是没有钱。村长奇里又等了一天，还是没有钱。这时村长奇里冒火了，就出去寻找魔鬼。

在同一草原上的同一个地方，他们又相遇了。

"喂，骗子！"村长奇里对魔鬼说，"你不遵守承诺！"

"我承诺了你什么？"魔鬼问。

"你保证每天给我20个金币，起先我倒是每天收到的，可是现在，我已连续几天没有收到钱了。"

"村长啊，"魔鬼回答说，"我一连几天给你钱，后来就不愿给了。如果你不满意的话，我们就决斗吧。"

村长奇里相信自己的力量，因为他已经战胜过魔鬼一次。

但这一次，魔鬼举起了村长，摔在地上，并且坐在他的胸上，拿出短刀，准备下手。

这时，村长说："魔鬼，你可以杀死我，但请允许我提一个问题。"

"提吧。"魔鬼答应了。

"一个星期之前，我们碰面后进行了较量，我胜了你。为什么现在我们两个都毫无变化，你却战胜了我？"

魔鬼笑着说："原因是第一次你是为了正义的事业同我决斗的，而现在你找我是为了要钱，为了个人复仇，所以我才能不费力气地战胜你。"

如果怀着正义的目的和信念做事，就会充满必胜的信心和无穷的力量，从而能轻松获得成功；如果怀着邪恶的目的和信念去做事，就会底气不足，从而导致失败。怀着什么样的目的和信念去做事，就会有什么样的结果。

信念—行为—结果。人的行为是受信念支配的，而人们所创造的结果是由行为产生的。所以，有什么样的信念，就会导致什么样的结果。

1989年，一位年轻人从中山大学毕业，应聘到万宝冰箱厂。工厂付给他令人眼红的400元月薪。但三个月后他放起了这份来之不易的高薪工作，离开单位去中科院攻读硕士学位。

朋友们总以为他获得硕士学位后，他会找到一个比万宝冰箱厂薪酬更高的工作，谁知三年后，他到了联想公司，得到的工资是300元，后来公司才给他涨到400元。

有朋友问他："你多读了3年书，和在万宝冰箱厂有什么差别？"他笑而不答。

一年后，他拿着中山大学本科、中科院硕士、在联想工作一年的简历，应聘新加坡第二大多媒体公司，从30个中国面试者中脱颖而出，拿到相当于一万人民币的薪酬，开始了为期六年的异国打工生活。

在新加坡的日子，他先后在3家软件公司任职，后来还进了有名的飞利浦亚太地区总部。他不断地跳槽，别人根本不明白这个年轻人到底是喜欢钱，还只是为了跳槽而跳槽。因为前面的几家公司给他的薪水已经够高了。

更令人感到不可思议的是，他在公司任职的时候，只要是他承接的业务，即使是几千新币的软件，用户一旦在使用中出现了问题，他便会放下手中的工作火速赶到。而对于其他软件工程师来说，这种价值的软件根本不配享受这样的技术服务。在新加坡，他认识了一位同行，两人一拍即合，出资在当地开办了公司。那次创业九死一生，许多人为他不值，有好工作、有好前程，为什么总要把自己从浪峰推向谷底。

但是，他成功了。他就是朗科公司创始人邓国顺。

美国哲学家拉尔夫·爱默生曾经说过："我们的所想决定我们的所为。"他把这条原则称为"至高无上的规律"。詹姆斯·艾伦也说过："一个人外在的生活状态总是可以在他内心深处找到根源。"实际上，不同的信念造就不同的生活，不同的理想便会有不同的结果，这是数千年来亘古不变的真理。

6. 居安思危，不预则废

【原文】库无备兵，虽有义不能征无义；城郭不备全，不可以自守；心无备虑，不可以应卒。

【大意】仓库里没有储备兵器，即使自己有理也不能征伐不义之兵；内城外城不修防完备，不可能防守自己的国土；心中没有考虑周到，不可能应付突发事件。

"凡事预则立，不预则废"，无论是国家还是个人都要事事早做打算、未雨绸缪，才能防患于未然，才能在天灾人祸突然出现的时候沉着冷静、从容应对。

忧患意识在传统文化中积淀久远而深沉。《孝经》从居高位而常守富贵的角度告诫道："高而不危，所以长守贵也；满而不溢，所以长守富也。"荀子的"满则虑溢，平则虑险，安则虑危，曲重其豫"所表达的忧患意识，即是就"持宠处位，终身不厌之术"而论的，也是就普遍意义上的"智者举事"而言的，他认为这是百举而不陷、无往而不胜的法宝。

忧患意识在传统文化中渊远而流长，成为一笔宝贵的思想财富。汉唐盛世无不是在心怀忧患、总结前朝灭亡教训的基础上励精图治的结果。欧阳修在其所著的《新五代史·伶官传序》中说："忧劳可以兴国，逸豫可以亡身……夫祸患常积于忽微，而智勇多困于所溺。"这里所表达的忧患意识，是从五代时唐庄宗在完成父志、剿灭雠仇之后沉湎于安逸而丧失忧患之心，最终身死国灭的惨痛教训中得出的，具有深刻而普遍的警世意义。因而，于成功之时，居福安之境，也不能得意忘形，必须保持"如履薄冰、如临深渊"的危机意识、忧患意识，唯其如此，才能够有备无患，"百举而不陷"。

忧患意识强调的是预防、防备的重要性。兵法讲究出奇制胜，对"不预"的人来说，灾患就是一支可怕的奇兵，它的突然降临往往能导致一个国家的灭亡，导致一个人的猝然失败。

在不利环境下，预防、准备是理所当然，在有利环境下，预防、防备更是不可或缺。墨子在《七患》中所讲的"备"，主要指储备、准备。

墨子认为，充分的储备和准备是保证社会稳定和长治久安的前提，也是防止外来侵略、成功实施"防御军事"的基本条件，尤应引起重视，故称"备"为"国之重也"。

历史上也有一些人，防范心理较弱，为此吃亏上当，悔之莫及，孙策就是一个例子。

孙策是东汉末年的风云人物，占有江东全部领土。曹操和袁绍在官渡交战的时候，他与人谋划，欲袭击许昌。许昌是曹操的老巢，曹操部下听到这事，都很恐慌。有一位郭嘉却说："孙策新近吞并了江东的土地，诛杀了当地的英雄豪杰，这是他能得到部下拼死效力的结果。可是，孙策遇事粗心大意，不善防备，虽有百万之众，和孤身一人没有什么两样，若有一个埋伏的刺客杀出来，他就对付不了。据我看来，他必定死在刺客手里。"

孙策的谋士虞翻也因为孙策好骑马游猎，劝谏道："您指挥零散归附的将士，就能得到他们拼死效力，这是汉高祖的雄才大略呀！但您轻易暗地里出行，将士们都很忧虑。那白龙化做大鱼在海里游玩，就会被渔夫捉住；白蛇爬出山中，被刘邦斩杀了，都是教训，希望您能谨慎些。"孙策说："先生的话很有道理。"然而，孙策始终改不了老毛病。他出兵袭击许昌时，到了长江口，还没过江，就像郭嘉预料的那样，被许贡的门客所杀。

郭嘉、虞翻的远见卓识和孙策的粗心大意,在此得到集中体现。孙策诛杀了那么多的英雄豪杰,有多少人对他不切齿痛恨?有多少人不想寻找机会报仇雪恨?可他却全然不放在眼里,单枪匹马,独自外出,其英雄胆气可嘉,而处事之能却甚为可怜。

所以,一定要牢记"防患于未然"之古训,不要步亡羊补牢之后尘。这是成大事的基本。有些人等到出现漏洞以后,才知道自己做错了,这是愚人所为,也会受到严重影响,甚至直接影响人的生存。

孙正义是软件银行集团公司的创始人,现在是该公司的总裁兼董事长。他在不到二十年的时间里,创立了一个无人相媲美的网络产业帝国。孙正义的过人之处,是他的思维理念。他能从眼前的生意中,看到未来的生意方向和发展前景。他看未来不是十年、二十年,而是一看就是上百年。

孙正义在23岁时,曾花了一年多的时间来想自己到底要做什么。他把自己想做的40多种事情都列出来,而后逐一做详细的市场调查,并做出了10年的预期损益表、资金周转表和组织结构图,40个项目的资料合起来足有10多米高。然后他列出了25项选择事业的标准,包括该工作是否能使自己全身心投入50年不变、10年内是否至少能成为全日本第一等等。依照这些标准,他给自己的40个项目打分排队,计算机软件批发业务脱颖而出。用十几米厚的资料作事业选择,目光放在几十年之后,这样的深思熟虑,这样的周密规划,注定了他日后的成功。

不久,他便创立了软件银行公司。其公司的软件推销业绩,居全日本第一。随即孙正义利用他的公司出了几本杂志,旨在提醒客户购买软件银行的产品。1994年,他的软件银行公司上市,筹集到一亿四千万美元。从此,软银集团开始腾飞。

俗话说:磨刀不误砍柴工。孙正义周密谋划、预设未来,用一年的时间赢得了一生的成功。成功人士常说,把80%的时间留给未来,即用20%的时间去处理眼前的紧要事情,而用80%的时间去做那些暂时没有收益但以后会有的重要事情。的确,走一步,看三步。预先防备和采取措施,笑得最长、笑到最后,这才是大智慧。这样才能永远立于不败之地。

人无远虑,必有近忧。人生道路不可能总是一帆风顺的,人们在做事为人时只有精心规划,预于先、备于前,而后才能披荆斩棘,顺利前进。我们想问题、办事情,应该立足于可能性的复杂,从最坏处着眼向最好处努力,千万不可掉以轻心、麻痹大意。因此说,要居安思危,不预则废。

7. 意志力是成功的保障

【原文】志不强者智不达。

【大意】意志不坚强的,智慧一定不高。

墨子说:意志不坚强的人,智慧也不会高到哪里去。他把意志放到了非常重要的位置。挫折和困难犹如拦在我们成功路上的二只老虎,惟有战胜它们,你才有走向胜利的希望。而战胜困难,打败挫折,你必须练就钢铁般的意志。

坚韧不拔的钢铁意志是你成功的根本保障,有时面对人生无常,命运的捉弄,只有调整心态,把握好自己的命运,方为上策。

意志力是一把磨刀石,虽然不起眼,但是却能够把铁杵磨成针。意志力是一枚测金器，只有真金才能经得住考验，只有杰出的人才能被筛选出来。有些人志向远大，但坚持不了多久就退缩了；有些人一直坚持，但往往在离目标仅有一小段距离的时候因为欠缺意志力，而在最后一刻放弃了。人生所经历的一切都在长期考验着我们的意志力，唯有那些坚持不懈的人才能得到成功的眷顾。

彼德·戈柏是索尼娱乐事业公司的总裁，这个企业的前身即是闻名全球的哥伦比亚电影公司。在竞争激烈的电影市场，彼德·戈柏与他的搭档钟·彼德斯共同为世界影视创造了一部又一部的经典之作，奥斯卡金像奖的桂冠也多次被他们公司揽入怀中，彼德·戈柏也因此成为电影界最有能力且最受尊敬的人之一。

权威媒体评价彼德·戈柏说：他能在这样一个竞争激烈的行业中具有如此重大的影响力，一个原因是他具有其他人所未有的眼光，另一个原因就是他有一般人所不及的意志力。

拿电影《蝙蝠侠》来说，这部影片开拍之前，许多片厂主管都说这部片子毫无市场。他们认为除了小孩会去看之外，就只有蝙蝠侠这部漫画的书迷肯掏钱进入电影院。经历了一次又一次的拒绝和否定，这部影片险些胎死腹中。然而戈柏和彼德斯不顾接踵而来的挫折、打击、失望和风险，终于坚定地走了下来，最终完成了这部电影。而这部其他人都不看好的电影，卖座率高踞电影史上冠军宝座。

再说著名影片《雨人》，这部片子在整个摄制过程前后就换了5位编剧、3位导演，其中一位导演还是大名鼎鼎的斯皮尔伯格。之所以数次更换是因为他们都认为观众不会有兴趣看一部全片只有两个人驾车横越全美国过程中的对话，何况其中一位心智还有问题。虽然一再遭受挫折，但戈柏始终坚持自己最初的想法。最终结果也证明彼德·戈柏是对的，该片囊括了奥斯卡金像奖的四项大奖。

经过这么多年的打拼，戈柏深深体会出只有坚持到底才会有收获，只有拥有锲而不舍的意志力才能获得成功。

一个企求立刻能看到结果的人往往放弃得也快，只有一个有意志力且能坚持到底的人才会达到人生的目标。没有坚定的意志力什么也干不成。人生之中并非事事都如意，有时候我们订下了目标，可是当遇到挫折，或者是裹足不前，或者是另寻其他。没有意志力坚持下去的人很难有所作为。

有人说：意志力是影响人生最重要的一项因素，它的作用远超过个人的才华。许多人之所以未能成功，就是因为在差一点就能到达目标的时候放弃。看看那些成功的人，他们无一不拥有超人的意志力。

有一个小男孩生长于旧金山贫民区，因为从小营养不良，他患上了软骨症，6岁时双腿变形，小腿严重萎缩。但是这个小男孩没有因为疾病而放弃自己要成为美式橄榄球全能球员的梦想，杰出的球手吉姆·布朗是他的偶像。

13岁时，男孩不顾双腿的不便，一跛一跛地到球场去为心中的偶像加油。比赛后，他在一家冰淇淋店里终于近距离看到了吉姆·布朗，那是他多年来所一直期望的。男孩大大方方地走到这位大明星跟前，大声说道："布朗先生，我是你最忠实的球迷！"吉姆·布朗和气地向他说了声谢谢。这个小男孩接着又说道："布朗先生，我记得你所创下的每一项纪录。"吉姆·布朗十分开心地笑了，说道："真不简单。"这时小男孩挺了挺胸膛，眼睛闪烁着光芒，充满自信地说道："布朗先生，有一天我要打破你所创下的每一项纪录。"

听完小男孩的话，这位球场上的明星微笑着对他说："好大的口气，孩子，你叫什么名字？"小男孩得意地笑了，说："奥伦索，先生，我的名字叫奥伦索·辛普森。"

从那以后，奥伦索·辛普森靠着顽强的意志力同病魔抗争，坚持练球，心中只有一个目标:超越。十几年的坚持没有白费,辛普森最终在美式橄榄球场上打破了吉姆·布朗创下的所有纪录。

是什么激发了男孩令人难以置信的能力? 又是什么使一个行走不便的人成为球场上的佼佼者? 人生路上,我们首先做的事便是订立目标,接着就可以朝着这个目标坚持不懈地奋斗了。记住,意志力能改写你的人生,能把看不见的梦想变成看得见的现实。

聪明的人并非都能成功,成功的人也不是比别人都聪明。但可以肯定的是,成功的人一定比别人更有胆量和意志力。强者成功地开发了自己的意志力并有效地经营成功,弱者被自己的不坚持而打败。

延 伸 阅 读:

墨子的草鞋哪去了

墨子穿草鞋,是他的大众形象。

鲁迅的《故事新编·非攻》这么写;据说墨子老家山东滕州火车站的墨子雕像,也是这么塑的。

这是个象征性的形象,但也许,是种真实写照。

这说法出自《庄子·天下篇》:"使后世之墨者多以裘褐为衣,以跂跷为服。"

这句话,王先谦的《庄子集解》注释为:裘褐,粗衣。木曰跂,草曰跷。

这注释太过简略,没说明白以跂蹻为服,到底是身上系着草绳子,还是脚底穿着木拖鞋。既然你不肯说清楚,那就别怪人大胆想象了;所以,后人直接说墨子本人(那话本是说,后世之墨者)穿着草鞋,步行天下。

墨子是不是一辈子穿草鞋,这谁也说不准;但墨子在战火纷飞的诸侯国之间,穿梭往来,四处奔走,却是肯定的。《文子自然》篇有"孔子无黔突,墨子无暖席"之语。《淮南子·修务训》一字不改,照这么说。到班固写《答宾戏》,话改成了"孔席不暖,墨突不黔",位置调换,意思还一样——连在一个固定的地方睡觉、吃饭的时间都没有,可见忙到了什么程度。当墨子在山东听说湖北人要攻打河南人,立即连夜起程,日夜兼程,走了十天十夜,走进楚国的首都。经过一番口手并用的较量,制止了一场单边主义的国际冲突。

这件事,据梁涛先生《墨子行年考》考证,是墨子29岁那年做的,否则连走十天十夜,就有点吃不消,也可能走不快。墨子在这件事上,要体力有体力,要口才有口才,要思想有思想,要精神有精神(日夜不休;足重茧而不休息;脚坏,裂裳裹足;见《墨子闲诂》所引《吕氏春秋》、《淮南子》、《文选》、《世说新语》、《神仙传》诸书),要计谋有计谋,这五大元素,一齐具备,只能在一个人的黄金岁月;而30岁,正是一个男人的黄金岁月。

至于墨子每回出去,是不是真的脚穿草鞋,或者,是不是都是走路、步行,那其实既无关紧要,也可任由想象。《墨子·贵义》记载,墨子南游卫国,车里装满了书。可见,不全是走路。有学者猜测:墨子有可能穿草鞋,也有可能穿皮靴,皮靴经穿;更主要的是,墨子是手工业者的代表,也就是百工领袖,理应穿皮靴(《考工记》里,光制革的专业工人,就有五种);制草鞋的?没听说,但后人大概觉得皮靴跟墨子十日十夜,脚不停步的形象不衬;于是改为草鞋了。

第五章

学会应变,思路决定出路

1. 以发展的眼光看问题

【原文】夫物或乃是而然,或是而不然,或一周而不一周,或一是而一不是也。

【大意】事物有些为"是"而正确,有些为"是"而不正确。有些为"不是"而正确,有些为一方面普遍,而另一方面却不普遍。

墨子认为,事情是变化无常的,有些时候是,而有些时候又变成了不是,所以看事情要以发展的眼光来看问题,在不同的环境下,或者是在不同的条件下,都有可能得出不同的结果。正所谓"此一时,彼一时"。

有这么一个故事:几年前,电视转播音乐大师梅达的音乐会。梅达出场前挂了一个花环。当他上台起劲指挥乐队时,花瓣纷纷落到脚下。一位女士议论说:"等他指挥完,他会站在一堆可爱的花瓣中。"另一个男士则不无忧伤地说:"到演出结束时,他的颈上只会挂着一道绳索。"同一件事,由于视角不同,思维方式相异,便得出了截然相反的结论。

有这么一个传说:有一位盲人,性格十分开朗,生活十分愉快。有人问他:"作为盲人,你不感到痛苦吗?"盲人笑着回答:"我痛苦什么呢?和聋子相比,我能听见声音;和哑巴相比,我能说话;和下肢瘫痪的人相比,我能行走。"眼睛瞎了,却不觉得痛苦,这就是由于他调整了比较的对象和方法,用自己的优势去比人家的劣势,用自己的长处去比人家的短处,凡事从有利于自己的方面思考。

"横看成岭侧成峰,远近高低各不同。"看问题的角度不同,所看到的东西就不同。同样一件事情,如果从不同的角度去观察和思考,就会有迥然不同的结果。因为任何事物都有两面性,既可以从正面理解,也可以从反面理解。从辩证法的观点看,世界上没有绝对的好事,也没有绝对的坏事。好事中潜伏着坏的因素,坏事中包含着好的成分。

怎样才能辩证地看待一切事物呢?我们不妨打个比方,比如现实社会中的人都会追求美,可是什么是美呢?很多人都说不出来,那是因为很多人都不知道用什么确切的词语形容出来,只能说出"太漂亮了"、"太精美了"之类精彩称赞的话。虽然人们不知道什么是美,却能说出丑陋来,丑的反面就是美。俗语说得好:"红花还得绿叶来衬托"就是这个意思。

法国作家左拉曾经写过一篇非常精美的小说《陪衬人》,就讲述了一些贫苦女子在巴黎出卖自己的容貌,为那些贵族小姐们做陪衬人的故事。这个故事从一个侧面说出了美的容貌正是因为丑容貌的衬托而显现出来。

人们向往真善美的极乐天堂,为什么呢?就是因为现实中太多的假恶丑了。不过也有很多人愿意生活在无穷无尽的苦海中,我们经常听到一句话就是"以苦为乐"了。人们也有将丑当作美的,法国著名的雕塑家、艺术家罗丹看到一位《老妓》的作品时,突然惊叹道:"丑得如此精美!"丑和美还没有绝对的标准,如果我们把中国古代的四大美女之一西施作为一个标准的美女,那么东施就是典型的丑女了,否则也就不会出现"东施效颦"的典故。

季文子是春秋时期鲁国的名臣,他的勤俭天下闻名。他的妻子也是十分勤俭朴素,直到季文子做官之后仍是简朴如故,而且谨守本分,从不夸耀。季文子担任宰相后,生活逐渐富裕了,他的妻子仍旧不穿光鲜的奢侈品,也从不喂马粮食。有些人看不过去了,就对他劝告说:"您作为鲁国的高官,妻妾不穿华丽的衣服,喂马也不喂粮食,别人就会认为您吝啬,这样会影响您的形象,而且对国家也不体面。"

季文子不以为然的说:"我看到京城里面那些老年人他们都穿着粗布衣服,吃着蔬菜,我怎么能像你们说的那样奢侈呢?何况我听说人只有品德好,别人又有所得,这才是应该做的,君子更是应该修养品德,为国家争取荣誉。如果每天纸醉金迷,沉迷于享受腐化,怎么能为国家争光呢?"那些劝说他的人哑口无言,纷纷告辞。鲁国的老百姓听说了那件事情,都称赞季文子,他们都以之为榜样,鲁国的民风也为之一变。

墨子强调的最根本的东西,就是变化的可能性和认识到变化的重要性。按照这个思路,在我们面临种种危难的时候,其实已经孕育了转机的苗头和种子。而在各种繁华的背后,则隐藏着危机与毁灭。坏事可能包含了变成好事的苗头,而在好事到来的时候,坏事也可能随之来到。福和祸是可以相互转化的。如果我们只是看到了呈现在当下和眼前的东西,而忽视了那个可能变化的东西,我们会在事情发生变化的时候措手不及。

2. 以逸待劳，相时而动

【原文】人劳我逸，则我甲兵强。

【大意】让敌人疲于奔命，而我以逸待劳，则我的兵力就必定会增强。

生在纷争多事之秋，各诸侯国长期征战，百姓早已困苦不堪，国家的财富也基本损耗殆尽，面对这种情况，墨子提出当政者如果能改变策略，做到对内安抚百姓，对外停止战争，亲结诸侯，那么治理国家的功利就会数倍地增加。他同时进一步指出这种策略所带来的好处就是别的国家因为攻伐不断而劳困，实力不断受到损失，而我方却因为以仁义治国而安逸，国力会不断增强。墨子还将"以逸待劳"作为一种战术应用到实际战争中来保卫国家，抵御侵略。

在瞬息变化的战场上，"逸"和"劳"不是一成不变的。善于作战的军事指挥者在面对强大对手的时候，会积极地做好军事防御，养精蓄锐，等待有利的战机出现，集中全力，以锐不可当之势，迅速出击，速战速决。

公元前684年，齐国攻打鲁国，一直攻打到长勺。鲁庄公决定与齐国决一死战。这时候，大臣施伯向他推荐了曹刿。鲁庄公拜他为大将，率军迎敌于长勺。

齐国见鲁国出战，立即展开攻势。鲁庄公正要令鲁军击鼓迎敌，曹刿拦住了他，说："还不到时候！"曹刿只是令鲁国将士坚守阵地。齐军冲不进去，只有退了回去。很快，齐军二鼓进攻，可是曹刿仍然让鲁军按兵不动。齐军再次无果，退了下去。一直到齐军的第三次鼓响起的时候，曹刿才对鲁庄公说："现在可以击鼓进攻了！"鲁军士兵听到自己的战鼓擂响，奋勇杀敌，大败齐军。

鲁庄公想命令士兵乘胜追击，而曹刿又拦住了他，说："先让我下车看一下。"曹刿下车后，认真看了看齐军兵车碾过的车辙痕迹，然后又登上战车，站在车前的横木上望了望齐军逃跑的情形，这才对鲁庄公说："请下令追击吧！"于是，鲁庄公命令部队乘胜追击，把齐军赶出了鲁国国境。

鲁国大获全胜，但是鲁庄公还不明白曹刿当时的所作所为。在庆功宴上，他向曹刿请教。

曹刿说："两军交战，靠的是勇气，第一次击鼓冲锋的时候，士气最为旺盛；第二次击鼓的时候，士气就开始衰退了；等到第三次击鼓的时候，士兵就已经开始疲惫了，因此士气就低落了下来。在这时候，我军才第一次击鼓进军，士气正是最为旺盛的时候，而对方正是士气低落之时，因此我方能够大获全胜。"

鲁庄公又问："当敌人败退的时候，你为什么不让我立刻就追击呢？"

曹刿说："齐国善于用兵，如果他们是诈逃，那么我军盲目追击必会中他们的埋伏。只有当我看到他们的兵车车辙痕迹混乱，旗帜七倒八落的时候，我才能确认他们是急于逃跑，肯定没有埋伏，所以我才请您下令追击。"

鲁庄公听后，对曹刿佩服得五体投地。

古人常把以逸待劳作为战略的一个方面，敌人疲于奔命时，我方可以养精蓄锐，做好军事防御，等待好的时机再出击，敌人必败。这同时也是统治者实行仁义、德行立天下的一种谋略。

对今天的我们来说，给我们的启示就是要先养精蓄锐，再从长计议。

我们可以看一下历代农民起义的故事：

急于称王是历代农民起义军领袖的通病,只有少数头脑冷静的人是例外。陈胜不听张耳、陈余忠言,过早称王,导致内部分裂,将领不服从命令,被秦军各个击破。

元末农民起义军领袖也大多犯了这个错误。刘福通把自称是宋徽宗第八代子孙的韩山童之子韩林儿推上皇帝宝座,固然有利于号召天下汉人反抗元朝,但同时也使元朝统治者把矛头指向北方红巾军。元朝的军事实力虽不如建国之初,蒙古铁骑却依然很有战斗力,加上北方红巾军活跃在中原和北方地区,对元大都产生直接的威胁,元朝统治者不得不全力对付北方红巾军,使刘福通的红巾军几乎独力承受元军的重压。

其他起义军领袖如徐寿辉、张士诚、陈友谅、明玉珍等也纷纷称王建立自己的政权,在强敌如林、称王条件尚不具备的前提下,这种做法显然是不明智的,称王的结果只会招来更多的对手。徐寿辉、陈友谅、张士诚先后被杀或被灭,明玉珍占据偏远的四川,也只能偏安一时,明玉珍死后,他的继承者虽负隅顽抗,但无力抵抗强大的明军,只好投降。

韩林儿、刘福通领导的北方红巾军刚开始时声势浩大,各地起义军纷纷响应,把元军打得落花流水,随后在北宋故都汴梁建都,兵分三路伐元,东路军曾一度直逼元大都。这种战略无非是想尽快占领更多的地盘和尽早推翻元朝的统治。然而结果适得其反,北方红巾军不仅没有实现预期的战略目标,反而被元军打败。

徐寿辉领导的红巾军也占领了不少地方,但诸将均无"远志",以至于"所得多不能守"。陈友谅阴险狡诈,虽然能征善战,但其战略战术远不如朱元璋高明。加上天不助他,在鄱阳湖大战中被朱元璋"乘风发火"打败。张士诚自占据东吴后不思进取,耽于逸乐,怠于政事,难怪刘基说他是"自守虏"。

在中国哲学中,关于刚强与柔弱的辩证关系是讨论颇多的。所谓以柔克刚、以弱胜强,实是深知事物转换之理的极高智慧。老子曾说:"知其雄,守其雌,为天下。"意思是知道什么是刚强,却安于柔弱的地位,如此,才能常立于不败之地。

3. 打破常规,思路决定出路

【原文】默则思,言则诲,动则事,使三者代御,必为圣人。

【大意】沉默之时能思索,出言能教导人,行动能从事义。使这三者交替进行,一定能成为圣人。

墨子认为要成为圣人,必须从三方面修养,其一,要能思考;其二,出言能教导人;其三,有行动并符合义。在这三方面,墨子将思考放在了第一位,足见墨子对思考的重要性非常看重。所谓"行成于思,毁于随",人的行动都是受到思维的支配。思维尽管无形、无味、无色,但它却能救你于危难之中。

对于身陷险境的人,懒惰的人除了彷惶无措,静待死之外,而别无他法。相反,那些成大事者都养成了勤于思考的习惯,善于发现问题、解决问题,不让问题成为人生难题,而且思考得越深刻,收益就会越大。

一些人人称羡的发明家、企业家,和一般人最不一样的地方在于,他们勇于用创新的角度思考,并且积极掌握机会,让他们的人生和事业获得跳跃式的成长。

1972年,美国民主党大会提名麦高文竞选总统,对手是共和党的尼克松。但后来,麦高文宣布放弃他的副总统竞选伙伴参议员伊哥顿。

一个16岁的年轻人看到了这个机会,立刻以5美分的价格买下了全场5000个已经没用的麦高文及伊哥顿的竞选徽章及贴纸。然后,他以稀有的政治纪念品为名,立刻又以每个25美元的价格兜售这些产品,小赚了一笔。

这个年轻人成功的原因在于他能非常迅速地把握机会。虽然他这种苦心策划没有造成社会民众的抢购狂潮,然而,就是这样的精神,使得这个年轻人日后能看到其他人没有看到的机会。这个年轻人,就是大名鼎鼎的微软公司的创立者比尔·盖茨。

事实上,有很多影响人类生活的发明,例如微波炉、圆珠笔等产品,都不是专业人士的杰作,而是一些普通人的神来之笔。这些发明使得人类的生活发生极大的改变,更使发明者成为人人羡慕的创业家。这些人与一般人的不同之处就在于,他们能从创新的角度思考,在自己的人生以及事业上追求突破,才能达到今天的成就。

要有创新的思考角度,并不需要像爱因斯坦或是其他伟人一般,摒弃一切传统的看法。只要让脑筋转个弯,哪怕只是个小弧度。要在事业或生活上创造突破,秘诀是更聪明地做事,而不是更努力工作。要更聪明地做事,就要学会创造性思考,并且努力落实这些想法,才能创造突破。

如果有人问你,由两个阿拉伯数字"1"所能组成的最大的数是多少?你肯定很快就会回答说是"11";那么三个"1"所能组成的最大的数是多少?你也会很快就回答说是"111";如果再问由四个"1"所能组成的最大的数是多少?恐怕你也会很快地回答说是"1111"。

这个答案对吗?难道就没有比"1111"更大的数了吗?认真思考一下,你就会知道由四个"1"所能组成的最大的数应该是"11"的"11次方"。为什么你没有想到这样的答案呢?这样的情况通常被我们叫做思维定势。

这样的思维方式在我们每个人身上都存在,它可以使我们省去很多摸索的思考时间,提高思考的效率,但它却不利于创新思考。

要想有所创新,我们就必须突破思维定势。

日本的东芝电器曾经在1952年的时候积压了大量的电扇,7万多名职工为了打开销路,搜肠刮肚地想了很多办法,但却都是毫无起色。有一天,一个小职员想到了一个办法——改变电扇的颜色。当时,全世界的电扇都是黑色的,没有人想到电扇也可以做成其他颜色。这一建议引起了东芝董事长的重视,经过研究,公司采纳了这个建议。第二年夏天,东芝推出了一批浅蓝色的电扇,在市场上掀起了一阵抢购热潮,几个月之内就卖出了几十万台。从此以后,在日本乃至全世界,电扇都不再是一副黑色的面孔了。

很多人以为成功是一小步一小步慢慢累积来的,其实这个观念并不完全正确。但大多数人深受这个观念的影响,并将它应用在生活和工作上,为了每天一点点的改进而感到得意。事实上,这很可能成为扼杀你成功的因素。

这个观念让你为了工作不断努力,总以为自己做得还不够。然而,你有没有想到,如果只是循着前人的模式前进,那些拥有庞大产业规模的经营者为何能领先众人?一小步一小步地做,或许是最安全的方式,但反过来想,为什么不跳过那些阶梯,创造一些跳跃式的突破呢?

一般人总以为跳跃是危险的,但事实上,跳跃也可以安全而快速。要创造跳跃式的突破,首先要舍弃目前惯有的商业模式,寻找周围被忽略的机会,并且学习其他产业创新的经营模式及想法。观察其他产业的经营模式之后,或许你会很惊讶地发现,很多原则应用到你的事业也同样适合。最后,你将发现,花同样的时间、人力及资本,却可以达到更好的结果。

例如,大多数人都对麦当劳的创立人雷蒙·克罗克的名字耳熟能详,但实际上,克罗克并不是最先创立麦当劳的人。麦当劳最先由麦当劳兄弟所创立,但是他们未能预见麦当劳的发展潜力,因此他们将麦当劳的观念、品牌以及汉堡等产品,卖给从事销售工作的克罗克,让他继续经营。

克罗克以独特的行销策略,将麦当劳以连锁店的形态推广至全世界,变成今天规模数十亿美元的庞大企业。克罗克抓住了麦当劳兄弟原先忽略的机会,改变原有的经营模式,因而创造了自己事业生涯上的突破。

如果你以为,那些成功创新的人,一定都是绝顶聪明的人,那你就错了。事实上,大部分的事业突破,都是一般人在现有心智模式下产生的。关键不在于你够不够聪明,而在于你的态度:你是否愿意抓住机会,善加利用。

突破可能来自常识,一些看起来很普通的东西,只要敞开心胸去看,寻找更简单、更容易、更有效率的做事方法,就可以创造突破。

4. 掌握随机应变的艺术

【原文】故言多方,殊类,异故,则不可偏观也。

【大意】言语有多种不同的表达方式,事物有不同的类,论断的根据、理由也不同,那么,在推论中就不能偏执观点。

这是墨子在论述辩论的时候说的一段话,墨子认为言语有多种表达方式不必执著于一条。正所谓"条条大道通罗马"。环境、时势、事态、生活、以及人本身,世间一切事物都是不断变化的。所以,我们制订的计划、方针也必须随着情况的变化而变化。"见机行事"的实质就是在客观条件不断变化的情况下,能够随着时间、地点和机会的变化而灵活地作出不同的选择。

没有人爬山只为爬到山腰。没有人甘于平庸。只有不畏艰险攀登的采药者,才能登上高峰采得仙草,只有不怕巨浪的弄潮儿,才能深入水底觅得珍珠。鸟靠翅膀兽靠腿,人靠智慧鱼靠尾。机智是随着智慧而来的。荀子云:"举措应变而不穷。"能够随着时势、事态的变化发展而从容应对,是一个人立身处世、建功立业不可缺少的本领。对个人而言,随机应变更是有着极其重要的意义,可以变被动为主动,化不利为有利,取得出奇制胜、化险为夷的效果。

解缙是明朝一位非常有名的才子。他任翰林学士时,明成祖朱棣钦点他主编《永乐大典》,解缙得以侍奉于皇帝左右。但是朱棣经常出一些难题考他。一次,朱棣说:"爱卿,寡人有位后妃夜里生了个孩子,你替朕做一首诗吧。"解缙立即吟道:"吾皇昨夜降金龙,"朱棣道:"是个公主,不是皇子。"解缙马上改吟:"化做嫦娥下九重。"朱棣道:"可惜已经死了。"解缙接口道:"料是人间留不住,"朱棣道:"已命太监抛入金水河里去了。"解缙续吟道:"翻身跳入水晶宫。"朱棣听了哈哈大笑道:"爱卿真是随机应变的奇才啊!"

《三国演义》中表现随机应变的例子很多,这些故事无不闪烁着智慧之光。随机应变中的"机"和"变"是多种多样、千姿百态的,无规律可循。"机"可以是天时、地利、人和……"变"是随"机"而变的,可以是顺水推舟、草船借箭、迎难而上、寻找最佳时机……其"变"运用之妙全在于心。随机应变是才智、胆略的快速反应和临场发挥。

常常有人抱怨，我想创一番自己的事业，却没有合适的主攻方向，缺乏必要的资金力量，更幻想能得贵人相助。其实，庞大的资源往往就在身边，那就是无数的"人"。只要善于把握、培植你的人脉，就能聚集人气，进而铸造人望，有了这样的臂助，资金、技术、渠道还不是唾手可得，何愁大事不成？

明代刘基还曾经在《郁离子》中讲过"蜀市三贾"的故事。四川有三个商人：张甲、王乙、李丙，分别开了三间药铺。张甲的药铺专门经销名贵药材，价格昂贵，他的顾客只能是达官显贵、豪门富商之家，所以张甲的药铺常常是"门前冷落车马稀"，他也只能艰难度日，最后血本无归，赔得一塌糊涂。而王乙的铺子既经营贵重药材，也经销一般药材，价格适中，生意还算可以。李丙的药铺则随行就市，各种价格的药材都有，凡是平民百姓所需要的药材全有，所以李丙的药铺生意十分兴隆，很快李丙就成为了一个富翁。三个商人，三种不同的经营方式，其结果相差甚远。

行为科学研究提示，工作中人与人之间较好相处。这或许是因为工作上的人际关系较有规律，而在社会上，人与人之间的关系是断断续续的，比较紧张，而且也较少有规律可循。若没有随机应变的能力，很容易使自己陷入困境。

市场竞争是一场没有硝烟的战争，"商情"更是瞬息万变。面对诸如经营环境的突然恶化、经营环节的突然中断、谈判桌前刁钻问题的提问等突发的危机、意外的事故，必须学会随机应变，在极短的时间内想出应对之策。如果面对复杂多变的环境，应付自如、游刃有余，就有可能化险为夷，甚至变坏事为好事，变被动为主动，成为走向成功的契机，达到最佳效果，反之则有可能走向平庸，甚至失败。要想成功，就要有面对不同的人和环境,克服困难,适应新环境等见机行事、机智应变的能力。面对具有挑战性的环境,最好的方法就是随机应变,机智应对。在商战中,随着市场的行情,采取灵活多变的运作方式是经营者取得成功的一个保证。

举世闻名的希腊船王奥纳西斯,在20世纪20年代曾经经营烟草生意,正当他的事业处于进展之际,1929年的经济危机像无情的风暴,把他和许多人的一切吞噬一空。在许多人相信世界末日为期不远的大混乱中,奥纳西斯却看到了危机后的复苏。他断定:谁要是趁今天的机会买进便宜货,到明天就可以几倍的高价把它们抛出。但是,他购买的不是其他公司的股票,也不是破产企业的不动产,更不是许多人抢购的黄金,而是被人们看做最不景气的航海业的工具——轮船。第二次世界大战的爆发终于赐给他神奇的机会,他的六艘船只一夜之间变成了"浮动金矿",载着他驶向成功的彼岸。

随机应变是一门艺术,虽然奥妙无穷,但也并不像九霄云烟,令人可望而不可及。它来自于一个人的知识积累、人情世故的练达。

法国著名女高音歌唱家迪梅普莱,有一座非常漂亮的园林,山青水秀,林木葱郁,流水潺潺,鸟鸣啾啾,好一派迷人景象。

为此,引来不少人来这里度周末、采鲜花、采蘑菇、捉蟋蟀、观月亮、数星星,有的甚至燃起篝火,一边野餐,一边唱歌跳舞,余兴未尽者,干脆搭起帐篷,彻夜狂欢。因此,常常把园林搞得一片狼藉,肮脏不堪。

束手无策的老管家,只得按迪梅普莱的指令,在园林的四周围搭起篱笆,竖起"私家园林,禁止入内"的警示牌,并派人在园林的大门处严加看守,结果仍然无济于事,许多人依然通过各种途径用极其隐蔽的方式潜进去,令人防不胜防。后来管家只得再行请示,请主人另想良策。

迪梅普莱思忖良久，猛地想起，园林中不是经常有毒蛇出没吗？直接禁止游人入内不见成效，何不利用毒蛇做篇文章呢？她叫管家雇人做了一些大大的木牌立在园林的显眼处，上面醒目地写明："请注意！你如果在林中被毒蛇咬伤，最近的医院距此15公里，驾车需半小时。"

从此以后，再闯入她园林的人便廖廖无几了。

超凡脱俗的洞察判断能力是经过长期的生活和工作锤炼而成的。随机应变的能力对身处在领导阶层的企业管理者或商人来说，尤其重要。当面对突发事件，意想不到的提问，别人布置的陷阱，令人难堪的境地，出乎意料的情况……谁能具有敏锐的反应能力，也就意味着谁有可能获得重大成功。

5. 透过现象看本质

【原文】钓者之恭，非为鱼赐也；饵鼠以虫，非爱之也。

【大意】钓鱼人躬着身子，不是对鱼恭恭敬敬；用虫子作为诱饵捕鼠，不是喜爱老鼠。

在生活中，这个道理可以解释生活中的许多现象。比如说对于同一件事，不同的人会有不同的理解和看法，这就是他们对这件事本质的认识的程度不同所导致的。智者之所以成为智者，能给普通人指引方向，主要是因为他们能抓住事物的本质，能有一个清醒准确的认识，能"对症下药"。所以，我们在分析和思考时要看到本质，这样能使视野更开拓，心智更成熟，看事物更全面。

　　大禹是上古三代著名的部落首领，他是鲧的儿子，传说出生于今天的宁夏、甘肃一带，后来跟随父亲迁徙到了河南登封附近，在尧当政的时候，他被封为夏伯，因此被称为夏禹，他也是中国第一个王朝夏朝的建立者。

　　传说在尧当政的时候，黄河发大水，百姓遭灾，庄稼都被淹了，房子也毁了，老百姓没有办法只得四处迁徙。于是部落首领尧就召开了联盟会议，商量治水的办法，他征求了大家的意见，大家都推荐了大禹的父亲鲧去治理洪水。当尧问有没有比鲧更好的人时，大家都说没有，先让他去试试。尧同意了。

　　鲧在治水的时候，想四处堵住洪水，不让它泛滥，可是越堵洪水越泛滥，这样九年过去了，洪水更加严重了，尧非常生气就下令把鲧处死了。于是，又任命其子大禹前去治水，大禹改变了他父亲的做法，带领民众开凿龙门，当时，黄河中游有一座大山，叫龙门山。它堵塞了河水的去路，把河水挤得十分狭窄。奔腾东下的河水受到龙门山的阻挡，常常溢出河道，闹起水灾来。禹到了那里，观察好地形，带领人们开凿龙门，把这座大山凿开了一个大口子。这样，河水就畅通无阻了。他又挖通了河流，把洪水引导到大海中去。他与老百姓一块劳动，带着蓑笠，身体力行，甚至腿上的毛都磨掉了，艰苦的程度可见一般。禹新婚仅仅几天，还来不及照顾妻子，便为了治水，到处奔波，三次经过自己的家门，都没有进去。经过十年的努力，终于把洪水引到大海里去，地面上又可以供人种庄稼了。

　　大禹治水就是让我们善于把握事物的根本去做事。

　　某公司车间角落放置了一架工作使用的梯子。为了防止梯子倒下伤着人，工作人员特意在旁边写了条幅"注意安全"。这事谁也没有放在心上,几年过去了,也没发生梯子倒下伤人的事件。有一次,一位客户来洽谈合作事宜,他留意到条幅并驻足很久,最后建议将条幅改成"不用时请将梯子横放"。

　　上面的一则小故事,告诉了我们一个很简单的道理:要抓住事物的本质。在上文中,一开始虽然经过条幅提醒,过路的人引起了注意,没有发生意外,但安全隐患却一直存在,总有一天会出现问题。事情从根本上没有得到解决。而后来条幅修改成"不用时请将梯子横放",避免了梯子倒下的发生,从根本上杜绝了安全隐患,再也不会伤人了。

　　抓住事物的本质,说起来很简单,但实践起来却很难。怎样才能抓住本质呢? 首先,要勤学习,让自己的阅历更丰富,知识更宽泛,眼界更广阔,从而更能够把握事物的本质。其次,要努力从多个角度分析问题,不能将思维只局限在一个侧面,要更全面、更严谨,这样才能接近事情的真相。最后,要将理论融入到生活实践中去,用理论指导实践,用实践不断的丰富理论。

　　能够把握住事物的本质,你就拥有了打开成功之门的钥匙。在工作方面,你将可以运筹帷幄,稳操胜券;在学习方面,你将可以融会贯通,举一反三。总之,只要你时刻能够抓住事物的本质,那么你的一生将少走弯路,遇到再困难的问题都会迎刃而解。

　　事事都能够把握住本质,你就是一名成功的智者。成为智者的过程,如同你在攀登一道道石阶,虽然付出辛苦的汗水,但将会领略到高处的风景。"不畏浮云遮望眼,只缘身在最高层!"

6. 原则性问题绝不能退让

【原文】无不让也，不可，说在殆。

【大意】什么都要礼让是不可以的，狭窄的小路就不能相让了。

这里我们可以理解成原则性的问题是绝对不能退让的。

犹太人是出了名的好脾气，很多犹太人都是好好先生。可是，当他们面对自己真正想要的东西时，态度就会变得很坚决。犹太人认为，自己想要的就丝毫不能退让，不同意的就不要勉强，要敢于说"不"。要记住：谈判桌前并不是交朋友的场所。

犹太人是最善于说"不"的，因为他们深知谈判就是为了使对方赞同自己的观点，为了争取自身的权益而谈的。对于有违自己原则的当然得拒绝了。在犹太人看来，说"不"是一件无坚不摧的利器，说"不"容易让人获得主动权。

一次，三名犹太商人跟来自美国一家知名公司的经理洽谈生意。美方代表久经商场，圆滑世故，他们有备而来，咄咄逼人。谈判伊始，他们就借助于图表、电脑图像和种种数字，证明其价格的合理性。

当他们念完所有的资料，时间已过去了两个小时。而在这个时间里，三名犹太商人一言不发，默默地听着。美方代表终于说完了，他们呼出一口气，靠在软软的座椅上，以谈生意结束的那种语气问犹太商人："你们认为怎么样？"其中一位犹太商人彬彬有礼地浅笑了一下，说道："我们不明白。""什么？"美方代表惊诧地问道："你们是什么意思？你们不明白什么?"另一位犹太商人又彬彬有礼地答道:"全部事情。"锐气大挫的美方代表差点犯了心脏病。"从什么时候开始?"他还是勉强挤出这几个字。第三位犹太商人还是那么彬彬有礼,"从谈生意开始的时候。"美方代表无奈地苦笑着,但又能怎么样呢?他泄气地靠在椅背上,打开领带结,无精打采地又问道:"好吧,你要我们怎么样?"三位犹太商人同时彬彬有礼地答道:"您再重复一遍吧!"现在犹太人反处在主动的地位了,美方起初的那股勇气早已烟消云散了,谁能再一字不漏地重复那堆长达两个半小时的材料呢?于是美方的开价开始下跌,而且愈来愈不利。结果自然是犹太商人掌握了价格的主动权。

犹太人非常擅长用"变脸术"争取自己的权益,他们从不退让半步。有时候,犹太人会慷慨大方到极点,把笑容"赠送"给他人。但是,一旦涉及自己的权益,犹太人就会把眼睛擦得雪亮,紧紧地盯着,千万不要以为他们的笑能预示谈判的圆满顺利。

一旦进入实际的谈判,犹太人的表情多半是晴转多云,多云转阴。他们不管对方是何人,对的就是对,错的就是错,在原则问题上绝不动摇。因此,犹太人的谈判常常演变成相互谩骂。很多时候,犹太人的谈判会持续很多天,并且在谈判的第一天都是不欢而散的,更不用说谈出什么圆满的结果。然而,犹太人在争吵后的第二天,一改昨天的态度,依旧笑容可掬地前来晤谈,这一点不能不令人感到惊讶。他们态度转变之快,实在令人叹服。不过,谈判中他们还是以自身权益为重,始终不会做出丝毫的让步。

对于自己想要的就绝对不能退让,不同意就是不同意,不要勉强,要敢于说"不"。永远不要以为你善意的让步会感动对方,使谈判变得更加简单而有效,这只是你一厢情愿的想法。事实恰恰相反,在你没有任何要求的让步之下,对方会更加寸步不让甚至得寸进尺,还会暗示你做出更大的让步。所以,想要以自己的让步换取对方的让步是绝不可能的。

7. 事有先后，用有缓急

【原文】择务而从事焉。

【大意】要选择重要的事情去做。

墨子认为做事情应该选择那些迫切需要解决的、重要的事情去做。在面对问题的时候，要根据事情的轻重缓急作出恰当的选择，这样做起来就会井井有条，事半功倍。

俗话说：事有先后，用有缓急。对一个领导者来说，事务千头万绪，问题繁多，特别是在社会高度发展的今天，社会关系、人际关系和工作关系更加复杂化、多样化，这在客观上需要领导者具备更高的协调、筛选和处理各种信息和事务的能力。遇事不可"眉毛胡子一把抓"，特别是面对突发事件的时候，更应该分清主次和轻重缓急，要善于抓主要矛盾，解决主要问题，不断培养领导者顾全大局、协调各方的能力。

墨子认为，做事应先选择那些迫切需要解决的、重要的事情去做。在面对问题时，如果能按事情的轻重缓急来处理，不但做起事来井井有条，而且能抓住时机，高效地把事情做好。否则，就会延误时机，导致事情失败。

东汉中平元年，于禁投奔东郡太守曹操，不久即随曹操征讨张绣。初次交战，魏军大败。曹操仓皇率败军往青州退却，张绣率大军紧追于后。

此时青州正由于禁和夏侯惇镇守，夏侯惇与曹操是同宗兄弟，便纵兵借袁军之名，掠劫民家。于禁则率本部军沿东部剿杀扰民之流兵散勇,安抚众民。

这时曹操已败回青州,扰民之兵哭拜于地,说于禁造反,追杀青州军马。曹操大惊,命夏侯惇、李典、许褚等整兵迎击于禁。

于禁见曹操及诸将整兵俱到,如临大敌。有人劝说于禁:"青州军在曹丞相面前诽谤,说将军造反,今丞相领大军已到,显然是听信了谎言,将军不前去向丞相分辩,为什么还安营扎寨呢?"于禁坦然说:"张绣贼兵追赶在后,立即就到,若不先准备迎敌而自己人先分辨是非,怎样拒敌?分辨事小,退敌事大。为将者应先公而后私,处政者则宜先敌而后己。"

于禁的营寨刚刚部署完毕,张绣的追兵即分两路杀到。于禁率兵乘敌远道疲惫而至,大举迎头痛击,张绣兵败而逃。

于禁收军点将,安顿好士兵,只身入见曹操,详细禀明青州兵肆行乡里,掠夺财物,大失民望。以致流民占山为寇,致袁残余与流民汇合,破坏了魏军青兖根基。

曹操反问于禁:"不先向我禀报,反而安营下寨,怎样解释?"于禁把前番话又申诉一遍。曹操这才下座,牵其手,绕帐一周,对众将说:"于将军在匆忙之中能整兵坚垒,任劳任怨,反败为胜。虽古之名将何以加兹!"曹操遂封于禁为益寿亭侯。

于禁将军在面对突变时能分清事情轻重缓急,先解决了全军的危机,后化解了自己的危机,其以大局为重的全局观得到了曹操的充分肯定。

事有轻重缓急,领导者在处理问题、尤其是在应对突发事件时,也不能想到什么就做什么,面临什么就处理什么,而要像于禁一样保持冷静,分清轻重缓急,抓住重点,抓住主要矛盾,这是培养全局观、战略观的基本要求,也是成功者最大的处事秘诀。

美国的卡耐基在教授别人期间，有一位公司的经理去拜访他，看到卡耐基干净整洁的办公桌感到很惊讶。他问卡耐基说："卡耐基先生，你没处理的信件放在哪儿呢？"

卡耐基说："我所有的信件都处理完了。"

"那你今天没干的事情又推给谁了呢？"经理紧迫着问。

"我所有的事情都处理完了。"卡耐基微笑着回答。看到这位公司经理困惑的神态，卡耐基解释说："原因很简单，我知道我所需要处理的事情很多，但我的精力有限，一次只能处理一件事情，于是我就按照所要处理的事情的重要性，列一个顺序表，然后就一件一件地处理。结果，完了。"说到这儿，卡耐基双手一摊，耸了耸肩。

"噢，我明白了，谢谢你，卡耐基先生。"几周以后，这位公司的经理请卡耐基参观其宽敞的办公室，对卡耐基说："卡耐基先生，感谢你教给了我处理事务的方法。过去，在我这宽大的办公室里，我要处理的文件、信件等等，都是堆得和小山一样，一张桌子不够，就用三张桌子。自从用了你说的法子以后，情况好多了，瞧，再也没有没处理完的事情了。"

这位公司的经理，就这样找到了处理事务的办法，几年以后，成为美国社会成功人士中的佼佼者。我们为了个人事业的发展，也一定要根据事情的轻重缓急，制出一个事情表来。人的时间和精力是有限的，不制定一个顺序表，你会对突然涌来的大量事务手足无措。

领导者总是会遇上各种各样的问题和麻烦。这些令人应接不暇的大事小事，有时候就像热气球遇上麻烦一样到处乱撞。照顾了这一点又忘记了那一点，无论怎样权衡利弊，始终不能尽善尽美。这时，领导者就要善于发现并解决其中最迫切的问题。只有先解决这些问题，才能解决其他问题。否则，在细枝末节上浪费时间就会贻误时机，导致失败。

因此说，领导者要有顾全大局，高效协调的能力：凡事都有轻重缓急,最重要的事情应该优先处理,不应和其他事情混为一谈。对那些零零散散的事务,可以先把它们按照"急重轻缓"的顺序整理好,然后再着手处理。否则,一个领导连自己的事务都处理不好,如何尚同控制,引导众人呢?

延 伸 阅 读:

《墨经》中的科学

对于《墨经》富含科学精神这一点,近现代学者有比较一致的看法。梁启超在其《墨经校释·自序》中说:"在吾国古籍中,欲求与今世所谓科学精神相悬契者,《墨经》而已矣!"

《墨经》中的科学知识,主要集中于数学、力学、光学诸方面。

《墨经》中的数学知识,充分表现了墨家高度的抽象思维能力。这里有对数学一些基本概念的定义,如对于"中"的定义,《经上》谓:"中,同长也。"《经说》上解释道:"中,自是往相若也。"这一定义适合于各类几何形体,非常准确。再如,"同长,以正相尽也。"这是对两线段相等所作的定义,十分贴切。又如对于圆的定义,《经上》定义道:"圆,一中同长也。"圆只有一个圆心,从圆心起到圆周上任何一点长度都相等。这样的定义,即使在今天看来,也无可挑剔。《墨经》的数学,主要集中于几何方面,涉及到点、线、面、方、圆等几何概念,以及几何体彼此间相互关系问题。此外,也涉及到数学其他分支,例如《经下》提到,"一少于二而多于五,说在建位。"这是对十进制值制的强调,在数学史上具有重要地位。

在力学方面,《墨经》中相关条目更多,涉及的内容也更广泛。《墨经》

讨论了力的定义,讨论了运动的分类、运动和时空的关系、物质结构、应力和应变等。对圆球的运动和它的随遇平衡、轮轴和斜面的受力等都有扼要论述。书中记述了浮力,对浮体沈浸在水中的部分和浮力的关系,有大致正确的认识。该书还探讨了一些简单机械的工作原理,反映了古人在长期实践中,在应用简单机械如杠杆、滑车、轮轴、桔槔、辘轳等的过程中发展起来的力学知识。在一本书中集中讨论这么多的纯粹力学知识,这在古籍中是不多见的。

尤为值得一提的是《墨经》中的光学知识。《墨经》中涉及光学的知识一共有八条,对这八条,钱临照有精辟论述,他说:"这八条光学文字虽为《经下》八十余条中的一小部分,但八条文字的本身是经过作者缜密的考虑,把它排成一个很合乎科学意义的次序,这决不是偶然的事。这八条中第一条是述影的定义与生成。第二条说明光与影的关系。第三条则畅言光是具有直线进行的性质的,并且描写一个针孔照像匣的实验来说明它。第四条说光有反射的性能。第五条论光和光源的关系而定影的大小。这五条论光和物和阴影的关系。从第一条影的定义起到第五条的光、物、影三者间复杂的关系为止,物理学中光学的论影的部分已完备了。从此以下就是论物和像的关系了。第六条述平面镜中物和像的关系。第七条进而述凹球面镜中物与像的关系。第八条则述凸球面镜中物与像的关系。这样光学中论像的部分也就完毕了。影论、像论有了,几何光学的基础打下了,首尾具备了。这样有条理的、完整的记载,文虽前后仅八条,寥寥数百字,确乎可称二千多年前世界上伟大光学著作。"

除此之外,《墨经》还包括了其它一些有关科学内容,反映了我国先秦时期所达到的科学水平,是一份研究我国古代科学,特别是物理学方面的宝贵遗产。

力学是现代物理的重要分支,是研究机械运动的基础。《墨经》中记述了丰富的力学知识。《墨经》中提出了关于机械运动的正确定义:"动,域徙也"。意思是说,机械运动的本质是物体位置的移动。这与现代机械运动的定义完全一致。在墨经中进一步阐述了平动、转动和滚动等几种不同的机械运动形式。《墨经》中对这些运动形式的定义是非常科学的,例如在书中将平动定义为"俱止、动",意思是说一个物体的所有部分要静止就全部静止,要动就全部都动。

《墨经》中关于力的定义是从人的体力概念引伸出来的。书中定义,"力,刑之所以奋也。"这里"刑"就是"形",指人的身体。"奋"的原意是鸟张开翅膀从田野飞起。这句话的意思是说,力是使人的运动发生转移和变化的原因。

《墨经》中写道:"刑(形)之大,其沉浅也,说在衡。"就是说,形体大的物体,在水中沉下的部分浅,是因为物体重量被水的浮力平衡的缘故。这些认识说明墨家不仅定性的认识到浮力同重力的平衡关系,而且有定量的概念。这从一个侧面可以看出,我国人民早在春秋战国时代就已经认识到了浮力原理,并开始在生产中加以应用。

《墨经》中讨论了杠杆平衡问题。在《墨经》中将砝码叫做"权",将悬挂的重物叫做"重"。支点的一边叫做"标"(力臂),另一边叫做"本"(重臂)。如果两边平衡,杠杆必然是水平的。在平衡状态下,加重其中一边,必将使这边下垂。这时要想使两边恢复平衡,应当移动支点,使"本"缩短,"标"加长。而在"本"短"标"长的情况下,假若再在两边增加相等的重量,那么"标"这一端必定下垂。

《墨经》不仅清楚的叙述了种种杠杆实验的结果,更难能可贵的是对这些实验做了正确的解释。例如,它解释上面讲的"标"一端下垂的实验现象,认为是由于力臂和砝码的联合作用大于重臂和重物的联合作用的缘故。这个解释不仅考虑到力或重的多少,而且还考虑了距离和平衡的关系,虽然没有得出明确的定量关系,但是实际上提出了力学中"力矩"的概念。所以可以说,墨家已经发现了杠杆平衡原理。

在《墨经》中还记载了丰富的几何光学知识。墨子在当时就已知道光是沿直线传播的。墨子和他的学生做了世界上最早的"小孔成像"实验，并对实验结果作出了精辟的见解。在一间黑暗的小屋朝阳的墙上开一个小孔，人对着小孔站在屋外，屋里相对的墙上就会出现一个倒立的人影。为什么会这样呢？《墨经》中写道："景光之人煦若射，下者之入也高，高者之入也下。"这句话的意思是：因为光线象射箭一样，是直线行进的。人体下部挡住直射过来的光线，射过小孔，成影在上边；人体上部挡住直射过来的光线，穿过小孔，成影在下边，就成了倒立的影。这是对光沿直线传播的第一次科学解释。

《墨经》中还利用光的直线传播原理解释了物体和投影的关系。墨家认为，光被遮挡就产生投影，物体的投影并不会跟随物体一起移动。飞翔的鸟儿，它的影子仿佛也在飞动着，实际上并不然。墨家指出飞鸟遮住了直线前进的光线，形成了影子。一瞬间后，飞鸟移动了位置，原来光线照不到的地方，现在照到了，旧影就消失了，而在新的地方，出现了新的影子。这就是说，鸟在飞翔中，它的影子并不跟着移动，而是新旧投影不断更新。在二千多年前，能这样深入细致的研究光的性质，解释影的动和不动的关系，是非常不容易的。

墨家在研究了两个光源同时照射一个物体和成影现象以后指出：一个物体有两种投影，是由于它受到两个光源照射的缘故；如果只有一个光源照射一个物体，则只会产生一个投影。这些论述与现代光学中的"本影"，"半影"描述非常吻合。

我国在三千多年前就出现了青铜镜，到了战国时期，无论在青铜镜的制造和使用方面都积累了丰富的经验。墨子和他的弟子对镜子成像的原理进行了深入的研究，提出了平面镜、凹面镜和凸面镜的成像的理论。

在分析镜面成像的时候，墨家把物体看做无数物点组成的，所成的像由无数"糗"组成。"糗"字本义是炒米粉，在这里取它极细小的含意，描述物体成像的像点。

墨家知道光在透镜或凹面镜之前会聚焦。《墨经》上说："在远近有端与于光，故景瘴内也。"景就是影，指物体的影像；内就是纳，也就是聚集在一点的意思。《墨经》里常称焦点为"正"或"内"，所以我们知道墨家已研究出光线聚集原理。

墨子家对凸面镜生虚像的原理也很了解。《墨经》记载："景之臭无数，而必过正，故同处其体俱然。"意思是说：物体影子由物体距离镜子距离的远近来确定，任何一处都可成影，所以说影无数，但这些影子都必然通过焦点，即过"正"。在我们知道的所有能成像的物体中，太阳是最远的，所以它成像在焦点上。而物体离镜面愈近，成像的位置愈远；如果物体和太阳一样远，则影像也在焦点上，所以说，"同处，其体俱然"。

墨家已经知道凹面镜成倒实像的现象，《墨经》说："临镜而立，景到。"意指物体经过凹面镜的反射，所成的影像是倒的，"到"就是倒的意思。书中对这种现象给出了解释："足敝下光，故成景于上；首敝上光，故成景于下。"

从《墨经》中的记载可以看出墨家对光的性质以及凹凸面镜成像现象相当了解。不难推测在墨家所处的时代，我国已经出现了凹面镜及凸面镜。而且墨子及其弟子一定做了很多次实验，并针对这些实验进行了认真的观察和思考才能得出这些结论。

在我国浩如烟海的经史著作中，《墨经》是唯一一本对我国古代几何光学发展进行系统性论述的典籍。

据《墨子·备穴篇》中记述，在当时人们为防御敌人攻城，设计了一种地下声源探测装置。具体的方法是，沿城墙根每隔一定距离挖上一口井，

挖到地下水位以下约两尺为止，然后在井下放置一个容量七八十升的陶瓮，瓮口蒙上皮革，做为地下共鸣箱。让听觉灵敏的人伏在瓮口仔细听，当有敌人挖坑道攻城时，就可以根据陶瓮响声的大小来确定敌人的

方向位置,以便出兵迎击。

《墨经》在数学方面,提出了一些几何学的定义,这表示我国在战国时期就已经产生了理论几何学的萌芽。例如:

"平,同高也。"说的是平的定义,指出高低相同就是平。

"直,相参也。"这里参就是三。三点共一线就是直,这是直线的定义。

"同长,以正相尽也。"是说两个形体相比较,恰好相尽就是长度相同。

"中,同长也。"说的是形体的对承重心的定义。

"圆,一中同长也。"这是《墨经》中对圆的定义。这与近代数学中圆的定义"对中心一点等距离的点的轨迹"是完全一致的。

此外,《墨经》中还提出了"端"、"尺"、"区"、"穴"等概念,大致相当于近代几何学上的点、线、面、体。书中写道:"端,体之无厚而最前者也。""端,是无间也。""端"字原意是植物初出土的芽尖,整个植株由它长成。这里借用来描写几何学上的没有厚度也没有间隙、无法间断的"点",这种思想虽然在现在看来还不是十分准确,但在当时的文明程度下,还是非常难能可贵的。

第六章

天道酬勤,脚踏实地坚持到底

1. 没有一蹴而就的事业

【原文】今以豚祭而求百福,则其富不如其贫也。

【大意】现在用一头小猪祭祀却祈求百福,那么与其祭品丰盛,倒不如稀少。

有很多人总是祈求上帝的恩惠,却从来不想自己为上帝做过些什么;总是期望回报,却一如既往地吝惜于付出。一分耕耘,一分收获。只有通过辛勤的劳动,才能收获丰硕的成果,那些想不劳而获、以微不足道的付出却奢望百倍的回报,都是不可能实现的。

人人都想成功,都想出人头地,成为富翁、专家、学者、政要,可是在看到他们成功、风光的同时,我们是否注意到,他们也曾经胼手胝足、寒窗苦读,以及数十年如一日的艰辛奋斗?

天下没有免费的午餐,事业的成功、智慧的积累,都需要血汗的付出和不断地磨炼。没有地基的空中楼阁难以矗立晴空，世上根本就没有一蹴而就的事业。如果你还在想一夕致富、瞬间成名，却不懂得努力勤奋、循序渐进，那么你迟早会毁于那些不切实际的梦幻。

每一条黄河鲤都想跃过龙门，因为只要跃过龙门，它们立即就会变为超凡入圣、腾云驾雾的巨龙。

可是，龙门实在太高，数万年来，也只有几条黄河鲤跃过了龙门。其余的黄河鲤累得筋疲力尽，碰得头破血流，却只能望龙门而兴叹。这天，它们集合起来，一起向佛祖祷告，求他发发慈悲，把龙门降低一些。还说如果佛祖不答应，它们就跪在地上不起来。结果，它们还真的一连跪了九九八十一天！佛祖终于被感动了，为了照顾大多数黄河鲤，佛祖把龙门的高度降到了最低限度，以确保每一条黄河鲤都能跃过。

黄河鲤们一边高呼"佛祖万岁"，一边轻轻松松地跃过龙门，陆续拥有了梦寐以求的龙身。

但是，它们不久后发现，大家都变成了龙，跟以前做鲤鱼的时候也没什么不同。于是，它们再次集合起来向佛祖祷告，问佛祖为什么自己做了龙却没有做龙的感觉？

佛祖即刻现身，说："真正的龙门怎么会降低呢？你们要想体会真正的龙的感觉，还是回去重新跳那个没有降低高度的龙门吧！"

一朝成名的事我们经常在电影里看到，但是回到现实中，有多少人能不费吹灰之力而获得成功呢？我们这个社会上，有太多的年轻人总爱做梦，总想着自己什么时候买彩票中个五百万，什么时候可以一夜之间变成大明星。这些梦想都是小说中才有的情节，现实中不要指望着这些事情能改变自己的命运。我们能做的就是脚踏实地地去工作，这才是我们应该考虑的问题。

不同的富人,有着不同的奋斗历程,但在这奋斗的历程中,有一点是相通的,那就是路途上洒遍了汗水,经历了漫长等待的煎熬。有很多穷人,觉得这样太辛苦,也太慢,渴望拥有更快捷的方法,走一条笔直不阻的捷径。其结果往往走上一条路:急功近利。

请看下面的一个小故事:

耶稣带着他的门徒彼得远行,途中发现一块破烂的马蹄铁。耶稣就让彼得把它拣起来,不料彼得假装没听见。耶稣没说什么,自己弯腰拾起马蹄铁放于袖中。途中,他用马蹄铁从铁匠那儿换来3文钱,并用这3文钱买了18颗樱桃。出了城,二人继续前进,经过的全是茫茫的荒野。耶稣猜得彼得渴得够呛,就让藏于袖中的樱桃悄悄地掉出一颗,彼得一见,赶紧拣起来吃。耶稣边走边丢,彼得也就狼狈地弯了18次腰。耶稣见状笑着对他说:"要是你那会儿弯一次腰,就不会在后来没完没了地弯腰。小事不干,将在更小的事上操劳。"

在彼得的眼里,只有眼前的小小利益,马蹄铁只是马蹄铁,所以他懒得弯腰去捡。一次弯腰的确有点累,但一次次地弯腰岂不是更累?因此,我们还是记住耶稣的教导,不要贪图眼前的小利益而放弃长远的利益。

同样的悲剧也在穷人的身上时常发生。下面就是一个典型的例子:

一个穷人向一个富人请教成功之道,富人却拿出了三块大小不等的西瓜放在青年面前。

"如果每块西瓜代表一定大小的利益,你选择哪块?"富人问穷人。

"当然是最大的那块!"穷人毫不犹豫地回答。

"那好,请吧!"富人一笑,把最大的那块西瓜递给穷人,自己却吃起了最小的那块。很快地，富人就吃完了，而穷人还差几口就吃完了。

不等穷人吃完，富人已经拿起了桌上的最后一块西瓜，并且得意地在穷人面前晃了晃，大口大口地吃起来。

穷人马上就明白了富人的意思：富人吃的瓜虽无自己的瓜大，却比自己吃得多。如果每块代表一定的利益，那么富人占的利益自然比自己多。

吃完西瓜，富人抹抹嘴对穷人说："要想成功，就要学会放弃，只有放弃眼前利益，才能获得长远的大利，这就是我的成功之道。"

穷人之所以不能获得大利，就是因为穷人往往选择眼前的利益而放弃长远利益，被眼前的利益所困困，迷惑了双眼，削磨了斗志，沉溺在既得利益的温柔乡里，不思进取，丧失了谋财的锐气与闯劲，徘徊在同一层次，既没有创新，也不敢突破。

今天，很多人都是好高骛远，看不起小报酬，总希望能找到制胜的突破，一鸣惊人，一口吃成个大胖子。但以历史的眼光来看，绝大多数的富人，他们的巨大财富都是由小钱经过长期的时间逐步累积起来的。

世间的任何一件事情，都有它的不二法门。不论什么时候，一切急功近利的思想与行为都是一种短视，都是非常有害的。财富也有它的不二法门，那就是：一定要目光长远，而不要只盯着眼前的一点点利益，要学会朝着目标不停顿地努力，这是谋财的唯一选择，也是最好的选择。实现你人生的最大价值，让野心、理想和梦想变成伸手可及的现实，这才是人生最大的利益。

2. 去除浮躁，脚踏实地

【原文】行，行者必先近而后远。

【大意】走路的人必然先到达近处，而后才能到达远方。

浮躁心理是影响人前进的一道障碍，内心浮躁的人会四处碰壁，不但成就不了大事，反而会影响心智。这是快速消费的时代，有些人急切地渴望成功，看到别人的成就，自己就静不下心来，也努力寻求各种成功的机会。他们往往耐不住寂寞，总想一步登天，可结果是想得越高，摔得越痛。

唐朝宰相裴休是一个虔诚的佛教徒，他的儿子裴文德年纪轻轻就中了状元，进了翰林院，位列学士。但裴休认为儿子虽然科举成功，但还没有真实的人生历练，不希望他这么早就飞黄腾达，因此他就把儿子送到寺院中修行参学，并且要他先从行单(苦工)上的水头和火头做起。

于是，这位少年得意的翰林学士不得不天天在寺院里挑水砍柴。每天，他累得要死，心中不免牢骚，抱怨父亲不该把他送到深山古寺中做牛做马。但父命难违，他只好强自忍耐。时间一长，裴翰林又把心中的怨气发到了寺里的和尚头上，心说这里的方丈太不识趣了，我不如写首诗，让他给我换个轻松差事。于是有一天，裴翰林担水的时候就在墙壁上题了两句诗：

翰林挑水汗淋腰，

和尚吃了怎能消？

　　该寺住持无德禅师看到后，微微一笑，当即在裴翰林的诗后也题了两句：

　　老僧一炷香，

　　能消万劫粮。

　　裴文德看过后，心说自己实在太浅薄了，从此收束心性，老老实实地劳役修行。

　　在佛家看来，众生皆是佛子，翰林也罢，和尚也好，本质上是没有卑贱显贵之分的。劳动不仅是每个正常人分内的事，也是一种修炼，所谓"天将降大任于斯人也，必先苦其心志，劳其筋骨，饿其体肤，空乏其身"。富贵子弟大多成不了才，因为他们只顾着享受，不愿意磨炼自己，这样的人，待到大树一倒，又怎么能独自撑起一片天空呢？

　　现在世人的情绪普遍浮躁，学习不能扎实用功，工作不能踏实努力，投机钻营的心理普遍流行。如此下去，社会发展将深受其害。因而墨子的这一富有实干精神的"先近而后远"的思想，是值得发扬光大的。当然，外在修炼还是其次，真正的目的是要净化自己的内心，去除浮躁，踏踏实实地做事做人。

　　元持和尚在无德禅师座下参学，虽然精勤用功，但始终无法有更深的体悟。

　　有一天，元持请示无德禅师道："弟子入林多年，一切仍然懵懂无知，空受供养，每日一无所悟，还请老师慈悲指示，每天在修持、作务之外，还有什么必修课程？"

　　无德禅师答道："你要看管你的两只鹫、两只鹿、两只鹰，并且约束口中一条虫。同时，还要不断地斗一只熊，看护好一个病人。如果能做到这些并善尽职责，相信对你会有很大的帮助。"

元持不解地说:"老师!弟子孑然一身来此参学,身边并不曾带什么动物,要如何看管?何况我问的是参学的必修课程,与这些动物又有什么关系?"

无德禅师含笑说:"两只鹜,就是你需要警戒你的双眼,非礼勿视;两只鹿,是你需要把持住双脚,不要走上罪恶之路,非礼勿行;两只鹰,是你的双手,要让它经常工作,善尽职责,非礼勿动;一条虫是你的舌头,你需要紧紧约束,非礼勿言;一只熊是你的心,你要克制它的私心杂念,非礼勿想。病人就是你的身体,希望你不要让它陷于罪恶。在修道上,这些实在是不可缺少的必修课程。"

参禅如此,生活亦如此,一切从自己做起,从把握自己做起,一个人如果连自己都控制不住,还谈什么觉悟呢?

人生最大的敌人其实不是别人,而是自己,一个人如果连自己都战胜不了,那么怎么去战胜别人呢!每个人都有心魔,心魔代表着罪恶、贪婪、私欲、欺骗、狡诈等,这些东西能影响一个人的一生,如果你控制不住这些东西,那么就连成功是什么你都不会明白。自己能成就自己也能毁掉自己。所以,命运掌握在自己手中,要想成就自己,那么就必须先把自己征服住,控制住自己才能掌控别人!

每个人的心里或多或少都存有一些杂念,这些杂念在一般人看来只是小事,然而在一些有理想的人眼里,这些都是影响自己前进的绊脚石,如果不能把这些绊脚石踢走,一生都将遭遇坎坷。能控制自己的人,他的心必定是坚定的,遇到事情能够果断地处理,而不会受到外界的干扰或是诱惑。

3. 看家本领，贵精不贵多

【原文】二三子有复于子墨子学射者，子墨子曰："不可。夫知者必量其力所能至而从事焉。国士战且扶人，犹不可及也。"

【大意】有几个弟子告诉墨子，要从学，又习射。墨子说："不能。智慧的人一定衡量自己的力所能达到的地方，然后再进行实践。"

我们常常听别人提起自己爱好广泛，三十六行都可以精通，但越是这样的人，他们最后都不可能在某一个领域达到巅峰状态。因为他们的精力完全散开了，目标太多，孰重孰轻都不知道，所以，他们不可能有大的作为。

慧远禅师年轻时喜欢云游四海。有一次，他遇到一位嗜好吸烟的行人。两人一起走了很长一段山路，然后坐在河边休息，行人给了慧远禅师一袋烟，慧远高兴地接受了行人的馈赠。两人一边抽烟，一边聊天，谈得十分投机，分手前，行人又送给慧远一根烟管和一些烟草。

待行人走远，慧远突然想到：烟草这种东西令人十分舒服，肯定会干扰我的禅定，时间长了一定难以改掉，还是趁早戒掉为好。于是，他随手一挥，把烟管和烟草全部扔掉了。

几年后，慧远迷上了《易经》。那年冬天，天寒地冻，他写信给自己的老师要求给他寄一件棉衣，但是信寄出去很久，冬天已经过去，山上的雪都开始化了，棉衣还是没有寄来，送信的人也没有任何音信。于是，慧远现学现卖，用《易经》为自己卜了一卦，结果显示那封信并没有送到老师那里。他心想:《易经》占卜固然准确,但如果我沉迷此道,怎么能够全心全意地参禅呢? 从此,他再也没有接触《易经》之术。

之后,慧远又一度迷上了书法。他每天钻研,居然小有成就,有几个书法家也对他的书法赞不绝口。但慧远转念想到:我又偏离了自己的正道了。再这样下去,我可能成为一个书法家,但永远也成不了禅师。于是,他再次收束心性,一心参禅,远离一切和禅无关的东西,终成一代宗师。

每个人都应该有一种爱好,无论是禅者的修行,还是普通人的生活。培养一定的兴趣爱好,陶冶情操,不是什么坏事,但"业精于勤,荒于嬉",千万不要玩物丧志,沉迷其中。慧远为我们做好了榜样:明白自己的目标固然可贵,但更可贵的是为了成就目标而坚持不懈的精神。一旦发现自己的所作所为偏离了目标,就应该做到知非即舍。

有的人以为,成功的人是什么都懂的人,认为一个人要获得成功一定要无所不知、无所不晓。然而,那种境界却又是自己可望而不可及,于是,他们便认为成功对自己是不可能的事。其实,成功就是充分展示自己最大的优势。为了谋生,我们必须有一些看家本领。无论你打算干什么工作,都要培养自己独特的技能,拥有一项出色的本领,它或许能够给你带来一生的幸福。

辽宁省锦州市西北市郊的农村,有一个小姑娘叫吴桂花。也许是天生脑子笨,小桂花上小学时,算术、语文从未及格过。上初中,学校不收,父母百般恳求,再加上初中是普及九年制义务教育,学校总算收下了。但学校规定,如果一年没有长进,桂花就得自动退学。

一年到了,小桂花的学习还是没有进步,父母只好把她领回家。

一天,孩子的舅舅从城里来了,知道了桂花的情况,就把桂花带到他开的饭店去当服务员。那一年,桂花才15岁。几个月后的一天,舅舅来到一个雅间,看到桌子上摆着一小盘雕花,是用苹果雕的,玲珑剔透,让人百看不厌。

舅舅端详欣赏着,赞不绝口,问道:"是谁雕的?"桂花说:"是我。"舅舅一脸疑惑地看着她:"真的?"桂花马上拿出一个苹果,当场雕了起来。她的刀法非常娴熟,只用了几分钟,一只雕花苹果便做成了。

舅舅特别激动:"真没想到,你还有这个特长。"桂花说:"我家有个苹果园,我放学没事就到苹果园去。地上苹果多,我就拿一把小刀削着吃。吃不了,就削着玩,渐渐地就开始雕刻。我天天去果园,从不间断,现在已经七八年了。""太好了,这回你有用武之地了。"舅舅说。

从此以后,饭店宴席上,只要摆上吴桂花雕的龙凤鲜花,就会使席面增辉,令顾客称赞不已。有时客人要求见见雕花人,当他们一看站在面前的是个十五六岁的小姑娘时,都惊诧不已。客人兴致高时,要吴桂花当场献艺。

吴桂花17岁那年,参加了在美国举行的世界宴会雕花大奖赛,一举夺魁。当桂花走下领奖台,记者们一下子都围了过来,争着问道:"你的天才是怎么发展起来的?"翻译把问话告诉吴桂花,桂花回答说:"我不是天才,我是一个笨女孩。老天只给我苹果,别的什么都没有了。"

著名的艺术家米开朗基罗在完成一件精美的雕塑作品后,有的人问他,这是怎样做到的?他回答说,雕塑从一开始就已经存在于这块花岗岩中了,我只不过是把周围的其他东西都凿掉罢了。所以,在现实生活中,我们并不需要去创造才能,而是发现才能。换言之,你生来就具有自己的才能,你只需要发现它们。

一个人一生必须要有一样才能是出色的,这样,你才能有赖以生存的资本,因为你在那一方面别人无法替代。所以,你要保持自己的最出色的这一方面,不要因为学习别人的长处,而放弃自己最有优势的这一点。

4. 辛勤实干,切忌空谈

【原文】言足以复行者,常之;不足以举行者,勿常。不足以举行而常之,是荡口也。

【大意】言论可付之实行的,应推崇;不可以实行的,不应推崇。不可以实行而推崇它,就是空言妄语了。

墨子深刻地指出做事切忌空谈,任何成功事业的取得都是通过辛勤劳动所获得的。

勤奋是通向成功的最短路径,也是实现梦想的最好工具,无论是在富裕还是贫困的环境中,只要你肯勤奋做事,付出你的努力,你就一定会有收获,因为天道酬勤。

勤奋工作往往能使你脱胎换骨,那些出类拔萃的人物,都是将勤奋当作金科玉律的人士,再也没有什么比做起事来磨磨蹭蹭更能阻碍一个人成功的了——它会分散一个人的精力,灭失一个人的雄心,使我们只能被动地接受命运的安排而不是主动地去主宰自己的生活。

《闲话集》中把对社会毫无价值的人当作死人,而只有当他们对别人有价值时才把他们看作是活着的。这样的话,有的人实际上20岁才出生,有的人则是30岁,有的人则是60岁,而有的人直到离开人世都没有真正生活过。

理查德·科布登是萨斯克斯的米德哈斯特一位农民的儿子。年纪很小时就被送往伦敦,在该市一个仓库受雇为童工。这是个勤奋、行为规矩的孩子,他渴望了解更多的知识。他的主人是旧式学校出来的人,警告他别读太多的书,但这孩子不听,继续他的事业,他把从书本中获得的知识财富贮藏在心。他很快获得提升,从一个仓库管理员到旅行推销员——从中他建立起了大量的关系网络,这为他以后下海经商奠定了基础。最终,他在曼彻斯特当一个印花布漆工开始了他的商业生涯。由于他对公共事务颇感兴趣,尤其是对大众教育情有独钟,他的注意力逐渐地被有关谷物法的问题吸引过去了。为了废止该项法律,他可以说是把自己的财富和毕生精力都奉献进去了。

值得一提的是,有一个令人纳闷不已的事实:他首次在公众面前发表的演讲是个彻头彻尾的失败。但是,由于他具有非凡的毅力恒心、实干精神和充沛精力,随着坚持不懈的努力和实践,他终于成为了公共演说家中最具说服力和最具震撼力的人之一。

威廉·詹姆斯指出:"个人奋发向上的辛勤实干是取得杰出成就所必须付出的代价;任何一种杰出成就都必然与好逸恶劳的懒惰品行无缘。正是辛勤的双手和大脑才使得人们富裕起来——在自我教养、在智慧的生长、在商业的兴旺等方面。即使一个人出生于富贵和社会上层之家,他们个人要想获得稳固的社会声望的话,也得靠不知疲倦的实干才能成功。因为,虽然几英亩的土地可以承传给后代,但是,知识和智慧却无法承传给后代啊!富裕之人也许可以雇佣别人为他们干活,但却不可能通过别人来获得为他干活的思想,或者说从中买到任何形式的自我教养的成果。"

勤奋不仅是一种人生态度,更是一种能获得不断成功的精神,只有勤勤恳恳的付出心血,才会换来真正的人生不败。一生之计在于勤,而一个成功人生的关键,更在于勤奋努力,我们要用有限的时间努力地去做一翻事业。

任何事业追求中的优秀成就,都只能通过辛勤的实干才能取得。

5. 苦难是成功的试金石

【原文】为其所难者,必得其所欲。

【大意】能够做艰难困苦事情的人,就一定能得到他所想要达到的目的,得到他所想要的东西。

墨子是在谈论国君重视贤士的重要性时说到此句名言的,认为人只有经历了艰难困苦的考验,才能成为君子,成为辅助国君治理好国家的贤才。墨子还强调说:"未闻为其所欲,而免其所恶者也。"就是说,没有听说过只做自己所想的事情,而能免于得到他所厌恶的后果的。从正反两个方面论证了艰难困苦的考验对于成就人才的必要。

在这里,墨子所讨论的还只是从他所处的时代中,国君治理国家必须有贤士辅佐的角度出发的,而墨子在两千多年前所说的这句话,在今天仍有其现实意义。因为不论是在墨子所处的古代,还是在21世纪的今天,不论是做什么事情,要达到何种目标,都需要经历了磨难之后,才能得到好的结果,这是一条颠扑不灭的真理。不经历风雨,难得见到彩虹。只有那些能够直面困难、从困难事情做起的人,才最终会实现自己的愿望,得到自己想要的结果。

如果在遭遇艰难困苦的时候,临阵退缩,毫无进取之心,甘心被困难所折服,那么这样的人是什么事情都做不成功的。人生存于世间,就需要具备一些与磨难斗争、抗衡的勇气和意志,毕竟经历了与困难而战的人生才会更加充实和美丽。

有位哲人说过:"世界荣誉的桂冠,都是荆棘编织而成的。"

俄国作家列夫·托尔斯泰说:"人生不是一种享乐,而是一桩十分沉重的工作。"月有阴晴圆缺,人有旦夕祸福。人生不可能永远一帆风顺,人生旅程中,如同穿越崇山峻岭,时而风吹雨打,困顿难行,时而雨过天晴,鸟语花香。当苦难当道时,有的人自怨自艾,意志消沉,从此一蹶不振;而有的人则不屈不挠,与苦难作斗争,他们才是生活的强者。

"经营之神"松下幸之助从不向命运低头。9岁时,因为家境贫困,他不得不外出赚取生活费。他远赴大阪谋职,母亲为他准备好行囊,并送他到车站。临行前,母亲饮泣地向同行的人诚恳地拜托:"这个孩子要单独去大阪,请各位在旅途中多多关照。"母亲悲凄的背影给了他深刻的印象。

不久,松下幸之助来到大阪,在船场火盆店当学徒,从此开始了艰苦的谋生。小小年纪,远离亲人,在那个陌生的世界里他感到孤单无助,似乎丧失了生活的信心。

有一次,店主叫住他,递给他一个五钱的白铜货币,说是薪水。他吃惊极了,他从来没有见过五钱的白铜货币,这对穷人家的孩子来说,是一个相当可观的数目。报酬激起了他工作的狂热,也扬起了他奋斗的风帆。

靠着不可思议的欲望的支持,他变得更坚强。他不辞辛苦地打杂,磨火盆,有时,一双手被磨得皮破血流,连提水打扫的活儿都干不了,但他咬牙挺了下来。渐渐地,松下幸之助掌握了自己的命运。

苦难是人生的必修课,强者视它为垫脚石,视它为一笔财富,弱者视苦难为绊脚石、万丈深渊,被它压垮,天将降大任于人,必先苦其心志。苦难是人生的沃土,是磨练意志的试金石。不经三九苦寒,哪来傲雪梅香?没有曹雪芹贫困潦倒的磨难,哪里会有《红楼梦》?司马迁不忍受宫刑,就不会有举世不朽的《史记》;没有苦难,就没有激励几代人的《钢铁是怎样炼成的》。苦难从古至今都是人生的一笔宝贵财富。勇者在苦难面前永远都不会低下高贵的头。

上帝是公平的,他在把苦难撒向人间的时候,往往准备好了厚重的回报等着勇士去拿。当苦难不期而至时,我们要视苦难为财富、为机遇,向它宣战。当你成功地征服它之后,就能拿到上帝的回报,捧起金灿灿的奖杯,真切地感受到生活的甘甜、人生的价值。

6. 人生如局,坏牌也要坚持打到赢

【原文】强必富,不强必贫;强必饱,不强必饥。故不敢怠倦。

【大意】努力必能高贵,不努力就会低贱;努力必能荣耀,不努力就会屈辱,所以不敢倦息。

每个人的一生就像一把牌,牌有好有坏,不可能人人都有好牌,也没有重新洗牌的机会,你一生的责任就是打好你手里的每一张牌。

如果你在40岁的时候,在一次悲惨的车祸火灾中烧得不成人形,50岁的时候又在一次飞机失事中腰部以下完全瘫痪,你是不是觉得命运在人生这场牌局里,给了你一手太坏的牌?你还能想像自己会变成百万富翁、成功的企业家和受人爱戴的公共演说家吗?你能想像自己去泛舟、去跳伞,并在政坛进行角逐吗?

米切尔全都做到了,以上就是他手里抓到的那一把坏牌:一次车祸的意外事故,把他身上65%以上的皮肤全部烧坏,在经过16次手术之后,他仍然无法拿起叉子,无法拨电话,也没法上厕所。经过艰苦的恢复期,恢复了自己的正常生活之后,他为自己买了一幢房子,并和几个朋友合资开了一家生产以木材为燃料的炉子的公司,这家公司后来变成佛蒙特州第二大私人公司。

4年后,厄运又一次降临,米切尔驾驶飞机出行时失事,把他的12条脊椎骨压得粉碎,腰部以下永远瘫痪。

米切尔仍不屈不挠,后来他被选为科罗拉多州孤峰顶镇的镇长,他也曾竞选国会议员,他用一句"不只是另一张小白脸"的口号,把自己难看的脸转化成一项有利的资产。

尽管容貌丑陋、行动困难,米切尔却拿到了公共行政硕士学位,并持续他的飞行活动、环保运动及公共演说。

米切尔说:"我瘫痪之前可以做1万种事,现在我只能做9000种事,我可以把注意力放在我无法再做的1000件事上,或是把目光放在我还能做到的9000件事上。"

很少的人能天生得到一副好牌,得到好牌的人固然值得高兴,但拿到坏牌并不意味着你就一定会输。如果我们手中拿到了一副不算太差的牌,我们就一定要争取去赢;如果我们不幸摊上了一副不能再糟的牌,我们也要尽可能地找出一两张还不算坏的牌作为强项,使结局变得相对好一些。

博迪是法国的一名记者,1995年,他突然心脏病发作,导致四肢瘫痪,而且丧失了说话的能力。被病魔袭击后的博迪躺在医院的病床上,头脑清醒,但是全身的器官中,只有左眼还可以活动。可是他并没有被病魔打倒,虽然口不能言,手不能写,他还是决心要把自己在病倒前就开始构思的作品完成并出版。出版商便派了一个叫门迪宝的笔录员来做他的助手,每天工作六小时,给他的著述做笔录。

博迪只会眨眼,所以就只有通过眨动左眼与门迪宝来沟通,逐个字母地向门迪宝背出他的腹稿,然后由门迪宝每一次都要按顺序把法语的常用字母读出来,让博迪来选择,如果博迪眨一次眼,就说明字母是正确的。如果是眨眼两次,则表示字母不对。

由于博迪是靠记忆来判断词语的,因此有时就可能出现错误,有时他又要滤去记忆中多余的词语。开始时他和门迪宝并不习惯这样的沟通方式,所以中间也产生不少障碍和问题。刚开始合作时,他们两个每天用六小时默录词语,每天只能录一页,后来慢慢加到三页。几个月之后,他们历经艰辛终于完成了这部著作,据粗略估计,为了写这本书,博迪共眨了左眼二十多万次。这本不平凡的书有一百五十页,已经出版,它的名字叫《瞄水衣与蝴蝶》。

和博迪相比,很多人拥有健康的身躯,他们的"牌"可是好得多了,可是他们却没有人生目标,过着做一天和尚撞一天钟的无所作为的生活,漫无目的地生活在这个世上,这种人是不是应该反省一下自己呢?

这个世界上能抓到好牌的人不多,但是,只要你有毅力,有钢铁刚的意志,那么,坏牌也会变成一张好牌的。

7. 绝处逢生,培养良好的心态

【原文】不自降天之哉得之。

【大意】吉利并不是上天降下的,而是我们自己得到的。

福祸不是天注定的,而是你自己能决定的,最关键的是你如何对待。对一个奋进的人来说,命运永远掌握在自己手中。

生活是一种态度。每一个人都会有共同的经历,每一个人都会经历挫折和不幸,每一个人也都有获得幸福的机会。生活是现实的,不以你的意志为转移,你可以活得很积极,也可以很悲观。同样是生活,有人整天愁眉不展,唉声叹气,有人却过得精彩无限,有滋有味。你可以决定自己的命运,只要你肯审视自己的态度。培根曾说过:"人若云:我不知,我不能,此事难。当答之曰:学,为,试。"

很多时候我们绝望与否,重要的不是处于顺境或逆境,而是取决于对待顺境或逆境的态度和方法。有的人无论顺境、逆境都能进步,而有的人却是任何时候都在堕落。

其实,世上是没有绝望的处境的,问题是你的看法如何。如果你冷静下来想办法,尝试走另一条路的话,你的成功几率可能会有百分之九十的。如果你急躁不安,绝望了,不敢去面对和挑战,那你的成功几率只有百分之十。所以,这世上只有对处境绝望的人,而没有绝望的处境。

"不要惧怕失败,即使被踩到泥土中,我们也不能甘心变成泥土,而要成为破土而出的鲜花,从绝望中寻找希望,人生终将辉煌。"

说这番话的人叫俞敏洪,是新东方的一校之长。在从一个北大教师到一个"个体户"的过程中,俞敏洪可算是经历了一番折腾,用他的话说,好像他把以前从来没有经历过的事情都经历了,把一生中的挫折都尝过了。

当年,在北大教了4年书的俞敏洪看到他昔日的同学、朋友都相继出国了,他的心里也蠢蠢欲动起来,他开始紧锣密鼓地张罗着出国的事情。遗憾的是,在努力了3年半后,他的留学梦仍然无情告吹了。为了生计,也为赚点钱继续他的出国梦,俞敏洪在校外办起了托福班,为自己的出国学费快乐地忙碌着,他逐渐地感觉自己离那个出国梦一天一天地近了。

1990年一个飘落着细雨的秋夜，正当俞敏洪和他的朋友高兴地喝着小酒，聊着家常，描绘着他渐渐清晰的出国梦时，北大的高音喇叭响了，宣布了学校对他的处分决定。

学校这个处分决定被大喇叭连播3天，北大有线电视台连播半个月，处分布告在北大著名的三角地橱窗里锁了1个半月。北大的这种"礼遇"，让俞敏洪没有面子在北大待下去，颜面扫地，只得选择离开。被赶出家门的北大教师，"逼上梁山"，选择了做一个"个体户"，一介书生，就此迈进江湖。

提起自己的成功，和自己往日为了生存而苦苦挣扎的经历，俞敏洪说："当一个人在绝境中为生存而奋斗时，他做什么都不会感到有心理障碍的。"

这就是俞敏洪成功的理由。从最粗糙、最低级、最简单的事情开始，点点滴滴地做起，不在乎世人的眼光与评价，即使身处绝境也毅然前行，不抛弃、不放弃，坚持到底。

我们必须面对这样一个奇怪的事实，在这个世界上，成功卓越者少，失败平庸者多。成功卓越者活得充实、自在、潇洒；失败平庸者过得空虚、艰难、猥琐。成功者相信命运掌握在自己的手中，所以他勤奋不辍；失败者相信命运天注定，所以他等待幸运的光临。

其实，我们自己才是命运的主宰，我们才是自己灵魂的领导。成功的关键就是我们自己能支配自己，不被环境和他人所左右。如果你想把命运掌握在自己手中，就必须做到以下几点：

第一，拥有一个良好的心态。

心态是我们命运的控制塔。任何成功者都不是天生的，成功的根本原因是开发了人无穷无尽的潜能，只要你抱着积极心态去开发你的潜能,你就会有用不完的能量,你的能力就会越用越强,相反,如果我们抱着消极心态,不去开发自己的潜能,那你只有叹息命运不公,并且越消极越无能!

积极的心态之所以会使人心想事成,走向成功,正是因为每个人都有巨大的潜能等待我们去开发,消极的心态之所以会使人怯弱无能,走向失败,也正是因为它使人放弃了伟大潜能的开发,让潜能在那里沉睡、白白浪费。

如果你愿意付出代价,使用积极的心态的话,你就能成为你想要成为的那种人。不管你过去的经历、才智、智商或环境如何,这种因果关系都是真实的。记住:你有选择权力。

第二,拒绝恐惧。

你若不是逼自己走向贫穷、悲哀与失败,就是正引导着自己攀向成功的最高峰,这完全取决于你是采取哪一种想法。

恐惧是积极心态的敌人。恐惧给我们造成很大的压力,促使身体过度劳累,可怕的恐惧感对人们压迫得如此厉害,以至于使人变得盲目并迷失在各种冲突与欲望的纠缠中。

在恐惧所控制的地方,是不可能获得任何有价值的成就的。

第三,拒绝自卑。

你自己就是你自己,不必"像"别人,也无法"像"别人。要想不被周围的环境所俘虏,走出自卑,就需要敢于面对挑战,迎接它,战胜它,超越它。

你是与生俱来的冠军,无论妨碍你的是何等的困难和不幸,但与生命形成时所克服的困难比较起来,前者还不及后者的十分之一。对于活着的人,胜利乃是内藏的。

第四,挑战挫折。

不管是暂时性的挫折还是逆境,都应当不会在一个人的意识中成为失败的理由,只要这个人把挫折当作是一种教训。事实上,在每一种逆境及每一个挫折中都存在着一个持久性的教训,而且通常来说,这种教训是难以以挫折以外的其他方式获得的。

对于一个不断进取的人来说,一次次的挫折就像是一只看不见的慈祥之手,阻挡你的错误路线,并以伟大的智慧强迫你改变方向,向着你特定的有利方向前进。

只有把挫折当作失败来加以接受时,挫折才成为一股破坏性的力量;如果把它当作教导我们的老师,那么,它将成为一种祝福。

延 伸 阅 读:

墨子和孔子眼里的"天命"

在《论语》里面孔子一直都没有对天作过明确的阐述,甚至可以说是模糊的,并且包括多种意蕴。自然之天,义理之天,主宰之天常常交换着迭相出现。无论哪一种意义上的天,在孔子那里都有一个共同点,即天是神秘不可知的,是人力所不能支配的。在这一点上,墨子与孔子不同,墨子主要是在主宰之天的意义上使用天。认为天是有意识的,能根据人的行为赏善罚恶。天的意志被称为"天志",天志的基本含义就是"兼相爱",墨子说:"顺天之意何若?曰:'兼爱天下之人。'"谁反对兼爱,谁就是反对天的意志,谁就要受到惩罚,天子也不例外。天志就好比宪法"上将以度天下之王公大人为刑拯也,下将以量天下万民为文学,出言谈也"。这样,墨子推崇的"天志"已不再是高高在上的神秘不可测的"神仙",而变为墨子实现其兼爱理想的一种工具和手段,打破了传统天道说的虚幻性、神秘性,而具有了现实性、可知性和可行性,虽然这种从

"天上"到"人间"的转化是他大大高于前人的地方，但这种唯一主义的迷信思想并不可取。

孔子讲"天命"，他说："君子有三畏，畏天命，畏大人，畏圣人之言。"孔子不仅认为自然界的事情由天命支配，而且认为人的生死、贫富、贵贱、成功、失败也都是由天命决定的，所谓"死生由命，富贵在天"，人们应该承认天命，顺天命而行。但是同时，孔子也认为人还是应该尽力去做自己应该做的事，不管成功还是失败，"知其不可而为之，尽人事然后听其自然"。至于人的道德品质，孔子认为完全由人自身努力所决定，与天命无关，他说："为仁由己。"孔子没有否定天命，但对天命的威力做了限制，天命可以教人的某些正确的行为不成功，但不能不让人做正确的事情。

但另一方面，墨子又完全否定了天命说，批判儒家的"命富则富，命贫则贫，命众则众，命寡则寡，命治则治，命乱则乱，命寿则寿，命夭则夭"的宿命论。墨子认为宿命论是暴人之道，是为不肖者开脱的，会造成恶劣的社会影响："群吏信之，则怠于分职；庶人信之，则怠于从事。吏不治则乱，农事缓则贫，贫且乱，政之本，而儒者为道教，是贼天下之人者也。"《墨子·非命》墨子用三表法来证明命的不可信性，并提出"非命""尚力"的主张，号召人们强力而为，指出人之所以异于禽兽，在于"赖其力则生，不赖其力则不生"，认为"强必贵，不强必贱；强必荣，不强必辱"。由此可见，在天人关系上，墨子认识到了人的重要性，重视人的作用，认为个人的富贵以及国家的治乱都取决与个人努力的程度，取决与人们对"兼相爱，交相利"贯彻的程度，而不是预先决定的命运，可以说，在这一点上，墨子比孔子表现了更加积极进取的人生态度。但墨子反映出的前后两种矛盾思想为后人所诟病。

对待鬼神的问题上，孔子的态度是犹豫不定的，他对鬼神既没有明确肯定，也没有明确否定，基本上采取的是存而不论，敬而远之的态度，他说:"未能事人,焉能事鬼;未知生,焉知死。""敬鬼神而远之,可谓知矣。"墨子则明确肯定了鬼神的存在,证明方法依然是三表法。如果以现代科学的观点来看,墨子的论证显然是站不住脚的,只能是一种迷信。但是应该看到墨子的明鬼并非目的,而是手段,在墨子眼中,鬼神也具有赏善罚恶的能力,其标准同于天志的标准。由此可见,墨子的"明鬼"实际充当的是"天志"的助手,是督促人们实现"兼爱"的。墨子借天言志,借鬼言志,用来增强自己理论的力度,但同时也反映了手工业者力量的薄弱,借助超自然的力量不可避免的具有空想性与非现实性。

第七章

简单生活，别让欲望害了你

1. 简单生活，天高云淡

【原文】古之民，未知为宫室时，就陵阜而居，穴而处，下润湿伤民，故圣王作为宫室。为宫室之法，曰室高足以辟湿，边足以围风寒，上足以待雪霜雨露，宫墙之高，足以别男女之礼，谨此则止。凡费财劳力，不加利者，不为也。

【大意】远古时代，人们还不知道建造房屋时，都找一个稍高一点的地方安顿下来，或挖个洞穴住在里面，由于地下潮湿有害于人民的身体，所以就有圣王建造房屋。建造房屋的法则是：地基的高度足以避免潮湿，四面墙壁足以抵御风寒，屋顶能够防备霜雪雨露，宫墙的高度足以分隔内外，使男女有别而符合礼仪，只要达到以上要求就行了。至于劳民伤财而没有更多实惠的事，是不会做的。

有位作家这样说:"让你的生命之舟,只承载你所需要的东西,例如,你只要一个朴素的家和一种单纯的喜悦;一个或两个值得交的朋友;一些你爱的人或是爱你的人;一只狗、一支笛子;刚好足够的食物和衣服;还有稍微多一点的水分,因为口渴是件危险的事。"这些外在的东西满足生活需要就可以了,重要的是将心境拓宽,让心灵恬淡起来,让心智活跃起来,这样活着,你会光彩照人的。其实,生活,就这么简单。

究竟什么是简单生活呢?"简单生活"的倡导者、被誉为"21世纪新生活的导师"的珍妮特·吕尔斯认为,简单生活并不意味着清苦与贫困,"它是人们深思熟虑后选择的生活,是一种表现真实自我的生活,是一种丰富、健康、平凡、和谐、悠闲的生活,是一种让自然沐浴身心、在静与动之间寻求平衡的生活,是一种无私、无畏、超凡脱俗的崇高生活。"

简单生活的最主要特征是"悠闲"。在现实生活中我们被太多的物欲驱使着——豪华的房子、尽可能多的金钱、漂亮的女人、体面的男人、出人头地的子女……随波逐流的追逐使我们精疲力竭,太多的追求使我们失去了心灵的自由。我们没有时间问自己这一切是为了什么,我们真的需要这些吗?

某种舒适的享受是必要的。我们需要有生存所不可缺少的衣、食、住、行,我们需要有酬或无酬的工作。作为人,我们不能一无所有,我们需要一定程度的对美和美的事物的追求。但我们往往不知适可而止,我们显得饕餮不足,随之便陷入了债务、劳累和新出现的困境,使我们因此失去了生活的激情。

根据简单生活的原则,人们生活的最低标准是:满足生活的基本需求——住房、营养食品和衣服,做到自给自足并为之付出精力和时间,那么,在剩余时间里,所有该做的事就是使自己成为一个安谧悠闲的人,而不是把时间耗费在无谓的应酬和劳作中。

爱琳·庸姆丝是美国倡导简单生活的专家。作为一个投资人、一个作家和一个地产投资顾问,在这个领域努力奋斗了十几年后。有一天,她坐在自己的写字桌旁,呆呆地望着写满密密麻麻事宜的日程安排表。突然,她意识到自己对这张令人发疯的日程表再也无法忍受下去了,自己的生活已经变得太复杂了。用这么多乱七八糟的东西来塞满自己清醒的每一分钟简直就是一种疯狂愚蠢的尝试。

就在这一刻,她作出了决定:她要开始简单的生活。她开始列出一个清单,把需要从她的生活中删除的事情都列出来。然后,她采取一系列"大胆的"行动。首先,她取消了所有预约电话。其次,她停止了预订的杂志,并把堆积在桌子上的所有没有读过的杂志都清除掉。她注销了一些信用卡,以减少每个月收到的账单函件。通过改变日常生活和工作习惯,使得她的房间和草坪变得更加整洁。她的整个简化清单包括80多项内容。

成功的真理就是简单、简单、再简单。对那些思想者或有所创造的人来说,最重要的生活方式就是——尽量减少周围环境的干扰与制约,而保持内心的宁静与自由。活得简单,才能活得自由!

托玛斯·帕尔生于1783年,是英国历史上最有名的寿星之一。他88岁时第一次结婚,120岁时第二次结婚,145岁时还能跑步,给谷子脱粒,几乎能完成所有的体力劳动。他的传记作者对他的死感到非常遗憾,"如果按原来的方式生活下去,那么一切都将不一样。"传记作者写道,"他死亡的原因主要归于食物和空气状况的改变。他从空气清新的乡下到了那时空气已经相当污浊的伦敦。在长年累月吃粗茶淡饭的情况下,他被带进了一个生活奢华的家庭,人们鼓励他吃好的饭菜,喝大量美酒,误认为这样能改善他的健康状况,延长他的寿命。结果,他的身体自然机能严重超载,而且身体的本来习惯全被弄得紊乱了,所有这些造成的结果加速了他的死亡。假如没有发生上述改变,按照他自己的身体系统本来还能生活许多年。他死于1936年,享年152岁。"

其实,生活中有很多简单的事情都让我们复杂化了。过简单的生活,正是健康的秘诀之一。一个人如果时常追求复杂而奢侈的生活,则苦难没有尽头,不仅贪欲无度,烦恼缠身,而且日夜不宁,心无快乐。因为复杂,往往浪费了宝贵的时间;因为奢侈,极有可能断送美好的人生;因为简洁,才能找到生活的快乐。简单不仅是一种实在的生活,而且也是一种雅致的心境。生活简单并不排斥欲望,但是对物欲却不过分苛求。一生为得失忙忙碌碌的人,或整天在灯红酒绿中寻找麻醉的人,根本就不能享受到简单生活的真谛。

享受简单生活,感受生活乐趣,不失为一种健康的生活方式和状态。心情可以在简单生活中得到休养,体力可以在简单生活中得以恢复。生活简单的人,自在自我。只有在简单生活中,你才真正地拥有自己的生活和空间。生活简单,意味着生活必须有所舍弃。不能舍弃,也就没有简单可言。

追求简单生活是一个人真实活法的最核心内容。在世俗的社会里,只有你自己的生活简单了,你才会成为自己的主人。简化你的生活,增加自己的个性情趣,你会发现,原来在被挡住的风景那里,才有最适宜的人生。在充满物欲的现代世界里,让我们永远记住一个真理:简简单单,天高云淡;简单生活,逍遥自在。

2. 摒除铺张浪费恶俗

【原文】是故用财不费,民德不劳,其兴利多矣。有去大人之好聚珠玉、鸟兽、犬马,以益衣裳、宫室、甲盾、五兵、舟车之数,于数倍乎,若则不难。

【译文】制造这些东西,无一不是有益于实用才去做的。所以用财物不浪费,民众不劳乏,他们兴起的利益就多了。又去掉王公大人所爱好搜集的珠玉、鸟兽、狗马,用来增加衣服、房屋、兵器、车船的数量,使之增加一倍,这也是不难的。

铺张浪费则困,勤俭节约则昌,自古皆然。远古时期,物资匮乏,节用节俭便成为兴国利民的重要手段。因而,古时贤名的君主为提倡节俭,常制定出一些具体的规定,这些也是墨子认为当局的统治者应该学习的。

"天育物有时,地生财有限。"节俭是长久国策,不是权宜之计。节俭,不仅仅是对人、财、物的节省或限制使用,而且还包含了如何使用才能更加合理、恰当和高效。地球上的资源在总量上是有限的,所以,无论是发达还是落后,富裕还是贫穷,都需要厉行节俭。

节俭是一种美德,是一种修养。节俭是对自身欲求有节制,对国家、民族、家庭、自我负责任。节俭是一种力量。节俭往往和进取、积极、奋斗、乐观向上的人生态度相关。一个人、一个企业、一个单位重视节俭,就能更有计划、有目标、有条理地去实现自己的追求。节俭体现的是一种忧患意识,一种可持续发展的深谋远虑,是为子孙后代着想的未雨绸缪之举。

墨子认为,可以通过"节用"的办法来增加全社会的利益和整个国家的财富，这需要统治阶级即王公大人们首先应具备一种"节用"的意识，要节制自己的物欲而过一种节约俭朴的生活，并应将主要的精力和财富放在与民众利益切实相关的方面，而不要过度追求一些华而不实、与民利无关的物质享受乃至造成对资财的无用浪费，这样也就可以很容易地使社会财富成倍增加，从而形成国强民富、社会稳定的局面。

墨子认为，古代圣人治政，宫室、衣服、饮食、舟车只要适用就够了。而现在的统治者却在这些方面穷奢极欲，大量耗费百姓的民力财力，使人民生活陷于困境，甚至让很多男子过着独身生活。因此，他主张凡不利于实用，不能给百姓带来利益的东西，应一概取消。

技艺：凡天下百工，如制车轮的、造车子的、制皮革的、烧陶器的、冶炼金属的、当木匠的等，使各人从事自己擅长的技艺，足以满足民众的需要就可以了。

饮食：足以充饥增气，强壮手脚身体，使耳聪目明，就可以了。不极尽五味的调匀和香气的调和，不招致远方珍贵奇异的食物。

衣服：冬天穿青色的衣服，又轻又暖和；夏天穿细葛布或粗麻布，又轻便又凉爽，就可以了。

房屋：房屋四面可以抵御风寒，上面可以防御风霜雨露，房屋里面光明洁净，可以祭祀，墙壁足以使男女分别居住，就可以了。

丧葬：衣三件，足以使死者肉体朽烂在里面；棺木三寸厚，足以使死者骨头朽烂在里面；掘墓穴，要深但不通泉水，尸体的气味不发泄出来，死者既已埋葬，生者就不要长久因丧致衰。

在古人的眼中，节俭，既是修身养性所必须，同时也与国家、民族的命运紧密相连。今天亦然。

晏婴出身齐国的世家，曾经辅佐三个君主，因为节俭而在齐国名声很大。晏婴吃饭时没有多少肉,妻妾不穿绸缎,祭祀先人的时候,猪肩盖不住盛器。所以《礼记·礼器》中说:"晏婴祭祀他的祖先,祭牲盛不满肉器,穿着洗过许多次的衣服上朝。"

与节俭相对的是奢侈。奢侈之风一开,人的思想就会受到侵蚀,贪欲也会越来越大,那么灾祸也会接踵而来了。需知由俭入奢易,从奢入俭难。

关于节俭,与墨子同论者颇多。

老子云:"夫我有三宝,持而宝之:一曰慈,二曰俭,三曰不敢为天下先。"老子把节俭视为持身处世的法宝之一。

孔子云:"奢则不孙,俭则固。与其不孙也,宁固。"意思是说奢侈显得傲慢,节俭显得寒酸。与其傲慢,宁可寒酸。

《忍经》云:"以俭治身,则无忧;以俭治家,则无求。"用节俭来修身养性,就不会有大的忧患;用节俭来治理家务,就不会有过多的要求。

这一点宋儒司马光也有过很精彩的论述。他认为当时"众人皆以奢靡为荣,吾心独以俭素为美。人皆嗤吾固随,吾不以为病……古人以俭为美德,今人乃以俭相诟病。嘻,异哉!"

以俭为荣乃古往今来中华民族的美德,弃俭而尚奢,无异于本末倒置,对于年轻人来说是十分有害的。从老年人的角度视之,年轻一代不知世事艰难,更不明"粱肉不企骄奢,而骄奢自来"的道理。且年轻人正在长知识、求进取之时,在物质享受上耗费太多的精力,过于追求美食、鲜服,就会徒耗许多宝贵时间。其实这不仅仅是家庭和个人经济条件如何的问题,而是一个关乎风气和修养的问题。

这使我们很自然地就联想起今天的情况来。商品经济日益发展,随着改革开放的不断深入,人们的生活水平也逐渐提高了。年轻人讲享受、谈消费,与他们的父辈和祖辈在观念上完全不同了。司马光若能看到今天的情况,真不知该发何议论!或有人会说,时代不同了观念自然要变,对物质享受的要求也是会随之变化的,有何可非议的呢?其实,这里边有个作风的问题。过于吝啬自然可笑,肆意铺张浪费则更属可恶。穿着细事之中,礼尚往来之际,确有个修养问题。将物质文明孤立起来,抽掉了精神文明,无论如何总是一种缺憾。司马光"会数而礼勤,物薄而情厚"的说法就非常可取,无论朋友亲戚,常聚常会,年节假日纪念性或象征性的礼品相酬,彼此其乐融融。情厚不在礼重,反之,情薄而处利害中倒可能要以厚礼维系。那种以厚礼相交的友情不是很悲哀、很尴尬的事吗?

"以俭立名,以侈自败",也是显而易见的。在我们今天的现实生活中,恐怕亦不乏实例,差不多人人都可以举出一些。说到底,俭是一种克制,奢是一种放纵,作为万物之灵的人,没有克制和自持,是不可想象的。明代学者姚舜牧说得好:"惟清修可胜富贵,虽富贵不可不清修。"歌德说得亦好:"低等动物受它的器官的指导;人类则指导他的器官并且还控制着它们。""毫无节制的活动,无论属于什么性质,最后必将一败涂地。"

节俭是一种力量。节俭往往和进取、积极、奋斗、乐观向上的人生态度相关。一个人、一个企业、一个单位重视节俭,就能更有计划、有目标、有条理地去实现自己的追求。节俭体现的是一种忧患意识,一种可持续发展的深谋远虑,是为子孙后代着想的未雨绸缪之举。节俭,对任何人来说都刻不容缓。

铺张浪费则困,勤俭节约则昌,自古皆然。远古时期,物资匮乏,节用节俭便成为兴国利民的重要手段。没有勤俭节约的精神作支撑,国家是难以繁荣昌盛的,社会是难以长治久安的,民族是难以自立自强的,企业是难以持续发展的。而人生如果没有勤俭节约的精神作为支撑,生活亦不会幸福。因而,古时贤明的君主为提倡节俭,常制定出一些具体的规定,这些也是墨子认为当政的统治者应该学习的,同时也是我们今天应该学习的。

3. 砍掉成本出利润

【原文】去无用之费,圣王之道,天下之大利也。

【大意】除去无用的费用,是圣王之道,天下的大利呀。

墨子强调帝王要学会降低成本,这样才能富国强民,对于现代企业管理者也说,也是一样,降低成本,可以增长利润,提高产品性能和质量,也可以不断增加产品的溢价收入。

那么,企业如何才能向自己要更多的利润呢?也就是说,企业怎样才能更好地控制成本呢?

成本控制是企业的必修课,也是企业的基本功。无论外界经济环境好坏,成本控制对企业都显得至关重要。有的企业总是埋怨竞争太过激烈,导致自己的产品以现有价格出售,利润不大。但这些企业始终不愿意"向自己要利润",要知道,提高产品质量,控制低成本都是增加利润的有效途径。

管理界有一个著名的天花板理论。将产品的价格看成天花板,生产成本看成是地板。在层高固定的情况下,天花板越高,地板越薄,企业的生产活动和发展空间就越大。反过来,天花板越低,地板越厚,空间就越小,直至无法活动,最后被挤死。如果企业不想被挤死,就必须想办法,削薄天花板,给自己留出更多的生存空间。

格力女王董明珠的成本控制来自于以下两个地方:

第一,对原材料、物料采购成本的控制。格力有一个成本控制办公室，其职能就是控制这一领域的采购成本。不过格力的成本办公室并不直接参与客户的谈判，这就从根本上杜绝了成本办公室成员参与黑幕交易，从而保证了这一工作的质量和公正性。而且，为了控制成本，格力的员工还被要求一律使用专用账户拨打电话；下班时检查电脑电源、饮水机电源是否关闭；传真纸和打印纸是否需要双面使用，等等。虽然这都是一些细枝末节的问题，但可以降低企业的成本支出。

第二，提高员工的工作效率。为了做到这一点，格力了成立了企管办，职能就是防止企业出现人浮于事的状况。该部门的工作内容是考察企业人事结构的合理性，组织岗位培训工作和绩效考核，不断降低管理成本。

在企业无力改变外界环境的时候，必须学会"节用"，向自己要利润，而通过控制成本，取得成本优势是最好的途径，对企业的生存至关重要。

下面几点做法值得参考：

首先，一定要制定定额。定额是企业在一定生产技术水平和组织条件下，人力、物力、财力等各种资源的消耗达到的数量界限，主要有材料定额和工时定额。成本控制主要是制定消耗定额，只有制定出消耗定额，才能在成本控制中起作用。定额管理是成本控制基础工作的核心，没有很好的定额，就无法控制生产成本。同时，定额也是成本预测、决策、核算、分析、分配的主要依据，是成本控制工作的重中之重。

其次，要标准化工作。标准化工作是现代企业管理的基本要求，它是企业正常运行的基本保证，它促使企业的生产经营活动和各项管理工作达到合理化、规范化、高效化，是成本控制成功的基本前提。下面三项标准化工作极为重要：计量标准化，为成本控制提供准确数据；价格标准化，标准价格是成本控制运行的基本保证；质量标准化，没有质量标准，成本控制就会失去方向，变得毫无意义。

最后,制度建设。离开制度,就不能固化成本控制运行,就不能保证成本控制质量。成本控制中最重要的制度是定额管理制度、预算管理制度、费用审报制度等。在实际中,制度建设有两个问题。一是制度不完善,在制度内容上,制度建设更多的从规范角度出发,看起来像命令。正确的做法应该是制度建设要从运行出发,这样才能使责任人找准位置,便于操作。二是制度执行力度不强,老是强调管理基础差,人员限制等客观原因,一出现利益调整内容,就收缩起来,导致制度形同虚设。

4. 看淡名利,无争无祸

【原文】大国之攻小国也,是交相贼也,过必反于国。

【大意】大国进攻小国,是相互残害,其结果必然祸及本国。

墨子"非攻"的主题就是反对大国对小国的侵略,谴责大欺小、强凌弱的暴行。为了制止这种非正义的战争,墨子站在大国的角度上,从两个方面论述了侵略他人、灾祸必将反及于己的道理。首先,大国攻打小国,不仅耗尽了本国的资财,民众也因不停的征战而疲惫不堪,怨言四起,这样就将失掉民心,虽然兼并了大批土地,也不能保有。其次,不停地攻伐他国来扩张自己的势力,必将引起天下诸侯的恐惧与愤恨。"唇亡齿寒"的道理是人所共知的,所以天下诸侯一定会群起而攻之,这样国破身亡的结局就自然不可避免了。

可惜,在名与利的诱惑下,有的人为了名和利铤而走险,最终身败名裂,有的人是为了名和利什么事情都敢做。要知道,在日常的生活和经营过程中,利益是创造出来的,是以诚实劳动作为基础的,不是靠争夺而来。争来争去,双方失和,谁也不见得能够获得更多和更大的利益,何必争呢?

古往今来有多少人为了那虚无缥缈的利益而身败名裂,失去自由甚至生命。

春秋战国时期郑国国君郑武公的王后武姜,她生有两子,长子郑庄公,次子共叔段。武姜生郑庄公时难产,因此她非常讨厌庄公,给取了一个极有歧视性的小名——"寤生",意思是倒着生出来了,而对共叔段宠爱有加。甚至想废掉郑庄公,立共叔段为太子。由于郑武公的阻拦,而没有得逞。

郑庄公在武公死后继位。姜氏见扶植共叔段继位的计划失败,便替共叔段请求庄公把"制"这个地方封给共叔段,庄公毅然拒绝了,原因是这个地方凶险,不吉利。后来武姜又要求庄公把京邑封给共叔段,庄公欣然应允。事实上京邑这座城面积超过300丈,城墙很高,易守难攻,人口众多,共叔段拥有此城极有可能危及郑国的安全。

郑国大夫知道后立即向郑庄公进谏反对把这座城池封给共叔段,因为按照惯例分封的都城方圆超过300丈的就会危及国家,按照先王的制度规定国内大城不能超过国都的三分之一,中城不能超过国都的五分之一,小城不能超过国都的九分之一。现在封共叔段在京邑是不合制度的,日后会难以控制他。郑庄公回答道:"这是我母亲要求的,我不能让他不高兴。"

郑大夫说:"姜氏哪有满足的时候,不如现在及早处置她,以免以后滋生祸无法解决。"郑庄公沉思了一会儿说:"多行不义必自毙,我们先等着吧。"共叔段到了京邑以后,不满足于现状,他把城池逐渐扩大,把郑国的西边北边也据为己有。

郑国公子吕看到这种情况后非常着急,对庄公说:"一个国家不能有两个国君,请您早下决心要么把王位传给共叔段,要么除掉他,不要让人民有二心。"

庄公回答道:"你不用担心,也不用除掉他,他迟早会引起祸端。"此后,共叔段不仅没有收敛,反而把他的势力范围向东北扩建到与卫国接壤。此时,子封又来见庄公:"再不除掉共叔段,任由他扩大土地,他就要得到民心了。"但郑庄公并没有采纳他的建议。

共叔段见郑庄公步步退让,以为庄公怕他,更加有恃无恐。他开始修整城墙,收集粮草、准备武器,并与母亲姜氏约定日期打开城门,企图偷袭郑国都城,谋夺王位。

事实上,庄公对共叔段早有防备,当他得知共叔段与母亲姜氏约定的行动日期后,就命大将子封率领二百兵将提前进攻京邑,历数共叔段的叛君罪行。共叔段弃城逃跑,后来畏罪自杀。

贪婪没有给共叔段带来梦寐以求的王位,却把他带向了万劫不复的深渊,昔日的荣华富贵也都成了过眼云烟。"人心不足蛇吞象",多么贴切的比喻。

贪婪是人性最大的弱点。每个人都有欲望,都有贪婪之心,只是程度不同。当你欲壑难填之时,就是你走向罪恶的开始。人一生下来就有欲望,有了欲望不能满足,就要去争取、追求,追求过分了而没有一定的限度和界限,势必就要发生争执。只要发生了争斗就会造成混乱,混乱就会造成穷困。人们之所以产生纷争,是由于欲望过于强烈,过于看重财利和地位。其实这些都是身外之物,争到与争不到又有多大的关系?得到了不一定是福,失去了未必是祸,要用辩证的思想去对待名利和地位。无休止地争夺,是引起纠纷和祸害的根源。

5. 降低欲望，知足常乐

【原文】非无安居也，我无安心也；非无足财也，我无足心也。

【大意】不是没有安定的住处，而是自己没有安定之心；不是没有丰足的财产，而是怀着无法满足的心。

墨子指出，没有知足则会产生恶，我们每个人都有欲望，但欲望太多了，人生就会变得疲惫不堪。每个人都应学会轻载，应当学会知足常乐，因为生命之舟载不动太多的沉重。

人世间最难得的就是拥有一颗平常心，不为虚荣所诱、不为权势所惑、不为金钱所动、不为美色所迷、不为一切的浮华沉沦。

有一个人曾经问慧海禅师："禅师，你可有什么与众不同的地方呀？"

慧海禅师答道："有！"

"那是什么？"这个人问道。

慧海禅师回答："我感觉饿的时候就吃饭，感觉疲倦的时候就睡觉。"

"这算什么与众不同的地方，每个人都是这样的呀，有什么区别呢？"这个人不解地问。

慧海禅师答道："当然是不一样的了！他们吃饭的时候总是想着别的事情，不专心吃饭，他们睡觉的时候也总是做梦，睡不安稳。而我吃饭就是吃饭，什么也不想；我睡觉的时候从来不做梦，所以睡得安稳。这就是我与众不同的地方。"

慧海禅师继续说道："世人很难做到一心一用，他们总是在利害得失中穿梭,囿于浮华宠辱,产生了'种种思量'和'千般妄想'。他们在生命的表层停留不前,这成为他们最大的障碍,他们因此而迷失了自己,丧失了'平常心'。要知道,生命的意义并不是这样,只有将心融入世界,用平常心去感受生命,才能找到生命的真谛。"

所以在禅宗看来,一个人能明心见性,抛开杂念,将功名利禄看穿,将胜负成败看透,将毁誉得失看破,就能达到时时无碍,处处自在的境界,从而进入平常的世界。把一切看为身外之物,才会无牵无挂,逍遥自在。

有一位禁欲苦行的修道者,准备离开他所住的村庄,到无人居住的山中去隐居修行,他只带了一块布当做衣服,就一个人到山中居住了。

后来他想到当他要洗衣服的时候,他需要另外一块布来替换,于是他就下山到村庄中,向村民们乞讨一块布当做衣服,村民们都知道他是虔诚的修道者,于是毫不犹豫地就给了他一块布,当做换洗穿的衣服。

当这位修道者回到山中之后,他发觉在他居住的茅屋里面有一只老鼠,常常会在他专心打坐的时候来咬他那件准备换洗的衣服,他早就发誓一生恪守不杀生的戒律,因此他不愿意去伤害那只老鼠,但是他又没有办法赶走那只老鼠,所以他回到村庄中,向村民要一只猫来饲养。

得到了一只猫之后,他又想了——"猫要吃什么呢?我并不想让猫去吃老鼠,但总不能跟我一样只吃一些水果与野菜吧!"于是他又向村民要了一只乳牛,这样那只猫就可以靠牛奶维生。

但是,在山中居住了一段时间以后,他发觉每天都要花很多的时间来照顾那只乳牛,于是他又回到村庄中,他找到了一个可怜的流浪汉,于是就带着这无家可归的流浪汉到山中居住,帮他照顾乳牛。

那个流浪汉在山中居住了一段时间之后,他跟修道者抱怨说:"我跟你不一样,我需要一个太太,我要过正常的家庭生活。"

修道者想一想也是有道理,他不能强迫别人一定要跟他一样,过着禁欲苦行的生活……

这个故事就这样继续演变下去,你可能也猜到了,到了后来,也许是半年以后,整个村庄都搬到山上。

欲望就像是一条锁链,一个牵着一个,永远都不能满足。

《伊索寓言》中有这样一句话:"有些人因为贪婪,想得到更多的东西,却把现在所有的也丢掉了。"一个穷人会缺很多东西,但是,一个贪婪者却是什么都会缺!贫穷的人只要一点东西就可以感到满足,奢侈的人需要很多东西才能满足,但是贪婪的人却永远也满足不了。所以贪婪的人总是不知足,他们天天生活在不满足的痛苦中,贪婪者想得到一切,但最终却两手空空。

每个人都有欲望,所以人才会生活得累,名誉、地位、金钱、情感……很多时候人们甚至都不知道自己到底想要什么,有了名誉地位了就想要美女金钱,有了洋房还想要名车,漂亮的还想更漂亮,钱多了还想钱更多,心中的沟壑不断地被各种欲望填满,人性的劣根性导致了人们在永不满足的底线上挣扎。尽管很累,却欲罢不能。

人不能有贪念,因为我们往往会因为贪婪而因小失大。当我们得到不义之财时,怕东窗事发,于是过着紧张不安的生活,唯恐被人发现,那又何苦呢?得到了一些钱,却增添了无限的内心压力。大部分人都是这样,因为一点小利,却增加了长时间的压力和压迫,白天心神不宁,晚上噩梦连连,真是不值得。

其实,我们每一个人所拥有的财物,无论是房子、车子……无论是有形的,还是无形的,没有一样是属于你自己的。那些东西不过是暂时寄托于你,有的让你暂时使用,有的让你暂时保管而已,到了最后,物归何人,都未可知,所以智者把这些财富统统视为身外之物。

卡耐基曾说:"要是我们得不到我们希望的东西,最好不要让忧虑和悔恨来苦恼我们的生活。且让我们原谅自己,学得豁达一点。"古希腊哲学家艾皮科蒂塔认为,哲学的精华就是:一个人生活上的快乐,应该来自尽可能减少对外来事物的依赖。罗马政治学家及哲学家塞尼加也说:"如果你一直觉得不满,那么即使你拥有了整个世界,也会觉得伤心。"且让我们记住,即使我们拥有整个世界,我们一天也只能吃三餐,一次也只能睡一张床,即使是一个挖水沟的工人也可如此享受,而且他们可能比洛克菲勒吃得更津津有味,睡得更安稳。

如果你得到的是整个世界,而丧失了自我的生命,那么,你也得不偿失。因贪婪得来的东西,永远是人生的累赘。贪婪轻则让人丧失生活的乐趣,重则误了身家性命。生活的压力越来越大,脸上的笑容越来越少,这或许便是贪婪的代价。"身外之物,莫要贪恋",这是思悟后的清醒。做到了这一点,你一定会平安快乐。奢望太多只会成为你生命的负累。

6. 生前尽孝,强于厚葬

【原文】故衣食者,人之生利也,然且犹尚有节;葬埋者,人之死利也,夫何独无节于此乎?

【大意】衣服和食物,这是活着的人的生存利益之所在,尚且还应当有一定的节度;而埋葬之事,这是死去的人的逝后利益之所在,为什么反而偏偏没有节度呢?

墨子认为,人活着的时候尚且衣食有节,死后也应当丧葬有节,而说到底,厚葬久丧只会损害活着的人的利益,造成无用的浪费。因此,墨子所谓的"节葬",最终还是为了活人的利益而着想的。人应该根据实际能力来举行丧葬之礼,不必作无谓的浪费,而且亲人应该尽快节哀,以从事正常工作,只要心里一直哀念就算是尽孝了,切不可大搞特搞厚葬久丧,因为这对于生者、死者、国家和民众都是不利的。总之,在墨子看来,相对于死去的人的利益来讲,活着的人的利益更加重要。世人切不可因厚葬久丧而损害活人的利益,更何况世上还有更多的、更重要的事情等待着活人去做、去完成。

从墨子的"节葬"主张,我们应该能够明白这样一个道理,理性地看待生死问题,有节制地举办丧葬活动,是一个社会文明程度的重要体现。

人终究难免有一死,来自于泥土,又重新归于泥土,这是自然的法则,因此,人们应理性地看待生死的问题。然而,任何时代、任何社会也都会有非理性的迷信现象发生,即使是随着现代社会的发展,诸多迷信思想却也在渐渐抬头,如有人借亲人的丧事讲究排场,大事铺张浪费,有权有势者甚至借机敛财,或迫令下属为自己去世的亲人披麻戴孝,将之看做自己社会地位和权势的象征;更严重的是一些人在健在的时候就大肆花钱选择自己的安葬之地并修造华丽的坟墓等等。诸如此类的现象,从墨子"节葬"的观点来看,不仅是非理性的,更是一种对大量人力和物力的无用浪费。现如今,也有必要大力宣传墨子的"节葬"主张,以便使借丧葬铺张浪费的迷信陋习能够得到有效遏制而不至于泛滥成灾。

早在两千多年前,圣者墨子对此痛加指责:厚葬在王公大人家中,棺木必定要多层,葬埋必定要深厚,随葬的文绣必定要繁富,坟墓必定要造得高大;这种情况在匹夫贱民家里也存在,他们竭尽全力不惜倾家荡产;在诸侯豪族家中,死人身上装饰着金玉珠宝,裹束着丝绸绶带,并把车子、马匹埋葬在墓穴里,还要多多制作帷幕帐幔,钟鼎和鼓、几筵、酒壶镜鉴、戈矛宝剑、羽旄旗帜、象牙皮革,将这些东西放到死者寝宫一起埋掉,内心才满足。至于生者陪死者而葬,天子、诸侯死了杀掉的殉葬者,多的几百,少的几十;将军、大夫死了杀掉的殉葬者,多的几十,少的也有好几个人。若此风盛行,国家必定贫穷,人口必定减少,刑法政事必定紊乱,生命将在这样血腥的习俗中变得灰暗无光。

众所周知,儒家提倡的葬礼也是有很多讲究的。父母妻子逝世,均要服丧礼三年,兄弟叔伯姑姨一年,晚辈或者更疏亲戚半年。并且在服丧期间要简居少食,人饿得脸发青眼发黑身子不能走路才算孝道。

墨子认为这完全没有必要,因为这三年不仅浪费时间,荒废耕作,而且因此妨碍人丁增长,造成生产落后,国力削弱。他认为,人死后往土里一埋就可以了,恢复正常的生产劳作,这样才有利于人民本身和国家。儒家是讲究厚葬的,对于各个等级的人制定了不同的厚葬标准。

墨子反对厚葬,认为人死后有三件衣服三寸棺木埋在土里不让尸臭飘出来就可以了,所有的陪葬殉葬奢侈陵墓都是浪费人民的财产。毫无疑问,墨子的这些观点即使放到现在也是正确的。两千多年过去了,繁文缛节,铺张浪费,还在像蛀虫一样危害着我们。

生老病死乃人之常情。我们应该正确理性地看待生死问题。如此,胜过我们没有节度地痛苦;繁文缛节,铺张浪费地置办葬礼。孝敬父母的方式有各种各样,只要是儿女的一片心,父母都会很欣慰。

现在社会上也不乏这样的人,父母健在时,总是因为生活奔波,没有机会孝敬父母,父母离他们而去了,后悔不已。还有一种人,根本不知道去感恩父母,感觉父母为他们做的一切都是应该的。等父母去世了,又是痛哭流涕,又是铺张浪费地为父母置办丧礼。在外人看来,好像真的是孝子。生前不好好孝敬父母,死后再孝敬有什么用呢?

一位作家说过:"世上有些东西可以弥补,有些东西永无弥补。'孝'是稍纵即逝的眷恋,'孝'是无法重现的幸福。'孝'是一失足成千古恨的往事,'孝'是生命与生命交接处的链条,一旦断裂,永无连接。赶快为你的父母尽一份孝心。"是的，希望我们每个人都要在父母健在的时候，好好孝敬他们，不管你用哪一种方式，在孝的天平上，它们都是等价的。生前尽孝，强于厚葬。因为，这时所做的，只能说是一种浪费，父母已经感受不到了。

7. 开源节流，强国富民

【原文】财不足则反之时，食不足则反之用。故先民以时生财，固本而用材，则财足。

【大意】财用不足的时候，就要反思是否抓紧了农时进行生产，粮食不足的时候就要反思是否注意了节用。因此，古代的贤人按农时生产、积累财富，搞好农业基础，节省开支，财用自然就会充足。

墨子在这里阐明了他重要的经济思想，即如何搞好发展生产的主张。墨子提出，既要"节流"，更要"开源"，实施"双管齐下"的措施才能真正有效地增加社会财富。"节流"就是主张节约，反对统治者的浮华、堕落与奢侈的行为，因为他们的这种行为造成了百姓衣食和国家财富的浪费。"天育物有时，地生财有限。"节俭是长久国策，不是权宜之计。节俭，不仅仅是对人、财、物的节省或限制使用，而且还包含了如何使用才能更加合理、恰当和高效。地球上的资源在总量上是有限的，所以，无论是发达还是落后、富裕还是贫穷，都需要厉行节俭。"开源"就是从根本上创造社会财富的问题，即要"以时生财"，当财用不足的时候，就要遵循农时积极地发展生产。

古人云"王者以民为天，而民以食为天"（《汉书·郦食其传》），意思是说粮食是民众生存最为重要的东西,君王一定要以民为本,大力发展农桑。显然,粮食的生产和储备自古以来就是国家任务的重中之重,它是一个国家存在和发展的基础,譬如我们今天提倡的"建设社会主义新农村"战略、"三免一补"的农业政策以及"确保农业耕种土地面积"的方针,无一不体现了党和政府对"三农问题"的关注和重视。同时,我们提倡"以艰苦奋斗为荣、以骄奢淫逸为耻",就是要建设一种节约型社会,避免劳民伤财、国家财富的无端流失和浪费。可以说,当代的这些治国理念,都可以在墨子那里见到端倪。

在我国古代历史上有许多著名的君主。他们在位期间,励精图治、知人善任、改革弊政、及时调整统治政策。他们顺应了历史潮流,促进了古代经济的发展,推动了古代社会的进步。

汉高祖刘邦:实行休养生息政策,发展经济;和亲匈奴,改善民族关系。汉武帝:加强皇权,解决王国问题;兴修水利,发展农业生产;派张骞通使西域,发展同西域少数民族的关系。光武帝:提倡节俭,减轻赋税,释放奴婢,整顿吏治。唐太宗:吸取隋亡教训,调整统治政策;善于纳谏,知人善任;加强同少数民族的关系,实行对外开放政策。武则天:重视农业生产;重用人才;促进唐朝经济继续发展;设北庭都护府,巩固西北边疆。元世祖:实现统一;调整统治政策,重视农业发展;实行行省制度,使统一的多民族国家进一步发展;实行对外开放政策。明太祖:重视农业生产,注意减轻农民负担。清康熙帝:奖励垦荒,宣布原明藩王的土地归现耕种人所有;维护国家统一,平定叛乱;维护国家利益,抵御外族侵略。

荀子提出:"足国之道:节用裕民,而善臧其余。节用以礼,裕民以政。彼裕民,故多余。"意思是说,使国家富足之法:节约费用,让百姓富裕,把富余的粮食财物贮藏起来。遵循礼义要求以节约费用,制定政策来让百姓富裕，老百姓富裕后，粮食财物就会有节余。

唐代诗人李商隐在一首诗中写道："历览前贤家与国，成由勤俭败由奢。"的确，纵观历史，由奢侈亡国亡家的比比皆是。

"千古一帝"秦始皇，横扫六国，统一江山，天下财富皆归于己。如果按照老子的观点，他应当"功成名遂身退"了。然而，这位始皇帝却偏偏不满足，为了满足自己的奢欲，他在首都附近大兴土木，建造阿房宫、骊山墓，所耗民夫竟达70万人以上。据记载，阿房宫的前殿东西宽约690米，南北深约115米，殿门用磁石砌成，目的是防止来人带兵器行刺秦始皇。除此以外，秦始皇修建大量的宫殿和行宫，仅在咸阳周围就有270多座，在关外有400多座，在关内有300多座。

修建这样庞大的工程耗费大量的人力、物力、财力。据估算，当时服劳役的人数远远超过200万，占当时壮年男子人数的三分之一以上。

庞大的工程开支加上庞大的军费开支，造成了秦王朝"男子力耕，不足粮饱，女子纺织，不足衣服，竭天下之资财以奉其政"，民不聊生的悲惨局面，百姓们过着"衣牛马之衣，食犬口之食"的痛苦生活。最终，秦始皇的万世皇帝梦只维持了短短15年。

古老的中华民族，节俭理念深入人心，节俭之风代代相传。西汉贾谊有言："用之亡度，则物力必屈。"蜀汉三国诸葛亮说："静以修身，俭以养德。"明朝朱柏庐写道："一粥一饭，当思来之不易；半丝半缕，恒念物力维艰。"在百家争鸣的春秋战国时期，节俭更是墨家学说的核心内容。墨子有语："节俭则昌，淫佚则亡。"墨子主张统治者要"开源"与"节流"双管齐下，这样做的确是能强国富民。对于今天来说，也是有很深远的意义。

"开源节流"的主张，无论是对国对家都具有重要的意义。所以，我们一定要谨记圣贤的教诲。

延伸阅读：

《墨子》中最早的穷人经济学

　　后世诸多学者，从《墨子》本书和先秦其他典籍的旁证中，推断出墨子大概的生卒年限，即春秋末至战国初，也就是孔子和孟子之间的那段岁月。也就是说，那时候诸子的重量级人物，只有墨子，亲身见证了发生在公元前403年，周威烈王二十三年的三家分晋。这一事件，标志着东周王朝春秋的结束和战国的开始。春秋向战国的转变，是中国历史上第一次严格意义的社会革命。这场革命，并非像"汤武革命"（《周易易传革象传》）那样，一股力量取代了另一股力量，你方唱罢我登台，而是发自社会内部，由于生产工具的演变，导致生产力的变化，从而引起社会关系的重新分配。

　　墨子在一个最有利的历史观察点上，目睹了这场惊心动魄的伟大变革。

　　那时，铁器的广泛使用，新型生产方式的普及，带来了生产力的巨大释放，带来了社会生产总值的疯狂增长，相对比值远远超出今天的规模与水平，城市化如雨后春笋，到处都很繁华，到处都是有钱人的样子个个是腰包鼓鼓，好像是个暴发户。但毫无疑问，在繁华热闹的背后，穷人更多，贫寒人家更多，平民百姓更多贫富差距拉大。墨子说，民有三患：饥者不得食，寒者不得衣，劳者不得息，三者民之巨患也（《墨子非乐上》）这话并非虚幻想象，而是社会实情，那时候，就业者与非就业者，并不是社会的主要矛盾，但饥寒交迫，疲愈丧命，却是时刻要面临的可怕威胁。

　　墨子赶上了，看到了，大声说出了自己的话。

第一次，中国历史上，有巨大影响力的思想者，从民众的角度，发出了穷人的声音，而且是以连续、集束的方式发出。

首先是经济上，也就是在最基础的生存方面。《非命上》里，墨子提出著名的"三表"论，就是世间任何理论和言论，都得先有个说话的根据和检验的标准。这个标准，第一是"上本之于古者圣王之事"，也就是和诸历史作比较；第二、第三，分别是"下原察百姓耳目之实"和"观其中国家百姓人民之利"。在墨子的思想里，这个重要而普适的标准的原则是，凡是对百姓有利的，就是应该的；凡是不利于百姓的，就是不该的。《节用》提出："诸加费不加民利者，圣王弗为"，又花钱，又对老百姓没实际利益的，不干。

墨子就这样，贯穿了中国最早的穷人政治经济学。

第八章

知人善任，不拘一格用人才

1. 把人才放在第一位

【原文】治天下之国若治一家，使天下之民若使一夫。

【大意】治理天下和国家，就好像治理一个家庭；役使天下的民众，就好比役使一个人。

企业之间的竞争是人才的竞争。已被列为第一资源的"人力资源"直接影响着每一个企业的兴衰。人才是现代企业之魂，人才流失是每一个企业所面临的最大挑战。

那么，经营者如何才能有效汇聚、团结人才，并最大程度地发挥他们的作用呢？墨子的言论给了我们很好的启示。

墨子认为，人才是国家的珍宝和社稷的良佐，一定要使他们富裕，令他们显贵，尊敬他们，称誉他们。墨子打了个比方：譬如想要增加一个国家善于射箭、驾车的人，就必须使他们富裕，令他们显贵，尊敬他们，称誉他们，而后国家善于射箭、驾车的人就能够增多了。

西周时期，周公的儿子伯禽要到鲁国去做国君。临走时，伯禽问父亲有什么嘱咐。周公说："我是文王的儿子，武王的弟弟，当今天子的叔叔，你说我的地位怎么样？"伯禽说："那自然是很高的了。"周公说："对呀！我的地位确实很高，但是我每次洗头发的时候，一碰到急事，就马上停止洗发，把头发握在手里去办事；每次吃饭的时候，听说有人求见，我就把来不及咽下的饭菜吐出来，去接见那些求见的人。我这样做，还怕天下的人才不肯到我这儿来呢。你到了鲁国，不过是个国君，可不能骄傲啊！"

周公如此礼遇人才、团结人才，这正是他成功的秘诀。

对贤士的判断和任用，墨子还明确提出要"胜其任而处其位"，强调使贤能之士与其所担当的官职和地位相适应，而不能名不副实，即"能治国的就让他治国，能做官的就让他做官，能治理县邑的就让他治理县邑。凡是让他去治理国家、官府和邑里的人，都是国家的贤能之人。"

对于礼遇人才、团结人才，最大程度发挥人才的作用，古代圣贤给我们留下了无数佳话。对今天的企业经营者也起到很好的启示作用。

张先生是一家建筑板材生产企业的老板。这些年来企业的生产及销售业绩一直不错，每到生产旺季的时候他都要从人才市场招进大量的人员，在完成了生产销售任务之后，这些被招来应急的员工就会因为种种理由而被裁减或离职。

公司副总曾经就此事向张先生多次提过意见这样下去对整个企业的长远发展极其不利，然而在张先生看来，人才就是"时装"，需要的时候穿上，季节一过就要脱下；人才市场有的是人，只要出得起价钱随时都可以找一大群回来。

　　这家企业里的员工流动性很大,包括一些业务和生产骨干也常常被人挖走。然而这一切都没有引起张先生足够的警惕。2002年底,副总因种种原因离开公司开始自立门户,在他离去的同时,企业一半以上的销售和生产骨干也集体辞职准备跟随他创业。张先生这下慌了,他一方面通过法律手段准备起诉原副总,控告其采用不正当手段挖墙脚,另一方面又亲自出面许以高薪游说那些欲辞职的员工留下。

　　然而这一切都做得太晚了,由于当初招聘时的随意,企业与这些员工根本就没有签订过正规的用工合同!更谈不上相关的约束和义务,员工们也都对张总这些年来的所作所为感到寒心。张先生的企业因此大伤元气,他自己也陷入了困惑之中,企业的用人制度到底哪里出了问题呢?

　　员工不是"时装",也不是普通的"商品",他们是一个特殊的群体,有自己的感情,对外部环境的反应非常敏感,工资和奖金并不能买来百分之百的"忠诚",高薪固然很重要,但是决定员工最后选择的往往是企业的整体环境。根据一份对企业员工的调查结果表明,在所有的激励因素中,员工对企业的"认同感"排在了第一位,接下来是工作成就感、晋升机会以及对工作本身的兴趣等,而高薪只排在了第五位。这里所说的员工对企业的"认同感"不仅包括对公司管理制度的看法、与管理层的关系、工作条件及所处地位,同时还包括一个良好的、有长远预期目标的、稳定的工作环境。

　　在企业管理中,企业要的是人、产品和利润,而人是至关重要的,因此企业领导始终要关注着企业人才的动向。不能由于一时的利益而损失人才的利益。

　　韩国的"三星"集团在企业管理中,始终把人的管理放在企业工作的首位，确是明智之举。

三星集团的前身是1938年创办的三星商社，这是一家做进出口贸易的小公司，从50年代起开始起步，企业迅速发展。目前，它已成为韩国名列前茅的大财团，拥有20多个企业，八万多名员工，年营业额超过300亿美元，是名列世界前30名的著名大企业。

三星集团董事长曾经一语道破它成功的秘密，那就是他们始终奉行"人才第一"的原则。

1957年，三星集团成为韩国第一个通过考试来选拔人才的企业，他们每年都要进行选拔，董事长李秉韶亲自与考入三星的人才面谈，勉励他们为企业努力工作，同时发现一些更加优秀的人才。

三星集团始终把4/5的时间用来吸引和培训人才。他们选择人才依据是智能、人品和健康，注重一个人的完整性，一旦被录用为企业员工，就对其投入大量资本来培养和训练，以适应企业的应用和要求。

三星集团是韩国第一个设有培训中心的企业，李秉哲为中心题字"人才第一"。企业严格执行员工必须经过培训才能上岗的制度，员工每隔几个月都要进行重新培训，以便更新知识。在培训班上，董事长会亲临讲话，"三星的人都是精英，要集合所有精英的力量，才能发挥最大的作用。每年，员工都要到培训中心接受3次以上的进修，在不断的进修学习中去适应科学技术的新发展。

三星集团对销售人员也非常重视培训。他们规定参加培训的人，每两人为一组，身上不带分文，只允许带上三星的产品。他们乘坐公共汽车时，因为身上没有钱，就只能卖掉身上所带的产品，凡是在训练规定的10小时内能最早卖完产品或以最高的价格卖掉产品时，就能获得最高成就。否则的话，推销员不但没有钱乘车，吃饭也成问题。经过这样的培训，锻炼了他们的实际工作能力，从中也可以发现一批人才。

三星集团把一些有干劲有才智的人放到了首位，对他们进行奖励的提拔。每半年对员工的工作进行一次评定。对于那些工作诚恳的人，对于企业的未来发展有正确见解和敏锐眼光的人，对于能够敏捷地掌握形势动态的人，对于那些取得显著成就的人，分别给予各种奖励和晋升工资，有些还被提拔到更高的位置上。

三星集团在人力资源的开发和运用上，高瞻远瞩，措施得力，所以三星企业网罗了一大批优秀的人才，这些人才使企业迅猛发展，三星集团在家用电器，计算机从生产领域走到了世界的前列，这与三星的人才不无关系。

员工如何与企业构建一种信任、持久的关系是管理者需要面对的问题，相对于过去的情况而言，今天的员工管理会有更多的挑战性，一方面来源于因全球化所带来的价值多元化，另一方面来源于员工自我意识的强化。

传统的观点，企业和员工是一个结合体，企业支付福利报酬换取员工的劳力劳动，我们最常见的是我们与员工之间都要签订劳动合同，劳动合同的约定是双方劳动关系的基础，而且是约定双方的履行的责任和义务，在这个层面可以看出，企业正式录用你后，这张合同要保持相当长的时间，开始可能有一个试用期，有一年、二年的劳动合同，有些时间比较长的是长期劳动合同，你和一个企业的关系不仅就是几张纸，这里面涉及到很多感情、很多诉求方面的，这些东西在劳动合同上都没有体现出来。

很多企业在这个层面已经做得非常深入，例如除了劳动合同外，还有工会、薪酬福利方面，劳动安全方面不仅是做日常工作方面，其他还有关于人文的设计，更好地满足人的高级需求，包括尊重，来激发人的全部潜力。

2. 用"知遇之感"赢得人才

【原文】必疾爱而使之,致信而持之。

【大意】必须切实爱护百姓,才能役使他们;必须以诚信之心对待百姓,才能拥有他们。

墨子这句话就是说作为当政者一定要切实爱护百姓、诚心对待百姓。从另一方面来说,就是作为领导者,一定要学会发自内心地爱护员工,如果员工感受到工作在一个充满宽容和爱的集体里,才会有被重视、被鼓舞的感觉,工作起来才会真正发自内心,才愿意为这个集体全力以赴。

商朝末年,周文王为了实现灭商兴周的大计,四处网罗人才。由于他的礼贤下士,许多才俊之士纷纷前来投奔。但文王还是不满足于已有的人才储备,仍然四处搜寻。一次文王将出外狩猎,占卜得到:"捕获的不是龙、不是虎,也不是黑,而是独霸天下的辅臣。"于是,周文王西出狩猎,果然遇吕尚于小溪之上。两人谈论之后,文王大喜,说:"我的祖先曾经预言说:'将来会有圣人到达周邦,帮助周国振兴。'难道说的就是您吗?我的祖先太公盼望您已经很久了。"于是称姜尚为"太公望",立为周之国师。姜尚也不负众望,辅佐文王,一面加紧生产,一面训练兵马,先后灭掉了密须、崇等助纣为虐的诸侯国家,使周的疆界大为扩展,为灭商奠定了坚实的基础。

作为一个心有大志之人,能够做到屈己求贤,那么天下贤能的人就会云集而响应，一齐到他的麾下，为他的事业出谋划策的。

战国时，群雄争霸。燕国因为内乱和齐国的侵略，国力衰败。燕昭王继位以后，想重振国威，可是手下无人。一天，他去拜见贤士郭隗，诚恳地说："我想招纳贤士，却不知道先去请谁才好，请先生教我！"郭隗说："我给大王讲个'千金买马骨'的故事。从前，楚王很想得到一匹千里马，不惜拿出一千镒金子来买马，但三年过去仍一无所获。楚王又派一位侍臣到民间四处访寻。一天，侍臣得知一个人家里有匹千里马，高兴极了，哪料他急匆匆赶去的时候，那匹千里马已经死了。侍臣就拿出五百镒金子，买下了这匹千里马的尸骨，带回去见楚王。楚王看到死马，非常生气，说：'我要的是活的千里马，你买匹死马有什么用！'侍臣说：'大王息怒，您付五百镒金子买一匹死马，天下人知道了，还怕没人把千里马送上门来？'果然，不到一年，楚王先后得到三匹千里马。如今，大王希望招致天下贤才，就请把我当做'死马'吧，那些比我更贤能的人听到这个消息，肯定会来投奔您的！"

燕昭王大喜，立刻拜郭隗为老师，为他造了一幢华丽的住宅。消息一传开，乐毅、邹衍、剧辛等有才能的人，纷纷来到燕国。燕昭王对他们都委以重任。在群贤的辅佐下，燕昭王经过二十八年的励精图治，日益富强。后来，乐毅指挥燕国军队，将强大的齐军打得一败涂地，报了当年的破国之耻。

历史上敬重人才的例子还有很多。

春秋时，齐桓公不计前嫌，任用管仲为相，成就春秋霸业；三国时，曹操听说许攸来访，喜出望外，连鞋子穿反了都不知道，从而在许攸的帮助下赢得了著名的官渡之战；刘备"三顾茅庐"，终于请得诸葛亮出山，为他创下了三分天下的霸业；而唐太宗李世民的礼贤下士更胜人一筹，他居然四次下诏,请出身贫寒的马周出来做官。只有热情、诚恳地对待人才,才能赢得有识之士的诚心相助,成就大业。

《世说新语》中记载了一个故事,说一个叫顾荣的高官在洛阳,一次应邀赴宴,发觉端烤肉的人露出很想吃烤肉的神态,就把自己那一份让给了他。同席的人都讥笑顾荣,顾荣说:"哪有成天端着烤肉,却不知道烤肉滋味的道理?"后来顾荣遇上战乱,过江避难,路上每逢遇到危难,总有一个人在身边保护。一问缘由,原来就是受赠烤肉的那个人。

风平浪静的时候,聚集在身边的人,不一定是真正的知己,可能事到临头,这些人就做鸟兽散了。但在危难之时能不离不弃,携手共渡难关的人却一定是真正值得珍惜的朋友。所谓"疾风知劲草,日久见人心",说的就是这个意思。

李元度被曾国藩称为"患难与共"的人,他早期与曾国藩的关系十分密切。曾国藩兵败靖港的时候,曾数次愤而自杀未遂。当时,在他身边"宛转护持,入则欢愉相对,出则雪涕鸣愤"的人就是李元度。后湘军在九江水域大败,损失惨重,曾国藩"愤极,欲策马赴敌而死",被劝止。在此困难之时,李元度投笔从戎,"护卫水师,保全根本"。在咸丰六年的时候,湘军周凤山的军队在江西樟树镇被太平军击溃,曾国藩部下再无得力陆军,完全依仗李元度率领的平江勇"力撑绝续之交,以待楚援之至"。在曾国藩困守江西这些最为艰难困苦的岁月里,李元度始终不离不弃、倾力辅助。最终帮助他走出了艰难的时期,为以后的东山再起赢得了宝贵的机会。

把人才当作朋友、知己一般对待,使其怀有知遇之感,自然不难赢得人才之心,从而为自己的事业加上一枚重重的砝码,这是古今中外无数成功者的成功秘诀。

3. 用人不疑，疑人不用

【原文】惟信身而从事，故利若此。

【大意】做事情只有相信别人，才能将事情办成，从而在其中得到利益。

墨子这里讲的利益，不是指唯利是图的利，而是指正面意义上对公众的正义事业有益。在现代社会中，领导者同样需要"信身而从事"，要信任下属，放手让他们去做事，给他们一定的权力和行事的自由，不能听到一些对他们不利的言论就对其产生怀疑，否则便会造成上下级之间的隔膜和互相猜疑，使正常的工作受到影响。领导者应该从大局着眼，充分信任下属，然后详察审断，这样才能促进事业的发展。

宓子贱是孔子的学生。有一次，他被派往单父这个地方做官，担心鲁国国君听信小人的谗言而使自己不能按照既定的施政方案办事。于是，他请求鲁国的国君派身边的两位近臣一同前往单父。单父的官吏都来拜见宓子贱，宓子贱让那两个人做记录。他们每次准备开写时，宓子贱就从旁边摇他们的手肘。因此那两个人写的字很难看，宓子贱反而因此冲他们大发脾气。那两个人很怕他，请求回到朝廷。宓子贱说："你们的文书写得那么差，赶紧走吧！"。

两个人回去报告鲁国的国君："宓子贱让我们记录事件，却从旁边摇我们的手肘，我们受到干扰，字写得难看，他又要生气。如此难以侍候，所以我们就要求离开。"鲁国国君叹息道："宓子贱是用这个方法来提醒我不要干扰他啊！我干扰他的治理方案，一定已经有很多次了！"于是国君打发亲信，告诉宓子贱说："从现在开始，单父不归我国君所管，归你管了。只要是有利于这个地方的治理办法，你就自己决定实施吧。"

有人在旁边扯动手肘，字迹自然也就不好看；被别人干扰自己计划的实现，自然就不会产生最好的效果。对企业的管理者来说，用人之时一定要充分相信自己的员工，给他们尽可能的自由，相信员工，这样才能够发挥出员工最大的效能，绝对不可以让员工感觉到掣肘，正所谓"用人不疑，疑人不用"。如果对员工不能够充分信任而处处加以束缚，还不如索性不用。

"用人不疑"是与"疑人不用"的原则联系在一起的。在思想品质上有疑点的人，在能力上不能胜任的人，经过认真考察、研究，觉得不可信任的人，则一定不要用。如果失之斟酌，盲目错用，就会自食苦果。

战国时，有一次秦军借道韩、魏攻打齐国。齐威王派将军匡章率兵迎战，两军交错扎营。开战之前，双方使者来来往往。匡章借机变更了部分齐军的服饰，混杂到秦军中待机配合齐国的主攻部队破敌。齐威王派往前线的人探不明匡章的用意，悄悄向齐威王打小报告说："匡章可能要带兵降秦。"齐威王听了置之不理。过了不久，又有前线回来的人向齐威王报告说："匡章可能降秦。"齐威王仍不理睬。如此再三。朝廷众大臣见此情景向齐威王请求道："众人都认为匡章有叛敌嫌疑，您为什么不派兵征讨他呢？"齐威王胸有成竹地说："他不会叛变的，为什么要征讨他呢？"果然，时过不久，从前线传来齐军大胜的捷报。左右很吃惊，询问齐威王何以有此先见之明。

原来，匡章的母亲在世时，得罪了匡章的父亲，被他父亲杀死埋于马栈下。威王任匡章为将时，其父已死。齐威王曾特许他打了胜仗之后，就为其母改葬，但被匡章谢绝，理由是：父亲生前未做此吩咐。这使齐威王对匡章的为人有了较深的了解,坚信他"作为儿子不欺骗死去的父亲,作为大臣难道会欺骗活着的君主吗?"所以,尽管前线三次送来情报说匡章可能降秦,但齐威王都没有相信,坚持放手让匡章指挥作战,终于保住了这次抗秦斗争的胜利。匡章本人回朝知道了此事,十分感动,誓死效忠,遂北伐燕,南征楚,为齐屡建战功。

齐威王就是通过了对匡章进行考察之后才决定任用此人,用人之时又深信不疑,所以最终取得了成功。

信任你的员工,也就是信任你自己;束缚你的员工,自己也会感到掣肘。看准了人才,就要放手使用,充分信任,为其创造有利的环境、提供必要的支持。管理者只有充分信任部属,大胆放权,才能使部属产生责任感和自信心,从而激发部属工作的积极性、主动性和创造性。作为一个管理者,如果不轻易插手下级的工作,就能使部下产生"士为知己者死"的想法,以出色的工作业绩来回报上级的知遇之恩。在一个决策集体中,随意介入下属分管的事务,是令人忌讳的,也最容易导致企业中出现内耗。

"用人不疑"原则在当今改革时代的人才合理使用中意义更为重要。一个人如果被信任,就会产生一种强烈的责任感,自信心也会油然而生。信任是一种催化剂,它可以加速蕴藏在人体深处的自信心的爆发,使人达到忘我的程度,从而促进员工个人的成长,同时也给组织带来较好的发展。

4. 团队合作比什么都重要

【原文】闻善而不善，皆以告其上。上之所是，必皆是之，所非，必皆非之。上有过则规谏之，下有善则傍荐之。

【大意】凡是听到好事和坏事，都要报告给上级。上级认为是对的，大家必须也都认为是对的；上级认为是错的，大家也必须认为是错的。上级有了过错就加以规劝，下属有了善行就加以查访推荐。

客观上讲，墨子的这种"上之所是，必皆是之，所非，必皆非之"的思想主张，过于强调是非异义的同一，过于强调下对上的绝对服从，在一定程度上抹杀了下层的积极性和相对的自主性，进而形成了一种高度专制性的社会整合方式。这种整合方式虽然对于结束当时纷争混乱的社会状况具有一定的积极意义，但在历史上却造成了长期的专制政治传统，其弊害极大。这种思想留给我们的历史教训，是非常值得我们认真反思的。

从今天的角度讲，我们应汲取墨子思想留给我们的教训。破除惟上是从的工作作风，既要下级维护上级的权威，又能充分调动下级的积极主动性，换句话说就是要明白团队合作的重要性。

谈到团队合作的重要性，首先应该知道什么是团队精神。

团队精神是指团队整体的价值观、信念和奋斗意识，是为了实现团队的利益和目标而由相互协作的个体所组成的团队表现出来的精神，是团队成员为了团队的利益与目标而相互协作、尽心尽力的意愿与作风。用通俗的话说，团队精神就是团队上下精诚团结、目标一致、协同共进，就如航行于大海的巨舰，有智慧舰长的正确指挥，有勇敢船员的协同配合,在这艘巨舰上每一个人都发挥着重要的作用,凝聚成劈波斩浪的巨大动力。一个成功的团队,只要具备这种精神,就能在激烈的竞争中长盛不衰。

团队精神对任何一个团队来讲都是不可缺少的精髓。否则就如同一盘散沙。一根筷子容易弯,十根筷子折不断,这就是团队精神重要性力量的直观表现,也是我们之所以把团队精神置于和谐团队文化的第一塑造点的根本所在。

作为团队文化的一个重要组成部分,团队精神包括团队成员之间的高度信任感和团队的合作意识、团队的凝聚力以及团队成员的高昂士气三个层次。

在今天的企业界,靠个人单打独斗已经很难赢得市场的决胜权,只有通过团队的力量才能提升企业整体的竞争力。

作为企业的一分子,一名优秀的员工能自觉地找到自己在团队中的位置,能自觉地服从团体运作的需要,能把团体的成功看做发挥个人才能的目标。他不是一个自以为是、好出风头的孤胆英雄,而是一个充满合作激情,能够克制自我、与同事共创辉煌的人,因为他明白离开了团队,他将一事无成,而有了团队合作,他可以与别人一同创造奇迹。

蒋志国是一家营销公司的优秀营销员。他那个部门的团队协作的精神十分出众,因此,每一个人的成绩都特别突出。

后来,这种和谐而又融洽的合作氛围被蒋志国破坏了。

前一段时间,公司的高层把一项重要的项目安排给蒋志国所在的部门,蒋志国的主管反复斟酌考虑,犹豫不决,最终没有拿出一个可行的工作方案。而蒋志国则认为自己对这个项目有十分周详而又容易操作的方案。为了表现自己,他没有与主管磋商,更没有向他提出自己的方案,而是越过他,直接向总经理说明自己愿意承担这项任务,并向他提出了可行性方案。

　　他的这种做法严重地伤害了部门经理的感情,破坏了团队精神。结果,当总经理安排他与部门经理共同操作这个项目时,两个人在工作上不能达成一致意见,产生了重大的分歧,导致团队内部出现分裂,团队精神涣散了。项目最终也在他们手中流产了。

　　一个团队的伟大并不是由于某个成员的伟大,而是他们作为一个集体的伟大。正如海尔的张瑞敏说过:就单个员工而言,海尔员工并不比其他企业员工优秀,但能力互补、具有良好团队合作精神的"海尔团队"的确是无坚不摧的。

　　在现代社会,团队的力量远远大于一个个单独的优秀人才的力量。在当今世界,任何具有重大意义的科学研究、理论探索、技术工程等,都不可能凭借个人单枪匹马的奋斗完成。

　　秋去春归的大雁在飞行时总是结队为伴,队形一会儿呈"一"字,一会呈"人"字,一会又呈"V"字,它们为什么要编队飞行呢?

　　原来,编队飞行能产生一种空气动力学的节能效应。一群由25只编成"V"字队形飞行的大雁团队,要比具有同样能量但单独飞行的大雁多飞70%的路程。也就是说,编队飞行的大雁能飞得更远。

　　当大雁向下扑翅膀时,在它的翼尖附近就产生了一种上升流,每一只在编队中飞行的大雁都能利用到邻近它的另一只大雁所产生的这股上升流,因此大雁只需消耗较少的能量就能飞翔。大雁的这种行为并不是出于它们对这种上升流的理解,而是感觉到这样飞行时不太费力,只需要调整它们的飞行姿势就行了。

　　以水平线形飞行的雁也可获得这种邻近升力,但以这种方式飞行时,中间的那只雁要比排列在任何一侧飞行的雁获得更大的上升助力。而在"V"字形编队中,这种升力的分布相当均匀,虽然领头的雁所受到的空气摩擦力要比后面的那些雁大,但这一点由排在两侧飞行的雁所产生的上升流弥补。那么排在"V"字形队末飞行的雁只能从一侧获得这种上升流,它消耗的能量是否多些?并不是这样,因为其他的雁都在它的前面飞行,所以这种来自一侧的上升流是相当强的,而且雁的这种"V"字形编队不需要绝对的对称也能具有这种升力特性,即排列在一侧的雁可以比另一侧多一些。

一滴水是微不足道的,整个大海却是无限的。一个人的力量是有限的,集体的力量却是巨大的。真正的成功来自和谐团队,只有企业中的整个员工队伍紧密团结起来,才会产生巨大的力量和智慧,最终走向胜利并获得幸福的人生。

5. 擦亮眼睛识别小人

【原文】谄谀在侧,善议障塞,则国危矣。

【大意】如果在国君身边的都是一些阿谀奉承谄媚之徒,正确的意见就会被阻塞于外,那么国家就要面临危险了。

"忠言逆耳利于行,良药苦口利于病",英明的国君不可宠幸阿谀奉承、溜须拍马之徒,而是要重用敢于诤谏劝善的耿直之人,显然这对统治者而言需要超人的胆识和魄力,现代企业管理也是如此。

一天,新来的三位幕僚拜见曾国藩,见面寒暄之后退出大帐。有人问曾国藩对三人的看法。

曾国藩说:"第一人,态度温顺,目光低垂,拘谨有余,小心翼翼,乃一小心谨慎之人,适于做文书工作。第二人,能言善辩,目光灵动,但说话时左顾右盼、神色不端,乃属机巧狡诈之辈,不可重用。唯有这第三人,气宇轩昂,声若洪钟,目光凛然,有不可侵犯之气,乃一忠直勇毅的君子,有大将的风度,其将来的成就不可限量,只是性格过于刚直,有偏激暴躁的倾向,如不注意,可能会在战场上遭到不测的命运。"这第三者便是日后立下赫赫战功的大将罗泽南,后来,他果然在一次战争中中弹而亡。

还有一次,李鸿章向曾国藩推荐三个人,希望曾国藩能给他们分派一份适合的职务。但不巧的是,他去的时候,曾国藩恰好去散步了,于是,李鸿章示意三人在厅外等候。

曾国藩散步回来,李鸿章说明来意,并有意让曾国藩考察一下三人的能力,到时好按能力、人品、学识给他们安排合适的职位。曾国藩讲:"不必了,面向厅门、站在左边的那位是个忠厚人,办事小心,让人放心,可派他做后勤供应之类的工作;中间那位是个阳奉阴违、两面三刀的人,不值得信任,只宜分派一些无足轻重的工作,担不得大任;右边那位是个将才,可独当一面,将来作为不小,这样的人才能委以重任,才不会误了社稷苍生。"

李鸿章闻听此言,大吃一惊,问曾国藩是何时考察出来的。曾国藩笑着说:"刚才散步回来,见到那三个人,走过他们身边时,左边那个低头不敢仰视,可见是位老实、小心谨慎之人,因此适合做后勤一类的工作,我相信他不会中饱私囊,会兢兢业业干好;中间那位,表面上恭恭敬敬,可等我走过之后,就左顾右盼,可见是个表里不一、阳奉阴违的人,因此不可重用;右边那位,始终挺拔而立,如一根栋梁,双目正视前方,不卑不亢,是一位大将之才。"

李鸿章照曾国藩的话去做,果不其然,三个人都如所料,物尽其用。其中那个拥有才学之人,正是淮军勇将、后来的台湾巡抚刘铭传。

识别小人可以依靠这样四个标志:第一,见利忘义,小人往往见了利益什么都不顾,连吃相都顾不上了;第二,阳奉阴违,小人在你面前说一套,背后又说一套,两张脸;第三,无事生非,小人所在的地方总是会搬弄出一些事情来,无端生事;第四,拉帮结伙,小人会拉一些人去对付另一些人。

作为企业家,不但要懂得识别小人,关键要明白怎么对付小人。

对付小人有四个不同层次的对策。下策是:怒而不能除之;中策是:怒而除之;上策是:不动声色妙除之;上上策是:将心比心善用之。

这四个不同的层次会收到不同的效果。

第一个层次:下策,怒而不能除之。在公司里某个人是小人,所有员工和老板都知道那个人是小人,但是,因为有一些利益或有一些感情纠葛,不能除掉他。这就是怒而不能除之,其结果只能是把自己气得够呛,这是下策。

第二个层次:中策,怒而除之。发现了谁是小人,就表示绝对要除掉他,不惜一切代价,这样做的结果往往是小人很难除掉。当你要除掉他的时候,他就开始写举报信举报你了,开始整你了。很多企业家翻船都是这样的,本想除掉小人,结果小人反过来除掉了他。小人带来的后患无穷,君子惹得起,小人惹不起。

第三个层次:上策,不动声色妙除之。会"请神"更要会"送神",能用者善用之,不能用者善去之。发现小人,不动声色。有一个企业家的方法很值得推荐,他一般是这么对付小人的:给小人一个不可能完成的任务,他完不成,自己就会走了。如果他完成了,就立了大功,给他约定的奖励,能够完成任务证明他是个人才,应该善用之。但往往是完不成的时候居多。最后,小人会觉得这活儿不好玩,也完不成任务,自己就走了。

第四个层次:上上策,将心比心,善用小人。发现小人,用好的制度与好的态度来对待,像用君子一样用小人。把小人用成君子,而君子不被用成小人是最好的方法。

管理者,要有一个好方法来对付小人,要有一套对付小人的制度,让小人没办法跳过、没有办法抗拒。另外在心态上,对待小人要用君子的态度,还要用大人的尺度,大人有大量,不要跟小人太计较。

6. 趋利避害,用人所长

【原文】甘瓜苦蒂,天下物无全美。

【大意】再甘甜的瓜,瓜蒂都是苦的,天下的事物没有十全十美的。

墨子认为用人是用他最好的一面,十全十美的人永远也找不到,对一个人的德与才要看主流、看大节。因此,企业不应对人才求全责备,要任人唯贤,允许错误发生,有错误才能有发展。

趋利避害,用人所长,这才是真正的用人之道。从辩证的角度看,一个人有其长处,也就必然有其短处。每个人都有其出色的一面,也有其所不能的一面。对于创业者而言,首先需要做到知人善任,要善于发现人才的长处,并应势利导,加以利用,而不能求全责备,只有这样,才能营造起人才济济的局面。

在朱元璋的帐下,有一位勇猛的将军叫常遇春。这也是个优点和缺点都非常突出的人。他的优点在于作战勇敢、身先士卒,打仗时常常号跳争先,飚忽凌厉,颇具三国张飞之风;缺点是暴烈浮燥、勇而寡谋。

对于这员心腹大将的优点和缺点,朱元璋比任何人都清楚。不过,他并没有因为常遇春的缺点明显,就对他失去信任,相反,朱元璋不仅对他委以重任,而且对他格外关照,多次援引古代大将的经验教训,对常遇春予以规劝戒饬。元至正二十年(公元1360年)三月,朱元璋派常遇春从金华北进攻打杭州。临行之前,朱元璋再三告诫常遇春:"克敌在勇,全胜在谋。昔关羽号万人敌,为吕蒙所破者,为无谋也,尔宜深戒之。"常遇春谨遵朱元璋的教导,其刚烈暴戾的脾气在出征的过程中有所收敛。

事实上,世界上那些成功的创业家,无一不是善待人才、善于用人之长的典型。

世界著名的摩托车之父本田宗一郎就是一位善于用人之长的人。本田宗一郎本人是一位卓越的技术专家,他依靠自己的技术优势开始了自己的创业生涯。在创业过程中,本田宗一郎胆识过人、能够敏锐地捕捉到发展的机遇,因此,公司在创业项目的选择上毫无问题,并且很快打开了市场。

但是,本田宗一郎也有自己的弱点,他虽然在技术问题上无懈可击,但是,对于公司的管理几乎是一个门外汉,他只能凭经验和个人好恶来处理管理中出现的一些问题。这样的做法显然是不利于公司的发展的。值得庆幸的是,在本田宗一郎的创业过程中,有藤泽武夫在他身旁为他排忧解难。虽然,藤泽武夫也是一个缺点非常明显的人,他在技术上几乎是一窍不通,不过,本田宗一郎并不在意他的这一缺陷,而更看重他在管理方面的特长。藤泽武夫性格温和、平易近人,同时,他的应变能力也很出色,能够很有创造性地处理一些突发事件,更为难能可贵的是,藤泽武夫对待工作总是全力以赴,从来不会吝惜自己的精力和智慧。

于是本田宗一郎和藤泽武夫组成了一对创业的黄金搭档,两人各自发挥自己的特长,创业很快取得了成功。

英国的蒙哥马利元帅曾经这样总结用人之道,他说:"军官分成四类,聪明的、愚蠢的、勤快的、懒惰的。假定每个军官至少具备上述两种品质,那么聪明而又勤快的人,适宜担任高级参谋;愚蠢而又勤快的人,可以用命令支配他的工作;聪明而又懒惰的人,适合担任最高指挥;至于愚蠢而又懒惰的人,那就危险了,应立即予以开除。"

当然,愚蠢而懒惰的人是非常少见的,而各方面都非常出色的人则几乎是不存在的,所以,创业者必须要知人善任,善于用人之长,否则,我们将不得不永远在一个怪圈里打转:一方面创业者在求贤若渴,另一方面大量的人才却怀才不遇。

7. 能者居上,不避亲仇

【原文】有能举之,无能则下之,举公义,辟私怨。

【译文】有能力的就举贤,没有能力的就弃之不用,举荐要讲公义,回避私人恩怨。

在企业的经营管理中,人才至关重要。选拔人才是任人唯亲,还是任人唯贤,这是企业成败的关键。

旧中国猪鬃大王古耕虞经营企业时,特别注意搜罗人才,培养人才,他认为,一个企业的兴衰,很大程度上取决于经营管理人才。因此,古耕虞在这方面花的精力不少。他培养人才的经验是:既要培,又要养。培,就是帮助他们树立对企业的信心,掌握商品知识和其他经济方面的有关知识;养,就是企业的各种待遇和他们的前途是稳妥可靠的,培和养这两方面是相辅相成的。

古耕虞招收职员的要求是:中学生,预备为二年至三年,然后升为正式职员;大学生和留学生,进来就是正式职员。职员分5级,多数人每年升1级,约有百分之十几升2级,百分之几升3级。在前途教育中,使他们明白,只要好好干,两三年内就可以养家糊口,成为公司的股东,五六年后就可生活得比较优裕。

古耕虞父亲办企业时,取名“古耕记父子公司”,大有“传诸万世”之意。古耕虞接手后,大胆地开放股权与外姓,他宣布企业是社会上的事业,不是姓古的能独占。他认为,对于谁能担任董事长总经理,要选贤任能,不是只有姓古的才能当,所以,古耕虞时期,整个公司的领导层中,姓古的不过几个人。大多数经理、助理都是从外面聘请来的,有些还是古耕虞“三顾茅庐”从其他地方请来的。后来古耕虞搜罗国内人才不足,还请了10个美国人5个德国人充当技术顾问。

1946年,古耕虞在美国设代表处,公司大多数人各向他建议任命他胞弟古大闳为宜,因为他胞弟是美国明尼苏达大学的经济硕士,但古耕虞却认为不可,认为他尚无实际经验,不足为任,而另派别人充任代表,古大闳仅作普通职员。古耕虞认为人如不以才能为依据,仅凭关系,别人是不会服气的,这怎么发展企业呢?

由于古耕虞坚持任人唯贤,他手下招揽了一大批人才,他的事业一派兴旺气象,他所办的公司,也成为当时国内少有的大企业。

身为现代企业的管理者,在举贤的时候首先不必避亲。对于有才能的人就要大胆任用,用人的标准在于是否称职,而不是以私亲为原则,不能因为某个人是至亲就抹杀了一个人才。

在刘邦还没有开始自己的事业的时候，吕雉一直是一个贤妻良母，为刘邦照顾好儿女家庭，好让刘邦在外安心公务和结交朋友。而刘邦开始打江山的时候，吕雉和刘公一起，被项羽抓了起来，直到刘邦打败项羽才被救了出来。这中间，吕雉受了多少苦、多少委屈？而刘邦成就帝业之后，吕雉又开始为刘邦出谋划策，为他治理国家想出很多好办法。

而刘邦起家之时，所带的人大都是跟着他交往至深的一些朋友，樊哙还是刘邦老婆吕雉的妹夫。因为和刘邦的这种特殊关系，樊哙每每身先士卒，为刘邦立下了大功。

早年的樊哙只是一个卖狗肉的。等刘邦开始起事时，他就跟在刘邦身边，每一次战斗他都表现得十分英勇。往往一人能杀敌十几个人，所以屡获升迁。刘邦入关后樊哙劝刘邦不要留在咸阳。所以说，樊哙在刘邦的事业中起的作用是很大的。

中国历史上任人不避仇的例子有很多，齐桓公对管仲的任用便是一例。

春秋战国时代，齐桓公想用鲍叔牙为相，鲍叔牙对他说："我不如管仲，你如果想成就霸业，就请把管仲救出来，任他为相。"当时，管仲被囚禁在鲁国。齐桓公说："管仲是杀害我的凶手，我恨不得杀了他，怎么能用他！"鲍叔牙说："管仲是为自己的君主射杀人，你如果任他为臣，他也会为你射杀别人。"齐桓公不答应，鲍叔牙坚辞不受。最后，齐桓公还是从大局出发，听从了鲍叔牙的建议，把管仲救了出来，并任为相国，结果，齐国大治，很快成为春秋霸主。

任人不避仇成就了齐桓公的霸业，可见人才的确是"兴邦治国"的基石。但我们需要注意的是"外举不避仇，内举不避亲"并不是要我们刻意去使用自己的仇人或者亲人，我们使用的人必须是个人才，能够带领大家开创出一番事业，这样才不会违背这句话的初衷，如果违背了，那么会为自己带来灾难般的后果。

万向集团董事局主席鲁冠球是中国乡镇企业的领袖式人物，也是1987年中国10大农民企业家中迄今为止唯一"存活"下来的企业家，他为什么能"存活"下来，为什么成为中国民营企业的常青树。经过多年的观察和思考，人们从鲁冠球的论断中得出了答案——"我最感欣慰的管理艺术就是运营好人力资源"。鲁冠球的用人原则是任人不唯亲，举贤不避亲，实干最重要。

企业一天天地壮大，媒体十分关注万向，时常有人去采访，记者经常问的一个问题是："您的子女现在都在万向工作吗？"

鲁冠球回答："是的，不仅都在万向，而且都干得不错！"

又有人问："现在谈到家族式管理时，都会将万向作为一个例子，您的儿子当总裁，三个女婿当分公司经理，一个还掌管美国公司，这样做，是否考虑会引起不好的说法和后果？"

鲁冠球回答："用人的原则，一是才能，二是信得过。同等条件下，信得过更为重要。当然，信得过，没有才能是败家子也不行。"

对于万向集团现任总裁鲁伟鼎，鲁冠球是这样评价自己的儿子的："从1992年开始做副总裁，1994年开始做总裁，这些年来，企业都在不断持续发展，证明这个人选对了。企业经营好坏，一个人有没有能力，半年就可以看出来了。因为各种经营数据、指标都摆在那里。"

领导者既要"任人不唯亲"，又要"举贤不避亲"，只看他胜任不胜任，有没有能力治好这个企业，只看实际效果，这才是真理。

墨子思想的"人民性"

墨子为穷人说话,向王公大人大声疾呼,希望穷人们能有一个正常、安定的生产和生活环境,那墨子是否就是穷人的代表? 或者,墨子是否就是被统治阶级的代表?

先来听听一些评论:

"阴阳、名、法、儒及道德各家,皆代表统治阶级的意识形态,而仅墨子一家代表被统治阶级的意识形态。墨家便弥漫下层,为被统治阶级代言"——党晴梵《先秦思想史论略》

"墨子是直接站在劳动人民一边。"——《匡亚明教授谈墨子》

墨子的人类观点实质上是阶级论。这一思想是以《尚贤篇》为张本。所谓"尚贤"即尚国民阶级的资格,并坚持着国民阶级的立场以反对氏族贵族。——侯外庐《中国思想通史》

事实如何? 翻开《墨子》,也许我们会有些不同的看法。

《墨子》全书,现存53篇,其政治伦理思想,主要集中于《尚贤》《兼爱》等24篇和《法仪》4篇,及《耕柱》5篇。细读这些篇章,若探究墨子立论的出发点,这出发点依次应为:天下、国家和百姓,贯穿这三者的,是义。——在墨家词典里,义、利相等;义:利也。(《墨子经上》)

墨子的总体思想,一言概之,就是:兴天下之利,除天下之害。

天下,是墨子思考的出发点和归宿,载体和客体。

"天下从事者,不可以无法仪。"——《法仪》

"君实欲天下之治而恶其乱也。"——《辞过》

"天下之乱,若禽兽然。"——《尚同上》

"圣人以治天下为事者也。"——《兼爱上》

"此仁者之为天下度也,既此若矣。"——《节葬下》

言必称天下。《墨子》全书诸篇,找不出天下字眼的,没有;而且都是提纲挈领、万语归宗之语。如果说天下在墨子的表述中,多少有些抽象、空泛,那落实到现实、具体层面,这第一层,就是国家。

《非攻》主要出于国家的考虑,自不待言。《七患》开宗明义,"国有七患"。《尚贤》"是在王公大人为政于国家者,不能以尚贤事能为政也。是故国有贤良之士众,则国家之治厚;贤良之士寡,则国家之治薄。"《节用》开篇语:"圣人为政一国,一国可倍也。"《尚同》虽以天下为论述目标,却以国家为天下之实际构成,"以天下之博大,……故画分万国"。即使是"无差等"(荀子语)的兼爱,也以国家为立足点之一,所谓"视人国若己国"(《兼爱上》)。

从上所叙,可以看出,墨子,首先是个以天下为己任者。其次,是个泛国家主义者(既非鲁国主义者,也非宋国主义者),百姓人民,排在天下、国家的后面。墨子"三表"说之一,"观其中国家百姓人民之利",国家、百姓、人民依次并列,——顺带说明一下,先秦时所谓百姓,不同于今日,"是贵族的通称",见范文澜《中国通史简编第一编》第139页。春秋战国之际,百姓逐渐庶民(人民)化,但区别仍在——正是墨子思想的客观反映。

不仅如此,下面这些句子,从另一面,显示了墨子的政治倾向:

"自贵且智者,为政乎愚且贱者,则治;自愚且贱者,为政乎贵且智者,则乱。"(《尚贤中》)

"贤人唯毋得明君而事之,竭四肢之力以任君之事,终身不倦。若有美善则归之上,是以美善在上而所怨谤在下,宁乐在君,忧戚在臣。"(《尚贤中》)

"义不从愚且贱者出,必自贵且知者出……夫愚且贱者,不得为政乎贵且知者,贵且知者,然后得为政乎愚且贱者。"(《天志中》)

"义者,正也……然而正者,无自下正上者,必自上正下。"(《天志下》)

"上之所是,必皆是之,所非,必皆非之""乡长之所是,必皆是之;乡长之所非,必皆非之。""国君之所是,必皆是之;国君之所非,必皆非之。""国君唯能壹同国之义,是以国治也。"(《尚同上》)

这些主张,能是底层民众和被统治阶级的代表么?恐怕比统治阶级代表所说,有过之而无不及。所以,墨子的思想,没有,也不可能有明确、清晰的阶级意识,阶级意识充其量含含糊糊包含在天下、国家与所谓道义之中。墨子的言语之间,既没有特别偏向王公大人,也没有特别偏向百姓人民,这两个所谓势不两立的敌对阶级。墨子只是按照自定的义与非义的标准,有一说一,有二说二;有好说好,有坏说坏。这么讲,并非要否认墨子思想的人民性。侯外庐先生在《中国思想通史》中说:墨子所举以说明原则的,恰当孔子所说的小人的小知,恰当子路所谓之民人社稷;墨子的知识对象,是国民领域的农、工、商生活。这是个非常好的判断和说法,也正是墨子思想的人民性所在。人民,或者说底层民众的利益关切,是墨子思想的触动因之一,也是墨子全部理想所期待的果实之一。

第九章

赏罚分明, 以身作则带团队

1. 学会恩威并重

【原文】诸行赏罚及有治者, 必出于王公。

【译文】各种赏罚及惩治措施, 都必须以国君的名义来制定和颁布。

将帅高超的统御能力是战争胜利的决定性因素之一。优秀的将帅犹如一位高明的船长, 即使在狂风暴雨中也能像罗盘指针一样指挥船队走在正确的航道上。

管理者的影响力来自哪里? 其实无非来自于两个字, 一个是"权", 一个是"威"。在很多人看来, 管理的艺术就是"恩威并施", 如何能让员工既爱又怕, 既感觉到约束力, 又能充分地发挥主观能动性, 这几乎是所有管理者心底里最大的愿望。

"恩威并重"出自《三国志·吴书·周鲂传》"鲂在郡十三年卒, 赏善罚恶,恩威并行",意思是恩惠和惩罚这两手政策并行使用。它强调的是:在实施控制时,既要施之以恩、施之以德,感化影响、说服指导,从而赢得部属的信赖;又要施之以威、施之以权,丧验所为,奖优罚劣,使部属有敬畏感。

古今中外的政治家、统治者,大都非常推崇恩威并重的管理艺术,对臣子、下属一方面施以恩惠,笼络人心,以使他们知恩图报、誓死效忠;另一方面,又极为严格地要求下属按照自己的意愿行事,稍有不符,就当面呵斥,甚至以武力和惩罚压制,以使自己的威严得以维护并更具威慑力。实践证明,这种管理艺术是极为奏效的。

可以说曹操就是一个很会笼络人心的管理者。当初他为了留住关羽,虽然被关羽过五关斩六将,也没有怪罪于他,算是给了关羽一个很大的人情。等到曹操赤壁兵败后,在华容道几乎束手就擒的时候,说起这段往事,再加上他和张辽苦苦的哀求,引得关羽起了不忍之心,终于给了他一条生路。

曹操的这个人情用在了最关键最危急的时刻,靠他挽回了一条性命,逃回了北方。可见,人情从古至今是多么的重要。

要发挥重赏驱动的威力,必须具备两个条件:第一,把赏罚结合起来。第二,恩威并施,注重感情因素的运用。曹操十分注重赏罚。宛城一战,曹操打败。事后他深刻的总结了经验教训,看出自己失败的主要原因在于对军队管理、执法不严,以致军心涣散,临阵退缩。为此,他重新制定了一套行军作战纪律,要求令必行,纪必严。

恩威并重虽然带有明显的封建色彩,但它却给了管理者一个有益的启示:作为一名管理者,既不能无恩于人,也不能无威于人,二者不管缺少哪一种,都不足以树立管理者的威信。

管理者高高在上，工作上不体恤下属的艰辛，生活上不关心下属的困难，情感上不过问下属的冷暖，这就完全背离了人性化管理的要求，是为不恩；管理者虽然谦恭低调，但却一味无原则地迁就下属，对下属的错误言行不予指正，逐渐助长下属的歪风邪气，致使他们不听指挥、不服管教、不受约束，是为不威。毋庸置疑，这两种极端都是要不得的。因此，管理者必须掌握恩威并重的管理艺术。

日本松下电器创始人松下幸之助认为，企业管理者对待下属，应该像慈母的手紧握钟馗的利剑一样，平日里给予无微不至的关怀，犯错误时给予严厉的批评或惩罚，恩威并施、宽严相济，这样才能提高管理者的威信，从而成功地驾驭下属。

松下幸之助说，慈母的手、慈母的心，是每一个管理者都应该具备的。对于自己的下属和员工，要真心地予以维护和关爱。因为他们是你的同路人，甚至是你的依靠。但同时还必须严厉，尤其是在原则和规章制度面前更应该严厉无比，分毫不让，对于那些违犯了规章制度的员工和下属，就应该举起钟馗剑，狠狠地砍下去，绝不姑息。

随身听是索尼公司最重要的电子产品之一。一次，一家分厂的产品出了问题，总公司不断收到客户的投诉。后来经过调查发现，原来是随身听的包装上出了点问题，但并不影响随身听的使用，分厂立即更换了包装，解决了客户投诉的问题。可是公司总裁盛田昭夫并没有就此罢手。

分厂厂长被叫到总公司的董事会议上，要求对这一错误作陈诉报告。在会上，盛田昭夫对他进行了严厉的批评，并要求公司上下引以为戒。这位厂长已经在索尼公司干了几十年，这是他第一次在大庭广众之下受到如此严厉的批评，所以他感到异常难堪和尴尬，禁不住失声痛哭起来。

会议结束后，他精神恍惚、有气无力地走出会议室，正考虑着准备提前退休。突然盛田昭夫的秘书把他叫住，热情地邀请他一块儿出去喝酒。在酒吧里，这位厂长不解地问："我现在是被总公司抛弃的人，你怎么还这样看得起我呢？"盛田昭夫的秘书回答说："董事长一点也没有忘记你为公司作的贡献，今天的事情也是出于无奈。会议结束后，他担心你为这事伤心，特地派我来请你喝酒。"

接着，秘书又说了一些安慰和鼓励的话，这位厂长极端不平衡的心态这才稍稍缓和了一些，喝完酒，秘书又把他送回家。刚一进家门，妻子迎上来对他说："你真是一个备受总公司重视的人！"

这位厂长听了感觉很奇怪，难道妻子也来挖苦自己？这时，妻子拿出一束鲜花和一封贺卡说："今天是我们结婚20周年的日子，你都忘记了！"

这位厂长更加疑惑不解了："可是这跟我们总公司又有什么关系？"原来，索尼公司的人事部门对每位员工的生日、结婚纪念日等重要节日都有记录，每逢这样的日子，公司都会为员工准备一些鲜花、礼品。只不过今年有些特别，这束鲜花是盛田昭夫特意为这位厂长订购的，并附上了他亲手写的一张贺卡，以勉励这位厂长继续努力。

盛田昭夫不愧为一个恩威并重的高手，为了总公司的利益，他对下属的错误不能有丝毫的宽贷，但考虑到这位厂长是位老员工，而且为索尼公司作过突出的贡献，为了有效地激励他改正错误，更加积极努力地为公司效力，又采取了请喝酒、送鲜花的方式对他予以安抚和鼓励。盛田昭夫这种恩威并重的管理方法，被很多人称为"鲜花疗法"。

那么，管理者如何做到恩威并施呢？

(1)以人为本顺民意

管理者应该对下属多一些人文关怀，放下架子主动和下属多接触、多交流、名谈心，以清楚地了解他们的心理所需，并给予他们力所能及的帮助；切忌以领导自居，高高在上，对下属不闻不问，拒人于千里之外。此外,管理者在做重要决策时要民主一些,主动征求下属的意见,以争取下属最广泛的理解和支持。

(2)赏罚分明树正气

管理者如果有功不赏、有过不罚,必然无法鼓舞士气,激发下属工作的积极性,这样一来,整个企业团队就会逐渐丧失凝聚力和战斗力,必然导致政令不畅。因此,身为管理者,必须做到赏罚严明,赏要赏得众望所归,罚要罚得心悦诚服,这样才能树立起管理者的权威。

(3)刚柔相济立威仪

对待下域,管理者应以亲善为主,商带微笑,让下属如沐春风。管理者如果总是冷若冰霜,一脸严肃,下属就会敬而远之。但是,管理者也不能做没有原则的老好人,对待下属的错误言行必须及时指出,晓之以理,动之以情。如果下属所犯的错误比较严重,必须予以相应的批评和惩罚。这样,管理者才会既有亲和力,又有不怒而威的威仪。

2. 建立人力考评制

【原文】听其言,迹其行,察其所能。

【大意】听他的言论,考察他的行为,观察他所具备的能力。

墨子对起用贤人提出了任前试用、任上监督、任后评论制。

其一,墨子强调"听其言,迹其行,察其所能"。这些都是"慎予官"的体现,其实就是任前的考察与试用;其二,《亲上》篇云:"必有弗弗之臣,上必有之下。"意思是说,君主必须要有敢于谏停的大臣,上司必须要有敢于提出反论的部下。《尚同上》云："闻喜而不善，皆以告其上。……上有过则规谏之，下有善则傍荐之。"意即，听到好的与不好的，都要报告上司。上司有过错就要规劝他，下面有好的(人、事等)就要接近上司推荐之。如果任上不得力，或管理出现严重失误，就应当"抑而废之，贫而贱之，以为徒役。"(《尚贤中》)其实，这是一种严格的任上监督制度。其三，《尚贤中》云："若昔者三代圣王尧、舜、禹、汤、文、武者是也。……万民从而誉之曰'圣土'，至今不已。……若音者三代暴王纣、幽、厉者是也。……万民从而非之曰'暴王"，至今不已。"这其实就是任后评论制。

任后评论制也适合于企业，而且是企业人力资源管理的一项重要内容。企业通过考核与评价，可以全面、完整、深入地了解员工品行的优劣、才能的高低、工作表现的好坏，有利于企业人事工作的改进，实现企业人才的最优配置和工作的最佳安排。

考评是公司人事管理的一项基础性工作。它具有以下重要作用：

(1)考评是人事管理的重要环节

通过员工考评，可以使领导者完全了解员工的才能和品行，从而能做更优的工作安排；也可以使领导在作人事上的奖惩、升降、调动以及解雇时，有一个客观的评断标准和科学的依据。就员工来说，考评既是对优秀勤勉员工的一种才能和绩效的认定，也是对懒散懈怠员工的一种正式警告，有正反两方面的激励效果。由此可见，员工考评是公司人事管理中极为重要的一环。

(2)员工考评是发现、选拔优秀人才和开发人才的重要手段

有了健全的、科学的员工考评制度，对每个员工定期或不定期进行考核、评价，就可以发现优秀人才。

选拔人才的关键，在于正确识别人才，科学的员工考评能够准确识别人员的特长和优点，进而为选择人才提供可靠的依据。同时，公开的考评制度为那些有抱负、有才华、肯钻研的员工创造了理想的竞争环境，使他们能

自强不息、勤奋工作、取长补短,努力成为公司迫切需要的栋梁之材。

(3)考评可以激励员工努力进取,形成良好的组织气氛

不断完善和加强员工考评,并根据考评结果对员工进行必要的奖惩、升级、降职、任免、调动,就能够促进员工就就业业,努力上进,力争上游,充分发挥各自的专长和才智。从而形成你追我赶、生气勃勃的组织气氛,导致工作效率和公司整体效益的提高。

(4)员工考评是有效培训员工的前提

员工培训的目的是有重点、有针对性地提高有关人员的知识水平和强化他们某些方面的能力。而通过员工考评,就可以及时发掘和准确掌握员工在工作上的缺点和知识、能力或特性上的欠缺,从而为合理选择培训方式、培训时间、培训内容,有效地培训员工提供科学的依据和前提。

总之,考评的目的是为了促进工作效率,故不仅可将员工的考评成绩作为奖惩、升迁、降调、晋级、提薪、撤免等人事处理的依据,而且可以激发员工的工作热情,改善员工本身的工作,充实机构组织,充分发挥员工潜能,使其有努力的目标与方向。因此,员工考评具有深远的意义和极其重要的作用。

确定员工考评的标准和内容,是整个考评过程中的关键步骤。

员工所处岗位和职位不同,考评的标准与内容也就不同。但一般来说,都是以被考评员工的工作内容作为考评的主要项目。它主要包括:

(1)该职务的工作目标;

(2)该职务的工作责任;

(3)担任该职务所必备的知识;

(4)担任该职务的必要经验;

(5)担任该职务的各项能力要求。

员工考评的内容很多,但概括起来,考评可分为两大项:

(1)素质考评,即对某项职务的承担者是否具备职务要求的资格条

件，以及在工作实践中表现如何实施考评。

(2)业绩考评，就是对职务承担者在工作实践中所取得的成绩和效益实施的考评。

具体地说，对一般员工主要从以下方面实施考评：

(1)职业道德，主要指个人思想品质、工作态度、责任感等；

(2)知识水平，一般指学历程度、业务知识水平等；

(3)技术水平，主要指业务熟练程度、实际操作水平等；

(4)实际经验水平，主要指工作时间、工作阅历、工作熟练程度等；

(5)劳动成果，一般包括工作质量、工作效率等。

而对公司管理人员的考评则主要从下列方面进行：

(1)道德品质，主要包括道德修养、个人品行、工作作风、思想品质、责任感等；

(2)学识水平，主要是指文化程度、理论修养、专业知识和工作经验等；

(3)实际工作能力，一般是指观察想像力、判断分析力、组织能力、管理能力、领导能力、表达能力、专业能力和公关能力等；

(4)个性，主要包括创造性、主动性、积极性、协调性、果断性、敏感性等；

(5)成果绩效，一般是指工作效率、工作质量、经济成果、技术成果、管理成果、群众威信等。

应该指出的是，上述这些方面不是相互割裂、相互独立的，而是相互联系、相互制约的统一体。只有对他们全面衡量、综合考评，才能对公司员工作出系统、公正、公平和准确的考核与评价。

考评是企业人事决策的重要参考指标，同时也是鼓励员工力求上佳表现的较好途径。因此，考评讲究公正、客观就显得尤为重要。考评最终的目的是使员工了解自己工作的情况和企业的期望，所以，还必须将考评结果及时反馈。

3. 事必躬亲没必要

【原文】贪于政者，不能分人以事；厚于货者，不能分人以禄。

【大意】对权力贪婪的人，不愿意把政事分给别人去做；看重财物的人，不愿意把俸禄分给别人享用。

墨子主张，执政当权者应该适当放权，充分地整合各种人才资源为其所用，而不可完全独断、享有权力，否则的话，他就会陷入事必躬亲的烦琐的具体事务之中，虽然很辛苦，但一个人的能力毕竟是有限的，所以太过专断是很难把事情处理好的。

事必躬亲、最忙最累的领导不是好领导。圣明的君主只抓关键、要领，国家却治理得秩序井然；愚庸的君主事无巨细都要亲自过问，结果不但劳而无功，甚至政务荒废、越忙越乱。有明确的目标、统一的思想、有好的制度，就尽可以放权、放手、放心地让手下的人施展其抱负、展示其才华。因此，善于授权的领导者才是一个好的领导者。

一个领导者事事躬亲是一件美德。这种美德可以作为企业的精神和文化去宣传和教育推广，但却不适合在实际的管理运用层面去倡导。作为一个领导者来说，"有权不授"也是一把"双刃剑"，控制得太紧，就会令下面的刀剑黯淡无光、失去光彩。而如果只有你一把剑有光彩，周围的剑都没有光彩的话，这种风险和代价也是很高的：万一你这把"剑"哪一天退下来了该怎么办呢？你能保证组织成员的顺利接班、良性更替与持续发展吗？

赏罚分明，以身作则带团队

在人们的眼里，三国时蜀国的宰相诸葛亮是智慧的化身，并且非常勤政，连他自己都说："鞠躬尽瘁，死而后矣"。但是他也有一个缺点，就是事必躬亲。蜀军上上下下，事无巨细，都由他亲自过问、领导、布置，小到军队的钱粮支出，他都要一一审查。蜀国的大小将领，也都机器般地听从他的调遣，可以说一切都在诸葛亮的掌握之中。

诸葛亮凡事亲力亲为，从不相信别人。比如对待李严。李严在刘备眼里，其才能仅次于诸葛亮，刘备在临终时说："严与诸葛亮并遗诏辅少主，以严为中督护，统内外军事，留镇永安"。

刘备目的很明确，让诸葛亮在成都辅刘禅主政务，让李严屯永安拒关并主军务。诸葛亮秉政后，本应充分发挥好李严等人的作用，然后他仍是事无原细，都要经己过问，惹得李严老大不高兴，矛盾日渐加深。后来诸葛亮以第五次北伐为借口削了李严的兵权，调汉中做后勤工作。后来又由运粮事件，"废严为民，徒梓勤郡"，自己亲自担任运粮官，结果导致五丈原对峙旷日持久，军心涣散。司马懿闻后断言："亮将死矣"。果如其言，不久诸葛亮就被活活累死了。

因此，一个领导者权力欲望不能太强，特别是这个领导者总是认为自己能力很强，处处要求别人按照其设定的要求行事，甚至事事躬亲，必然会消弱组织的活力、创造力。所谓事必躬亲是指领导什么事都抓，什么事都管，没有巨细之分。这样的领导虽说是十分负责任，但是这种责任感却会让其他人感到不舒服。事必躬亲的唯一好处也许就在于让人敬佩领导的责任心，但其弊端就太多了，主要有以下几点：

(1)领导者事必躬亲占用了自己的大量时间与精力，这不利于他集中力力量对组织的全局性工作做深思熟虑的思考，结果可能会抓了芝麻，却丢了西瓜。领导在组织中发挥的应该是"脑"的作用，而不是"手"的作用。

(2)使下属的智能与潜力得不到充分的发挥。因为本来属于下属分内的事，领导代劳了，下属就不用花什么心思了，而且自己想要用其他的做法还不行，这就阻碍了下属的创新意识。

(3)领导者事必躬亲会使一些下属产生厌恶的情绪。例如，下属之间发生的矛盾，本来可以自己解决，领导自认为应该出面进行干涉，在不了解起因的情况下，可能会做出不公正的判断，可能使遭到不公平待遇的下属产生怨恨的情绪，使其工作积极性大减。

(4)事必躬亲会让下属产生一种不良的依赖习惯。他们什么事都想等领导亲自来解决，自从领导事必躬亲后，下属便会要你样样都管，你想不管都不行了。

在企业的实际工作中，许多领导者整天忙得焦头烂额，希望每件事情经过他的努力都能圆满完成，这种事事求全的愿望虽然是好的，但常常收不到好的效果。

美国著名的杜邦公司的第三代继承人尤金·杜邦，是个典型的喜欢事必亲躬，大包大揽的人。

尤金·杜邦在掌管杜邦公司之后，坚持实行一种"凯撒式"的经验管理模式，"一根针穿到底"，对大权采取绝对控制，公司的所有主要决策和许多细微决策都要由他独自制定，所有支票都得由他亲自开，所有契约也都得由他签订；他亲自拆信复函，一个人决定利润分配，亲自周游全国，监督公司的好几百家经销商；在每次会议上，总是他发问，别人回答。尤金的绝对式管理，使杜邦公司组织结构完全失去弹性，很难适应变化，在强大的竞争面前，公司连遭致命的打击，濒临倒闭边缘。

与此同时，尤金本人也陷入了公司错综复杂的矛盾之中。1920年，尤金因体力透支去世。合伙者也均心力交瘁，两位副董事长和秘书兼财务长终于相继累死。

显然，最终将领导者击垮的不是那些看似灭顶之灾的挑战，反而是一些微不足道的鸡毛的小事。追其根由，就在于企业领导者不善于授权。

4. 以身作则做好表率

【原文】子不能治子之身，恶能治国政？子姑亡子之身乱之矣！

【大意】你连你自身尚且治理不好，又怎么能治理国家、主持政务呢？你姑且先提防你自身的悖乱吧！

俗话说：上梁不正下梁必歪。君主不公正，臣子必然不忠诚；君主若疏远贤能、任用亲信，臣子必然妒贤嫉能、争权夺利。

换言之，领导者如果自己都不能管好自己，不能以身作则，怎么能让下属信服，怎么能号令下属呢？领导者只有以身作则，自己做到了，才可能要求别人这样去做。否则，即使别人迫于压力这么做了，也只能是"人心不服"。领导者的一言一行、一举一动，无不被下属看在眼里、记在心上，领导者的行为影响着下属的行为。"做事先做人，律人先律己，用人先育人"应当成为领导者的信条。领导者既是制度的制定者和推行者，也是制度的执行者和培训者。这就要求领导者在要求下属的同时，更应该严格地要求自己。

《晏子春秋》上记载了这样一个故事：晏婴不遗余力地辅助齐景公，总是以各种方式劝谏景公，为他出谋划策，为他匡偏救弊，所以齐国政治清明、国泰民安。但自从晏婴死了之后，再也没有人当面指责、劝谏齐景公了，景公心中为此闷闷不乐。一天，齐景公宴请文武百官，席散后一起射箭取乐。齐景公每射一支箭，都会赢得文武百官的高声喝彩。景公黯然神伤地对弦章说："我真是想念晏婴啊！晏婴死后就再也没有人当面指出我的过失了。刚才我明明没有射中，群臣却还异口同声地喝彩，这真让我难过！"弦章对景公说："您也不该都归咎于臣子。古人说：'上行而后下效'，您喜欢吃什么，群臣也就跟着吃什么；您喜欢穿什么，群臣也就跟着穿什么；您喜欢听好话，群臣也就只有阿谀奉承了！"一席话说得齐景公豁然开朗。这就是"上行下效"这个成语的来历。

由此，古人特别强调君主的道德，强调官德。孔子说："为政以德，譬如北辰，居其所而众星拱之。"（《论语·为政》）当领导的人能够做到以德服人，就会像天上的北斗星一样被群星拥戴，收到不令而行、不劳而治的功效，这就是领导者率先垂范的意义。

在我国古代，圣明的治国者无不是以身作则来保障法令的贯彻实行的。三国时期的曹操就能够从自身做起，以身作则，使自己拥有了最强大、最具有战斗力的军队，为以后的魏国立国奠定了坚实的基础。

有一次曹操带兵出征打仗，行军途中看到麦田里成熟的麦子，于是下令："有擅入麦田，践踏庄稼者，斩！"可是命令刚下达，一群小鸟忽然从田间惊起，从曹操马前飞过，那马不由一惊，一声长嘶，径直冲进麦田，将成熟的麦子踩倒一大片。曹操非常心痛，马上拔出佩剑就要自刎，众将慌忙抱住他的手臂，大呼："丞相，不可！"曹操仰面长叹："我才颁布了命令，如果自己制定的法令自己不能遵守，还怎么用它约束部下呢？"说完执意又要自刎。众将以"军中不可无帅"力劝曹操不可自刎。这时，曹操便扯起自己的头发，用剑割下一绺，高高举起："我因误入麦田，罪当斩首，只因军中不可无帅，特以发代首，如再有违者，如同此发。"于是人人自觉，小心行军，无一践踏庄稼者。

古人尚能够做到以身作则，现代社会的企业领导者更应当修炼自己，为员工树立榜样。领导者的示范激励作用，能够大大振奋员工士气，提高下属的工作效率。

2007年5月，美国国家公路交通安全管理局在全美开展了一项活动，主题为"系上它，否则开罚单"，旨在鼓励人们在开车时系安全带。美国总统布什也曾指出，开车时系安全带是明智之举。后来布什驾驶一辆卡车，被一群记者给逮了个正着，此时有位眼尖的记者发现，他在开车时没系安全带，这件事立刻引起了媒体和民众的一片哗然。许多民众都认为，无论如何，作为一国的总统也要为国人做出一些表率的。

那么，领导者应该在哪些方面起到表率作用呢？

首先，领导者的自律作用。

领导者要在团队中起到先锋模范作用，必须以高标准严格要求自己，因为领导者的工作和生活习惯，会对下属的行为产生十分重要的影响。领导者切不可因为手上有一定的权力，就放松对自己的要求，甚至为所欲为，酿成重大失误。领导者应该高度自律、不断反省，提高自己的道德和管理水平，为大家做好表率。

其次，领导者的带头作用。

"火车跑得快，全靠车头带"。优秀的领导者应该具备"火车头"和"领头雁"的精神。如果说领导是领头雁，下属就是一个雁队，他们的眼光都紧盯着领头雁，领头雁飞向哪里，雁队就飞向哪里。所以，一旦确定了正确的目标，领导者就要带领下属朝着目标奋力前进，并保证方向不会出现偏差。

振臂一呼、应者云集的领导能力,绝不是一个领导职位就能赋予的,没有追随者的领导者,剩下的只是职权威慑的空壳。也就是说,是追随者成就了领导者。领导者总是员工目光的焦点,员工往往会模仿领导者的工作习惯和修养,因此,领导者必须以身作则,养成良好的工作习惯和道德修养。

正所谓:"源清则流清,源浊则流浊。"总而言之,领导者一定要以身作则,只有做好自己,才能尚同控制。

5. 用铁的纪律约束团队

【原文】天下从事者,不可以无法仪。无法仪而其事能成者,无有也。

【大意】天下做事的人,不可以没有法则,没有法则而把事情做好,那是从来没有的事。

"没有规矩,不成方圆",这是日常生活中极为常见的一句话,它很好地说明了规则的重要性。

军队的战斗力来自于铁的纪律,企业的战斗力和生命力来源于各级人员良好的精神面貌、崇高的职业道德和严格的规章制度。缺乏明确的规章制度、流程,就容易产生混乱,如果有令不行、有章不循,按个人意愿行事,就会屡犯禁令,适得其反,把事情办砸。

对于一个企业而言,如果没有制度和纪律,就必然会造成整个企业执行力的缺失,以及部门的内耗、操作系统的紊乱。所以,在一个企业里,敬业、服从、协作等精神永远都比任何东西重要。当然，这些品质不可能与生俱来，所以，对员工进行培训和灌输纪律意识显得尤为重要，就像军队不断要求每个人的着装和仪表一样，最后是要让所有人都明白："纪律只有一种，这就是完善的纪律。"

当然，从学习规则、遵守纪律、树立纪律意识、刻意使自己的行为服从于纪律，到自觉把纪律变成自己的习惯，需要一个较长的过程，需要克服自身许多不完善之处。但只有把纪律变成习惯，才能具备持久的战斗力。

每一个企业员工都要具有强烈的纪律意识，在不允许妥协的地方绝不妥协，在不需要借口的时候绝不找借口——比如质量问题、对工作的态度等。

对组织而言，纪律就是有形的规章制度和无形的企业文化，属于约束行为的范畴。但是对管理者则有着更深一层的意义，纪律是管理者个人本身的管理品格。组织的运作需要有明确的规章制度作为行事规范，但是要让规章制度发挥效用，就需要管理者有以身作则、落实纪律的精神，一位没有纪律的管理者是无法有效地领导团队的。

在组织中，恪守纪律是管理者赖以执行职务的要素，它代表着管理者对工作的态度、对角色职务的尊重以及对组织的承诺。我们知道管理工作本身是极为复杂的过程，面对不同且快速变化的人与事，若是不能维持纪律的精神就容易迷失方向，影响团队目标的实现。许多管理者之所以会身陷经营困境，其主要原因就是个人及团队失去纪律的精神，处理事务无法持之以恒。

卡莉·菲奥丽娜女士在接任美国惠普科技公司总裁时，特别强调："新一代的领导方式不再是掌握信息，信息只是一种每个人都可以享用的工具。因此，惠普倡导一种新的领导方式，这就是制定一个框架让员工去自由发挥。当员工愿意主动承担企业所面对的问题时，就能引发他内心的热情与动力,激发出创新与思考,使得企业与员工都受益。但不可以逾越企业整体发展的全局框架,这种框架既代表着员工个人的发展空间,也代表着企业组织的纪律要求。"

纪律是组织促使创新变革发挥效益的关键。组织要保持成长的原动力,就必须持续进行创新与改革,要想在企业经营中持续改革,那么纪律就是不可或缺的要素之一。在改革中必然会遭遇到许多困难,这时需要的绝不只是能力,要能随变化而快速地采取行动,依靠的是个人及团队的纪律。唯有纪律才不会失去方向,才可以有效地成功应变。

对管理者而言,纪律除了有约束他人的部分外,更重要的还是自律。纪律从某种意义上讲就是实践自己的价值观,它是个人智慧、技能与修养的具体表现。纪律的目的不是限制他人,而是自我的要求,纪律的表现不只影响自己的角色定位,也牵动着与团队成员的关系。同时,纪律的扩散性及影响力,能由管理者个人扩散到团队全部,达到上行下效的效果。

员工违反了纪律,该怎么办?当然是要惩罚,惩罚的最高境界在于能让受罚者心存感激,并找到前进之路;处罚绝不是冷酷无情,只要运用得当,处罚完全可以和正面奖励一样激励人,甚至比正面奖励还要积极有效。

某公司的处罚措施一直让员工们口服心不服,所以执行起来很有难度。于是,该公司决定重新制作处罚单。经过一番斟酌,公司总经理在原有的基础上把有关项目及形式做了合理改进后,又在处罚单上加上了一句话:"纠错是为了更好地正确前行。"而且还把标题"处罚单"三个字改成了"改进单",以减弱处罚在员工心理上造成的负面影响。处罚单印出来之后,大家都说这样的处罚单一定会比以前的效果好,因为以前的处罚单都是清一色的严肃面孔,一句多余的话都没有,如今在上面加上了一句富有人情味、教育性和启迪性的话,处罚单的面孔立即由严肃、冷酷，变得慈祥、柔和了。而且，当员工接到处罚单时，看到了这句话，心理上会产生一系列变化，由本能的反感、抵触、反抗到理解、认知、接受，再到改正错误，所以，把标题改为"改进单"再合适不过了。

实践证明，这种小小的改进意义重大，员工不但对处罚没有抵触心态，而且工作错误率大大降低了。

纪律不仅可以避免犯错，也是成功的基础。优秀的管理者绝对不要轻视纪律的能量。只要团队每个成员都永远铭记着团队的律条，那么这个团队就拥有了美好的未来。

6. 及时处理员工的抱怨

【原文】下蓄怨积害，上得而除之。

【大意】下级有积蓄起来的怨恨与祸患，上级知道后就应该立即予以排解与消除。

墨子的这一思想，对于当今的企业管理来说是一种宝贵的财富。企业管理者对员工的抱怨也应遵循这一原则——知道后就立即予以排解与消除。

张达为了更高的薪水而找了一份新工作。为了入行，他接受了远低于期望值的工资。但是几个月过后，他的家庭生活明显拮据起来，一些医疗费用让他实在熬不过去了。此外，张达越来越觉得所得的酬劳太少，跟工作量不匹配。所以,他免不了发几句牢骚,唠叨几句。

终于有一天,老板听到了他的抱怨,把他请到了办公室里,他有些紧张,开始努力向老板解释他抱怨的原因。老板静静地听着,还提醒他:"多告诉我一些。"张达有些惊讶,于是,他慢慢告诉了老板自己的家庭境况,接着又谈了很多为公司所做的工作,老板问到张达对公司、对客户、对产品的看法。张达感到奇怪,自己竟然可以聊那么久,本以为要谈的是自己的薪酬,但结果却在谈自己的工作——做得怎么样、想法、这几个月在公司所学到的东西。

随后老板还问了他正在接触的某位客户,她想知道他对于拓展客户业务的思路,而张达的确有些个人看法,于是就与她分享了。几天后,老板又邀请张达去她的办公室。这次有三四个人加入了谈话。老板把张达对这位客户的想法写在了白板上,并就此讨论了很多,随后又讨论了更多的东西,张达对这次谈话感到很兴奋。最终,张达得到的是,工作范围扩大了,薪酬更高了,并承担起了向这位重要客户提供更重要服务的职责。对张达而言,这次讨论发生在那家公司迅速成长之初,最终他成了那位"大老板"的合伙人。

这样睿智的领导很少见,她可以打发张达,或者批评他,这些做法都很简单。然而,她能觉察到双赢的可能性,员工有抱怨至少说明了两点:一是企业在发展中出现了问题,二是员工在成长中有烦恼。而这对于一个企业而言,是很正常的,因为作为企业,总是在不断地解决问题中成长。

管理者大可不必对员工的抱怨产生恐慌,但一定要认真对待。

首先,员工可能会对很多事情产生抱怨,但总体而言,可以分为以下四类:

(1)薪酬问题

薪酬直接关系着员工的生存质量问题,所以薪酬问题肯定会是员工抱怨最多的内容。比如本企业薪酬与其他企业的差异,不同岗位、不同学历、不同业绩薪酬的差异,薪酬的增长幅度、加班费计算、年终奖金、差旅费报销等等都可能成为抱怨的话题。

(2)工作环境

员工对工作环境和工作条件的抱怨几乎能包括工作的各个方面,小到企业信笺的质量,大到工作场所的地理位置等等都可能涉及。

(3)同事关系

同事关系的抱怨往往集中在工作交往密切的员工之间,并且部门内部员工之间的抱怨会更加突出。

(4)部门关系

部门之间的抱怨主要因为以下两个原因产生:部门之间的利益矛盾;部门之间工作衔接不畅。那应该如何处理员工的抱怨呢?

其次,处理员工抱怨的实用方法可以总结为一个总原则,四个分步骤:

一个总原则:就事论事,尊重任何员工的任何抱怨

有的管理者认为有些员工经常故意捣蛋,故意找茬,对于这样的员工所谓的抱怨也要尊重吗?我的回答是也要尊重,你郑重地处理他的抱怨,再故意捣乱的人也会被感动,以后就不再捣乱了。

四个分步骤:

(1)乐于接受抱怨

抱怨无非是一种发泄,他需要听众,而这些听众往往是他最信任的那部分人。当你发现你的下属在抱怨时,你可以找一个单独的环境,让他无所顾忌地进行抱怨,你所做的就是认真倾听。只要你能让他在你面前抱怨,你的工作就成功了一半,因为你已经获得了他的信任。

(2)尽量了解起因

任何抱怨都有他的起因,除了从抱怨者口中了解事件的原委之外,管理者还应该听听其他员工的意见。如果是因为同事关系或部门关系之

间产生的抱怨,一定要认真听取当事人的意见,不要偏袒任何一方。在事情没有完全了解清楚之前,管理者不应该发表任何言论,过早地表态,只会使事情变得更糟。

(3)平等沟通

实际上80%的抱怨是针对小事的抱怨或者是不合理的抱怨,它来自员工的习惯或敏感,对于这种抱怨,可以通过与抱怨者平等沟通来解决。管理者首先要认真听取抱怨者的抱怨和意见,其次对抱怨者提出的问题做认真、耐心的解答,并且对员工不合理的抱怨进行友善的批评。这样做就基本可以解决问题。另外20%的抱怨是需要做出处理的,它往往是因为公司的管理或某些员工的工作出现了问题。对抱怨者首先还是要平等地进行沟通,先使其平静下来,阻止抱怨情绪的扩散,然后再采取有效的措施。

(4)处理果断

需要做出处理的抱怨中有80%是由管理混乱造成的,由于员工个人失职只占20%,所以规范工作流程、岗位职责、规章制度等是处理这些抱怨的重要措施。在规范管理制度时,应采取民主、公开、公正的原则。对公司的各项管理规范首先要让当事人参加座谈共同制定,对制定好的规范要向所有员工公开,并深入人心,只有这样才能保证管理的公正性。如果是员工失职,要及时对当事人采取处罚措施,尽量做到公正严明。

在知识经济社会,企业的最大化最终是人的最大化,没有人的最大化,也就没有企业利润的最大化。不管是抱怨还是牢骚,总结起来,其实都反映了员工与企业共同价值观塑造之间的矛盾,与企业协同成长之间的矛盾,与企业新的利益同盟体建设之间的矛盾。员工因为各种原因,会心生牢骚,这种牢骚像传染病一样,对公司极其不利。在国外,许多大型的、管理规范的、提倡以人为本的企业,都会定期进行员工满意度调查。管理者根据反馈结果了解组织发展中存在的问题,并调整、制定相关政策。这种做法创造了企业的良性发展和员工情绪高涨的"双赢"效果。

7. 领导要有"智囊团"

【原文】使人之耳目助己视听，使人之吻助己言谈，使人之心助己思虑，使人之股肱助己动作。助之视听者众，则其所闻见者远矣；助之言谈者众，则其德育之所抚循者博矣；助之思虑者众，则其谋度速得矣；助之动作者众，即其举事速成矣。

【大意】用别人的耳目帮助自己视听，用别人的嘴帮助自己言谈，用别人的心帮助自己思考，用别人的四肢帮助自己动作。帮助视听的人多，那么他所见到的和看到的就广远；帮助他言谈的人多，那么他的善言所安抚存恤的范围就广大；帮助他思考的人多，那么他的考虑就会很快有所得；帮助他行动的人多，那么他办事就会很快成功。

墨子在此是主张领导者要有一个"智囊团"，让"智囊团"帮助自己视听、言谈、思考和行动。

任何一个企业的领导者都需要"智囊团"的指点与帮助，以避免决策的失误，提高工作的绩效。"智囊团"的出谋划策可以让企业拥有更为广阔的生存空间，比起领导者一人的智慧，更胜一筹。

所谓"智囊团"，就是选择一些学有专长、富有知识和才干的各类人士，把他们组织起来，为领导决策当参谋、出主意、想办法。这些智囊人物参与决策，有领导者和其他人不可替代的优势。

他们有广博的专业知识,掌握现代科学方法和先进技术,可以集中时间和精力去收集充足的信息资料,对决策问题进行深入分析和多方面比较。

他们所处的特殊地位,使他们观察处理问题时容易做到客观、公正。

他们既能为领导者决策提供一系列经过定性、定量分析和可行性论证的可供选择的方案,又能为领导者设计和调整实施和决策的具体方案。

他们既能收集、分析、筛选、整理信息,使有价值的信息迅速而准确地反映给领导者,又能进行科学预测,向领导者适时提出战备性的建议。

对于比尔·盖茨,我们都不会陌生,微软在他的带领下,招贤纳士,组建起了一支庞大的科学家队伍。

如今,微软研究院拥有700名研究人员,单是亚洲研究院就有120人,5年时间里取得了一系列辉煌的成绩——在国际一流学术刊物和会议上累计发表论文近600篇;申请国际专利逾百项;3项多媒体及网络方面的技术成果被国际标准组织所接纳。亚洲研究院的负责人张亚勤认为,微软建立研究院,是做战略投资,就像公司买了保险。

在微软,研究院起着"智囊团"的作用。研究院不仅仅能推动产品研发,还是新产品的孵化器。比如Windows CE(微软为嵌入式设备打造的操作系统)概念,就是1994年研究院首先提出的。亚洲研究院最初成立时,微软总部曾许诺,6年内投资8000万美元,而实际上到第4年的时候其投资就已经超过8000万美元了。

现代智囊团是一个相对独立的研究机构,它的活动是从客观事实出发,依据科学的论证和实验,做出符合实际的结论。它只尊重科学,服从真理,只对事业负责,对自己的研究成果负责。因此,领导者必须尊重他们的独立性，不干涉他们的研究工作，让他们通过研究得出自己的科学结论。领导者可以下达任务、出研究题目，但不能画框子、定调子，束缚他们的思想和手脚。

最坏的做法是：领导者事先拿出一个主观的结论，然后让智囊团去找事实为其做注脚，或引用"科学道理"来论证他的结论的正确性。依靠这种自欺欺人的做法是很难做出科学决策的。

1994年，美国著名管理学家杜克受聘于美国通用汽车公司担任管理决策顾问。第一天上班时，该公司总经理斯隆就对他说："我不知道要您研究什么，要您写什么，也不知道该得出什么结论。这些都该是您的任务。我唯一的要求，只是希望您将您认为正确的东西写下来。您不必顾虑我们的反应，也不必怕我们不同意。尤其重要的是，您不必为了使您的建议为我们接受而想到调和折中。"

这番话是很值得领导者思考的。"智囊团"与其他组织和机构相比较，具有以下明显的特殊性：

(1)"智囊团"不是行政机构

"智囊团"虽然可以作为企业的一个部门或机构，但它不承担日常行政事务，不介入日常管理工作，也不能对下发号施令。它的职能是为领导者决策服务，是向领导者提供信息、建议、方案，它的主要精力用于研究重大、长远的问题。因此，不能把"智囊团"人员当成行政人员看待，不能对他们采取同其他部门一样的领导方式。

(2)"智囊团"不是秘书班子

"智囊团"是由各方面专家组成的"谋士"班子，是领导者的"外脑"、"思想库"，是专门为领导出谋划策的，完全不同于秘书班子。秘书班子是以领会和贯彻领导意图为使命的，并以领会和贯彻的准确性作为评价其工作优劣的基本准则。而"智囊团"是以客观、科学的研究成果为领导者服务的,能提出多少真知灼见是评价他们工作优劣的根本标准。如果"智囊团"只会看领导者的眼色行事,不敢指出领导者的错误主张,就不能成为"智囊"。

(3)"智囊团"的工作具有独立性

智囊机构虽是企业的一个部门,智囊人物虽是领导者的下属,要在领导者的委托和指导下进行工作,但现代"智囊团"是一个相对独立的研究机构。

"智囊团"在许多时候功不可没,失去了其支持作用,领导者的自信心往往会有些许回落,或者力不从心,从而阻碍企业的进程。但是,重视"智囊团",却不能"照单全收"。如果将"智囊团"视为"万能博士",就会适得其反。某些领导者对"智囊团"惟言是听、惟计是从,这是一种对自我、对企业都不负责任的做法。

一方面,领导者若没有自己的判断分析,不去积极评估事实本身,无疑会让自己在工作中陷入被动,削弱自己的中心地位,甚至会被认为是懦弱,也可以给某些别有用心者以可乘之机,其后果不言而喻。

另一方面,从"智囊团"本身的工作来看,虽然具备了专业知识和背景,也有可能对被研究对象的一些社会因素、能力及社会背景等方面估计不足,在结论与现实操作中出现偏差。

所以,作为领导者如果"照单全收",就极可能得出错误决策,以致误入歧途,而充分分辨、去伪存真、有所取舍方为上策,对符合情况的真知灼见大胆启用,对某些偏差之处合理裁剪。所谓"取其精华,弃其糟粕",这正是领导决策的可贵之处。

要注意的是,"智囊团"最后的建议并不能代表领导的决策。如果"智囊团"的意见每次都百分之百地被领导采纳,说明这个"智囊团"不是越权就是代庖,或者说这个领导者能力低下。领导者对"智囊团"的意见既要认真听取、积极采用,又要审慎处理、分清正误、自有主张。

延 伸 阅 读 :

最早的"老大"墨子

要成为墨家弟子，《庄子天下篇》说，"不能如此，非禹之道也，不足谓墨"，可见墨家是个有严格要求，纪律严明的组织，不是算个人就能"入会"或"入党"。

《墨子》书中，两件相反又相似的事，很能说明墨子跟弟子之间，这种近乎"老大与小弟"的关系。

一是有个叫高石子的，墨子把他安插进卫国，搞了个一官半职。卫君对他不错，高石子本人也想好好干；但没做多久，高石子就离开卫国，跑去在齐国的老师那里，说：卫君看在您的面子上，对我不错，我也想好好做，可卫君不把我的话当回事儿，所以我跑出来了。卫君不会认为我是狂妄之人吧？墨子回答他说：如果你走得有道理，怕人说什么狂妄。高石子说：我哪敢随随便便就离开，老师您教过我，不该要的钱，再多也别动心。墨子一听很高兴，把大弟子禽滑厘叫来身边说：你听听！不择手段弄钱的，见的多了；有钱也不要的，今天高兄弟做到了。（《墨子耕柱》语译）

另一个名叫胜绰的弟子，墨子把他安排在齐国项子牛那里。项子牛做什么，胜绰都跟在后面屁颠屁颠的。墨子一听，派个人要项子牛把胜绰给辞了，说：我把胜绰弄在你身边，是要看着你别干坏事，现在，这家伙只顾沾着口水数钞票，你干什么他都随你，这不是快马扬鞭、助纣为虐么？胜绰这家伙真是被钱冲昏头了。（《墨子鲁问》语译）

这两件事，让人想起《鹿鼎记》里"红花会总舵主"与"青木堂堂主"的关系，也突显了墨子不怒而威，对众弟子家长式的控制。因此，有人推测说，墨家是中国历史上第一个政党组织，也是后世黑社会的源头和雏形。

　　另一个故事，佐证了这种说法。自我感觉良好——"毋俞于人乎"——的耕柱子，墨子在楚国，给他弄了个官。耕柱子当了官，几个同门兄弟去看他，去了四个人，煮了半锅饭；饭没吃饱；饭后，也没安排个娱乐活动什么的。几个小兄弟憋了一肚子气，"回京"后，参了耕柱子一本，说"耕柱子在楚国当官有什么用，我们几个不远千里去看他，吃得寒酸不说，一吃完，就把我们晾在一边。"墨子嘿嘿一笑，"话别说得太早"。果然，没几日，耕柱子托人送来一堆钱，还附上一封短信，诚惶诚恐地说：这是专门孝敬给老师您的。墨子点点头说：瞧，我说什么来着！（《墨子耕柱》语译）

　　据说，墨子步行天下，奔走不歇，以及墨家子弟的活动经费，很大一块，就来自像耕柱子这样出外做官者的供奉。否则，没有钱，门都甭想出去，更别奢谈什么远大理想和抱负了。

　　这样的师徒关系，不仅孔门师徒中看不到，而且，让墨子的形象，有一种老大的味道。

第十章

学思并用，做最适合自己的事

1. 知识就是资本

【原文】为义而不能，必无排其道。譬若匠人之斫而不能，无排其绳。

【大意】行义而不能胜任之时，一定不可归罪于学说、主张本身。好像木匠劈木材不能劈好，不可归罪于墨线一样。

墨子在这里指出，做事首先要反省自己，不要怪知识。

什么是知识？墨子认为，知识由七个方面组成，即：

闻知：由传授得来的知识。如学生上学获得的书本知识。

说知：不受时空阻碍而推论出来的知识。如八月十五月儿圆，因以前每个八月十五是这样，推知今后也是如此。

亲知：由亲身经验和观察得来的知识。如从实践中总结出来的战争经验。

以上三者为知识的来源。

知名：用来表示事物的名称。

知实：用来表达某一事物的实质。

知合：名和实的相互符合。

知为：把握了事物并立志去实行。

以上四者为知识的体系及其实践意义。以"知为"作结，说明知识离不开实践，离不开人们的生产劳动等社会活动，这是极其宝贵的思想。

知此七者，便可以成为一个有知识的人。

也许你的家境使得你无法在专门学校或高等学府学习，甚至你还可能有很沉重的负担，但是你总可以抽出一些业余时间来强迫自己读书。如果你每天都能挤出一个小时来专门学习，长此以往，最后所积累的知识必定非常可观。这样的做法与习惯，要比那些没有生活目标，每天只知吃喝玩乐、混日子的人强多了。

李嘉诚曾经说过："这个时代所需要的是有知识的人。"的确，过去中国的企业需要大量的工人，任何人不管受教育程度怎样，只要品行尚可、做事有条理，随时可以获得一个工作职位，但如今的情况已非昔日可比。

李嘉诚在茶楼当学徒的时候，同事们闲下来就打麻将，李嘉诚却捧着一本《辞海》啃，日日如此，翻得厚厚的一本《辞海》都发黑了。李嘉诚形容自己不是求学，是在抢学问。

在一次记者招待会上，一位记者向李嘉诚提出了一个问题。他说："你是华人的首富，你认为在你的创业过程中，什么对你起到的作用最大。是别人所说的幸运吗？"李嘉诚谦逊地说："坦白地说，我在创业初期，几乎百分之百不靠运气，而是靠工作、靠辛苦、靠智慧的头脑。百分之九十得益于自己平时多读书、多思考。"

正是靠了这种抢学问的精神,才会创造条件使幸运之神得以降临,否则,没有了精神的基础,天上掉下来的金钱也会拿不住。

一个人应时时注重充实自己的生活,提高自己的知识,不应该浪费自己的空闲时间。不仅如此,还经常注意与事业相关的东西,并且总能保持一种乐观积极的心态,做起事情来非常敏捷,善始善终,那么这样一个人,可以断定他将来的前途一定很光明。

最为可怜的是那些不学无术的人,上了年纪后再也无法弥补学识的不足了,加上他们没有好的经济条件,竟然连普通人的境地都达不到,他们既谈不上有什么志趣又缺乏自信,这样的人生实在没有什么意义!

我们必须懂得,平时学问上的努力和经验上的积累,才能使一个人能胜任他的工作。一个人积累的学识与经验就是他获得成功的最重要资本。所以,你要在体内积累这些资本,要做到这一点就必须集中精力、毫不懈怠、积年累月地去做。这样一旦能储蓄这些能量就是无价之宝,所以,每个人都要趁着年纪尚轻,珍惜时间,刻苦努力,否则他将来的"收成"一定十分有限。

"时势造英雄",当今的时代是知识经济的时代,出现了一批领导知识经济潮流的知识英雄,他们是新的财富拥有者。他们是新技术的发明者,也可能是知识产品的创造者,或者是知识经济企业的领头人。他们均是走在知识经济前列的知识英雄。

在当今社会,知识信息和中古时代帝王的权杖一样,成为一种标志和可能——拥有知识的人,可以成为最有权力,也最具有创造财富资源的人。但是,也并不是任何形态的知识都可以"兑现"为成功,使你成为有权者。拥有知识是成功的必要条件,你必需拥有"专业知识",有专业、特殊的才能,方可成功致富,使你成为耀眼的明星。就个人而言,当今中国最值钱的是谁呢?据一个专业的资产评估所认定,是一个叫袁隆平的人,他的名字的"品牌价值"高达1000亿人民币。

　　袁隆平是湖南省农科院的教授、中国工程院院士,是世界上第一个成功地利用水稻杂交优势的人,在国际上被称为"水稻杂交之父"。在中国这样一个有13亿人口的大国,在耕地面积不断缩小的情况下,还能够丰衣足食,在很大程度上要归功于他。他使过去亩产只有300多公斤的水稻产量增加到500多公斤。而他现在正在培育的超级杂交水稻将把亩产进一步提高到800多公斤。为支持该项目的研究,项目报告递交的第三天,国务院总理朱镕基就直接批了1000万元人民币作为研究经费。

　　在当今的中国,有一半的水稻种植面积和60%的水稻产量源自于袁隆平和他的助手培育出来的杂交水稻品种。他的成果在很大程度上解决了中国人民的吃饭问题。朴实的中国农民在致富的道路上没有忘记袁隆平,他们感触地说,要感谢两个"平",一个是邓小平给政策,一个是袁隆平给种子。袁隆平的杂交水稻被公认为是解决下个世纪世界性饥饿问题的法宝。在第19届世界水稻委员会上,所作出的一个最重要的决策就是发展杂交水稻。为此,他不仅获得了中国第一个特等发明奖,也获得了8个国际性大奖。人们称他领导了第二次"绿色革命",并成为联合国粮农组织的首席顾问。国际上有人甚至认为,他的发明是继中国四大发明之后的第五大发明,袁隆平对世界文明作出了很大的贡献。袁隆平是当之无愧的知识英雄。

　　在过去,许多富翁都是历经了几代的积累才会有非凡的成就。然而在如今,成为富翁的时间越来越短,他们的年龄也越来越年轻,这足以让商场上的老前辈感叹时代的神奇,而促成这一切的只有两个字:知识。

　　知识是成功的资本,也是赢得别人喜欢的前提,一个学问渊博的人很容易受到人们的欢迎。俗话说得好,人情冷暖,世态炎凉,人若没有知识,便不能一展抱负,一飞冲天。不说是别人,连自己的亲人都可能讨厌你，鄙视你。

每个人都有想要做一番大事业的理想，但是做大事必须要有一定的资本，那么你的资本在哪里呢？其实它就在你自己身上——要求你以努力的态度、负责的精神、持续不断地去学习、去读书。

自古以来，历史上这样的例子不胜枚举：年轻时打好根基的人，后来才能做成大事业。一般获得成功的伟大人物之所以在晚年能够收获一生的美满果实，大体是因为他们在年轻时就酷爱读书，也就是说播下了成功的种子。

一些青年人养成了急功近利的心态，这是非常不利的。他们不想读书，也认为读书是在浪费时间。其实，我们对任何事都不应该急于求成，不应该心存奢望，应该先在自己的大脑中一点点地储备知识与经验，作为将来成功的根本。要知道，今天社会上所需要的是受过良好教育、品质可靠、训练有素的人。

2. 学习永远都是有益的

【原文】学之益也，说在诽者。

【大意】学习是有益的，因为诽谤者反对学习的言论与他们教育他人学习的行为是自相矛盾的。

春秋战国时期，大小诸侯之间相互兼并，战争频繁，"礼崩乐坏"，"天下无道"。在此情况下，老庄学派就提出了"学无益"的观点，主张"绝学无忧"，认为无知无欲才是社会安定、保全性命的良方。但墨家坚决否定这种"学无益"的思想,极为重视教育和学习的作用,指出"谤学者"以为别人不知道学习是无益的,所以告诉别人。这种使别人知道学习是无益的行为本身就是在教导他人。既然认为"学习是无益"的,又去教导人家,这就是自相矛盾,不足以服人。

在此,墨家运用了逻辑的武器,批驳了"学无益"的论调,指出学习可以使人知"大"、知"义"、知"利",也就是能使人看清事物的本质,懂得做人的道理,取得一定的成就。

墨子本人是十分重视学习的,在出使各国时,仍随身携带许多书籍,不敢荒废读书学习之事。除了重视自身的刻苦学习之外,墨子也很注意帮助他人,每当看到不思学习之人,便主动引导他们,并力求使他们懂得为什么学习的道理。同时,墨子也很讲求学习的方法,认为学习需要师生之间的相互唱和,老师不唱或是学生不和,都不会取得太大的功效。此外,墨子对于教育的环境也多有论述。《墨子》一书中虽无一篇完整的、系统的以"劝学"为名目的文章,但其重视学习、强调"学有益"的思想是显而易见的。

墨子非常重视学校教育,以作为培育人才的摇篮,培养出来一批又一批的墨者,墨子办学宗旨是培养博学多能、文武兼备、能强力办事并富有"有道教人、有财分人、有力助人"精神的"兼士。"墨子对其弟子施以严格的组织纪律教育,培养高尚的情操和优秀的道德品质,授于各种专门的知识和各种生产劳动的技能技巧,使他们在分工合作的原则下,各从事其所能,把他们培养成真正履行墨家道义,实现"兴天下之利,除天下之害"的政治目的而行义的"兼士。"墨子的教育对象主要是"农与工肆之人",面向天下,在民间广泛招生。墨子的教育理想是使广大民众皆知为义,都有奋发向上以身殉义、以天下为己任、忧国忧民的忧患意识,和为他人利益而奋斗的侠义精神。学校教育力求使学生成为德才兼备、言行一致、义利并重、述作并重、损己利人、积极进取、艰苦奋斗的兼士,具有赴刃蹈火、死不旋踵的无私奉献精神。

学校教育仅仅是短期教育,墨子将教育延伸到学生的终身,这就是终身教育。

墨子教育的方法有以下几点:

(1)强学强教。墨子认为,既然学是为义,教也是为义,那么作学生的就必须强学,作教师的就必须强教。对于强学强教的意义,墨子在《贵义》篇曾说过一段比较概括的话:"嘿则思,言则诲,动则事。使三者代御,必为圣人。""嘿则思"属学,"言则诲"属教。整句话的意思是,沉默的时候就自己思考,讲话的时候就教诲别人,行动的时候一定符合义。做到了这三点,就可以成为圣人了。这是墨子强学强教的心得,也是他自觉遵循的行为准则。

(2)因材施教。墨子在长期的教育实践中,因人、因时、因事、因地的不同,而施于不同的教育。他要求弟子"能谈辩者谈辩、能说书者说书、能从事者从事。"墨子因材施教的方法表现在根据教育对象的特长、爱好、性格的差异,施于不同的教育内容;根据教育对象的天赋资质或才能高低,予于不同的要求标准。墨子能够认识到弟子们的材资有不同并实施相应之教,这是他长期从事教育活动的结果。

(3)学思并重,提倡实践力行。墨子在教学中很注重学思的结合,他认为在学习时,不但要知其然,更要认真地思考其所以然。在《墨子》书中,有许多"是故何也"、"何以为"、"何以知之"、"何自"等关于究其所以然的记载。就是要求弟子们开动脑筋,多加思考,注意学思并重。墨家是一个力行的学派,墨子论学更是着重实践力行,提出"以行为本"、"士虽有学,而行为本"(《修身》)等实践性的原则。

墨子认为出言必定守信用,行为必定要果断,使言行一致就像与符节相合一样,没有出言而不实行的。他坚决反对仅停留于言谈而不务实际。一个人说话,要是能够改善自己的行为,就不妨常说,如果不能改善自己的行为,就不必说,因为徒托空言,白费口舌,是无用的。

墨子是伟大的教育改革家,墨子善于独立思考,长于发现问题,敢于革弊立新,创立代表"农与工肆之人"利益的墨家学派。并在教育目的与方针、教学方法与内容等进行了一系列卓有成效的改革。

我们的人生是需要不断地充电的。整个社会都在不断前进,如果你不升级自己,那么唯一的后果就是被社会抛弃。只有不断地充实自己,我们才能让自己赢在起跑线上。

知识长时间地搁置也会随着时间地推移而逐渐淡忘,若是不回头温习,再不吸收新的知识,只怕仅有的一点知识也会荡然无存。因此,在我国的历史上有很多著名的大文豪,老年之后的文章或者是诗词反而没有年轻时候好就是这个道理。

求学是个积累的过程,没有人可以不下苦功就拥有大学问。

王安石的《伤仲永》中讲述了一个神童最终变成普通人的故事。仲永天资聪慧,五岁即能指物作诗,且文理皆有可观者,一时之间他的名气传遍乡里。人人都感到很诧异,因此很多人就请仲永的父亲做客,拿钱请仲永作诗。仲永的父亲见有利可图,就拉着仲永四处作诗,耽误了学习。结果几年以后,这个神童就变得和众人一样。

葛洪说:"学之广在于不倦,不倦在于固志"。人的生命是有限的,而求学问是无限的。一个人有了一定的学问,又能够认识到自己的学识、能力还不够,还不断学习,不断进步,养成了这种习惯,学问将越积越多。学问积累得越多,就越有智慧,志向就越来越大,成就也越来越让人刮目相看。

有句老话说得好,叫做"活到老,学到老"。人的一生都应该不断地学习新的东西,学习是一辈子的事,没有年龄阶段的限制。正因为这种孜孜不倦的学习精神,所以随着年龄的增长,对于世事才会有更高的明悟。

3. 学而不懂,等于不学

【原文】其为衣裘何以为？冬以围寒,夏以围夏,凡为衣裳之道,冬加温,夏加清者,芊芊;不加者,去之。

【大意】他们制造衣裘是为了什么？冬天用以御寒,夏天用以防暑。凡是缝制衣服的原则,冬天能增加温暖,夏天能增加凉爽,就增益它,反之,就去掉。

墨子在《节用》篇指出,做任何东西都要能实用,对于没有用的东西都可以去掉,虽然观点有点偏颇,但对于我们仍有很大启示。学习也是这样,学而不懂,等于不学,白白浪费了宝贵时间。

"学而不思则罔,思而不学则殆。"这两句话阐明了学习和思考的关系,只学不思或只思不学都容易陷入迷惑而无所获。

只读书不思考是读死书的书呆子,只空想不读书是陷入玄虚的空想家。书呆子迂腐而无所作为,空想家浮躁不安而胡作非为,甚至有精神分裂的危险。

所以,儒者主张既要读书又要思考。

读书需要有质疑精神,就如孟子所说的:"尽信书,则不如无书"。孟子的话,就是告诫我们不要迷信书本,对于书中所言,不仅不要轻信,还要多问几个为什么,进行一番仔细的甄别和思考。

读书做学问,怕的不是有疑难,而是终日读书没有疑问,书上说什么就信什么,是不会有进步的;书上说什么,不懂装懂,是无法进步的。知识并不等同于智慧,要真正使自己成为有智慧的人,必须学会思考。现实中的"书呆子"只因书读多了，思维能力渐渐丧失，结果只知按照书本办事，自然就成了呆子。

所以，书读得太多，如果不用思维消化，的确不是一件好事。如果思维退化，非但不能使我们聪明，而且还会让我们变得更加愚蠢。所以，在开卷而读后，要掩卷而思。

清代戴震指出："学者当不以人蔽己，不以己自蔽。"意思是说，读书人头脑要清醒，不要让别人的观点蒙蔽住自己的思想，当然也别自己蒙自己。戴震后来能成为一代宗师，皆因他在童年时期就表现出这样一种本能。

据说他10岁时，老师教他读《大学章句》。读到一个地方，他问老师，怎么知道这是孔子所说而曾子转述的？又怎么知道这是曾子的意思而被其门人记录下来的呢？老师说，前辈大师朱熹在注释中就是这样讲的。戴震就说，朱熹是南宋时的人，而孔子、曾子是东周时的人，中间相隔约两千年，那么朱熹是如何知道这些细节的呢？老师无言以对。

这也恰如梁启超在《清代学术概论》中所言："盖无论何人之言，决不肯漫然置信，必求其所以然之故。"古人曾这样总结："读书贵能疑，疑乃可以启信。读书在有渐，渐乃克底有成。"

没有怀疑就没有超越，没有怀疑就没有创造。怀疑是一种基本的读书态度，也是一种勇敢的读书精神。读书时，要对书中的知识敢于怀疑，认真分析，这样才既能进入书中，又能跳出书外；既不盲目信古，也不轻信新学说。尤其是不能人云亦云，而要批判扬弃。

数学家华罗庚在休息之余爱读唐诗。他不光是读，还常提出疑问。唐朝诗人卢纶有一首《塞下曲》："月黑雁飞高，单于夜遁逃。欲将轻骑逐，大雪满弓刀。"他读这首诗时，心中觉得纳闷：群雁在北方下大雪时早已南归了，即使偶有飞雁，月黑又如何看得清呢？于是就做五言诗质疑："北方大雪时，雁群早南归。月黑天高处，怎得见雁飞！"此诗一发表，立刻被许多报刊转载。

过了不久，又有一些人提出反质疑。他们认为卢纶的诗是对的，而华罗庚的质疑是错的。理由是，唐朝时，许多边塞诗人都写过大雪天有飞雁的诗句，如高适写的"千里黄云白日曛，北风吹雁雪纷纷"，李颀的"野云万里无城廓，雨雪纷纷连大漠。大雁哀鸣夜夜飞，胡儿眼泪双双落"。这样的反质疑有根有据，也颇能使人信服。

古往今来，有人埋头死读书，熬白了头发，却毫无建树。但也有人读书有疑甚至主动质疑，深入研究，从而获得成功。宋代著名学者陆九渊曾说："为学患无疑，疑则进。"读书既要有大胆怀疑的精神，又要有寻根究底的勇气和意志，更要有科学认真严谨踏实的态度。如此才能真有收获。那种食而不化，只读书不求甚解的做法，潇洒是潇洒，只怕未必能于学问有所长进。

清代著名戏曲理论家李渔，儿时读《孟子》中的一句"自反而不缩，虽褐宽博，吾不惴焉"，再看朱熹的注释："褐，贱者之服，宽博，宽大之衣。"

李渔十分纳闷，因为他自小生长在南方，所见的"衣褐者"多是富贵之人。于是，他向老师质疑："褐是贵人所穿，为何说是穷人的衣服呢？既然是穷人的衣服，那就当处处节约布料及人力，却为何不裁成窄小的反而却如此宽大呢？"老师默然不答。李渔一再追问，老师只是顾左右而言他。

李渔颇感失望，疑问数十年未解。直到远游塞外，才终于揭开谜底：原来塞外天寒地冻，牧民自织牛羊毛以为衣，皆粗而不密，其形似毯，所以"人人皆褐"。可是牧民为什么不知节约物力人力，一律穿那"宽则倍身,长复扫地"的"毯"式服呢?原来这种服装是日当蓝衫夜当被的,"日则披之服,是夜用以为衾,非宽不能周其身,非衣不能尽覆其足。"

明人陈献章说:前辈谓学者有疑,小疑则小进。疑者,觉悟之机也。叶圣陶先生也说过:教任何功课,最终的目的都在于达到不需要教,自能读书,不待老师讲。

疑能增进兴趣。读书如能以疑见读,其味无穷。大科学家爱因斯坦一生对读书始终兴趣十足,其中重要的原因就是他总是带着疑问读书。疑,常常是获得真知的先导,是打开知识宝库的钥匙。著名科学家李四光有句明言:不怀疑不能见真理。一般来说,大胆见疑与科学释疑往往是连在一起的,问题是在怀疑中提出的,又必然会在深入研究中解决,而问题的解决,便是获得真知灼见的开始。

读书贵有疑,可贵之处,就是解放思想,独立思考,敢于大胆地探索和追求.但是,提倡读书有疑,并非是不从客观实际出发,违背科学原理的胡猜乱疑.要疑的正确,疑的有长进,还要善于疑。否则,当疑时不疑,不当疑时又乱疑,那非但得不到任何知识和长进,还会把思想引上歪路,这决不是我们应取的学习态度。

明代人陈鎏说:"读书须知出入法:始当求所以入,终当术所以出。见得亲切,此是入书法;用得透脱,此是出书法。"

学是入书,思是出书。出入有道,学业可成。

爱因斯坦在总结自己的成功经验时说,学习知识要善于思考、思考、再思考。他创立狭义相对论,据说就经过了十年的沉思。只是学习,没有思考,没有消化、整理、提高,只能是杂乱无章的知识的堆积,不可能形成实际的效力。

有这样一个故事:一个老翁和一个孩子用一头驴子驮着货物去卖,

货卖出去了,孩子骑驴回来,老翁跟着走,但路人责备小孩子不懂事,让老年人徒步,于是他们便换了一个位置;而旁人又说老人心硬,于是老人忙将孩子抱到鞍上;后来看见的人说他们残酷,于是都下来。走了不久,又有人笑他们是呆子,空着现成的驴子不骑;于是老人对孩子叹息道,我们只剩了一个办法,就是我们两人抬着驴子走。

无论读书,还是做事,只是一味的旁征博引,不如思索,"脑子里给别人跑马",结果往往会弄到抬驴子走的。常听人说,现在报刊上一会说要注意晨跑,一会儿又说早晨锻炼不好;一会儿说喝茶有益健康,一会儿又说要少喝茶;一会儿将某部影片捧得上天,一会儿又将其贬得一钱不值……这便是"学而不思"者的烦恼,人云亦云,当然只有陷入迷惘的境地。

书是前人经验的总结,读书是汲取前人经验的过程,但不能自己囫囵吞枣,生吞活剥。书籍和经验也是前人智慧的结晶,亦不能置之不理,一味蛮干。会读书也要会思考,也就是我们前面提到的既要进得去,也要出得来。

能够学好理论并掌握其方法的关键在于应用。不能运用所学知识解决实际问题,那也等于白学。此种人需积极参加社会实践,向一切有实践经验的人学习,虚心地拜他们为老师,尽快地把自己的理论转化为实际运用中的能力,方能成为理论与实践相结合的"行家里手"。

能够使用学得的知识,又能够坚持既定的道德标准,规范自己行为的人,可以成为某项事业的核心力量。这种人具有娴熟的技能,又朝着自己认定的目标,执著于事业上的追求,其前途必然光明。

这一种人,如果在取得一定成就的时候便保守起来;在获得一官半职或某种荣誉之后,便躺在"功劳簿"上睡起大觉来;或者身居要位,改变初衷,干起违法乱纪的勾当,那就走上了一条危险的道路。反之,他们始终遵循选定的方向,既孜孜以求地在事业上做出成绩,又根据时代的发展、社会的进步、科学技术日新月异的变化,而不断更新观念,革新技术,学习和掌握现代化的科学理论、管理方法、操作技能和经营手段等,紧紧把握时代的脉搏,坚持的正确原则,与广大群众同甘苦,共担风险,就是社会的中坚,国家的栋梁,事业的中流砥柱。

今天,我们在形势逼人、形势喜人的内外情势下,不仅需要熟读"圣贤书"、能吟诗作赋的文人墨客,更需要能经邦治国、救济万民的经济人才和政治人才。但愿能有更多这方面的人才脱颖而出。

4. 擅长思辩,以理服人

【原文】事无终始,无务多业;举物而暗,无务博闻。

【大意】做一件事情有始无终,就不必谈起从事多种事业;举一件事物尚且弄不明白,就不必追求广见博闻。

墨子在中国教育史上首次提出了逻辑思维能力和自然科学知识的学习。墨子提倡理论的正确性和准确性,他认为学习知识重在明察事物所蕴涵的道理,重视逻辑思维能力的培养。

墨子指出学习中要注意博与约的结合。墨家的"辩"学,就是今天的逻辑学,墨子重视学生的论辩才能和逻辑思维的培养,强调形式逻辑、归纳和演绎相结合,要求学生要"察类",还要"明故",并把假言推理、选言推理和归纳并联使用,讲求以理服人,追求思辩技巧,言行有据。他自己擅长"辩",并用"辩"来启发、教育学生。

在《世说新语》中有这么个故事:

陈元方小时候就聪明伶俐、能言善辩。他还在11岁时,有一次家人领他去袁公府上做客。这位被称作"袁公"的人,是当朝的大官,同时也是位学识渊博、勤政爱民的人。到了袁公府上,陈元方彬彬有礼的举止深得大家的喜爱。

袁公很喜欢陈元方,他疼爱地拉着元方的小手和言悦色地道:"我素闻你勤奋好学、聪慧过人,想问你一个问题,你父亲在太丘做父母官,为什么能深得民心?"

陈元方不假思索地回答:"回袁大人:家父为人清正廉明,秉公执法。在治理太丘时本着为官一任,造福一方,让百姓安居乐业的原则管理,对那些倚仗权贵而作威作福的人,进行严厉的制裁;对贫困交加的百姓,去关心和帮助,使他们的生活得到切实改善。这样恩威并重、政法严明的管理,天长日久就赢得了百姓的尊重和拥护。"

袁公听后,欣喜地说道:"想不到你小小年纪,就有如此一番见解,果真是名不虚传啊!"袁公沉吟片刻后,语重心长地说:"我以前曾任郏县县令,当时也是用这样的方法来治理的。要是所有的父母官都能这样做,那天下才会太平无事,百姓才能丰衣足食啊。

陈元方道:"您和家父是智者所见略同。"

袁公高兴地把元方搂在怀里说:"你如此善于词辩,就让我来考考你如何?"

元方道:"等会畅所欲言时,如有不当之处还请袁大人见谅。"

袁公微笑着说:"依你看,我和你父亲理政的策略是谁先向谁学的?"

陈元方想了想说:"大人,您可记得古代政治家周公和孔子吗?他们先后出生在不同的年代,可是他们都有共同的目标,都为百姓而造福,都推行了仁政。为了国家的富强,为了百姓的安居乐业而奉献一生的心血。因此,他们也都深受民众的敬仰。他们的理论至今都受到拥护,谁又能分

清周公和孔子两位圣人的治理之策是谁跟谁学的呢？"说完后,元方看看
袁公的脸色,发现并没有责怪自己的意思,才长舒了一口气。

只见袁公哈哈大笑,他一把抱起元方,不住地点头称赞道:"好！很
好！回答得恰如其分,今后你一定不要浮躁,要踏实做人,将来必是国家
的栋梁呀！"又转身对陈元方的家人说:"真是后生可畏,可喜可贺呀！"

小元方的精妙之处在于他以周公、孔子的事迹作比袁公和父亲,对
二者同时称赞,不曾厚此薄彼,才博得喝彩。

陈元方在权贵面前之所以能够从容自若,因为他的辩词引经据典,
无懈可击。

《古今谭概》是明朝文人冯梦龙的一部笔记小说,其中记载了一篇这
样的故事:

从前有一位大户人家的子弟屡试不第,被全族人鄙视。这位先生也
真是不幸,科举考试好像没有他的份,尽管有满腹经纶也无处施展,这匹
被埋没的"千里马"除了暗自叹息也别无他法。

令人不解的是,他的父亲乃是当朝内阁大学士,文名天下,权势也
极大。

最令他生气的是,他自己考不上,而他的儿子第一次参加殿试,竟然
就被皇上钦点为状元。

这位先生为此饱受父亲的责备,怪他丢尽全族人的脸,不但比不上
须发皆白的老父,连一名黄毛孺子都超过了他。这位先生有口难辩,一直
默默忍受老父的责骂。

有一天,他的父亲又当着许多亲友的面开始数落他。他实在忍不住,
便反驳他父亲说:

"我的父亲是内阁大学士,你的父亲不过是一介渔夫;我的儿子是位

名状元，你的儿子是久考不中的书生。你的父亲比不上我的父亲；你的儿子又比不上我的儿子。那就是说你尚差我一截，为什么整天骂我是不肖子呢？"

那位内阁大学士听了这番申冤辩白的话语，忍不住哈哈大笑，从此再也不责备他的儿子。这位内阁大学士的儿子虽然不能和他的父亲与儿子比名声，却是一位辩论的人才。

在他与父亲的对话中，便使用了借力使力的说话术，在贬对方的同时，也等于在赞扬对方。他的父亲责斥自己的儿子，他又借此反击父亲，并用自己的儿子作陪衬。另外，他以自己的父亲来对抗，使得整段辩论滑稽可笑，道理虽歪，技巧却高人一筹，终于使得大学士无法再当众责骂他。

在辩驳中，不仅要言之有物，还要以理服人。以先人、圣哲的言行作为经典范例，更有说服力，而且不容易被对方抓住把柄。

5. 做最适合自己的事

【原文】譬若筑墙然，能筑者筑，能实壤者实壤，能欣者欣，然后墙成也。为义犹是也，能谈辩者谈辩，能说书者说书，能从事者从事，然后义事成也。

【大意】譬如筑墙一样，能建筑的就建筑，能填土的就填土，能测量的就测量，这样墙才可以筑成功。行"义"也是如此，能谈辩的就谈辩，能解说典籍的就解说典籍，能做事的就做事，这样"义"事也就可以办成功了。

墨子在长期的教育实践中，因人、因时、因事、因地的不同，而施于不同的教育。他要求弟子"能谈辩者谈办，能说书者说书，能从事者从事"。

墨子因材施教的方法表现在根据教育对象的特长、爱好、性格的差异，施于不同的教育内容；根据教育对象的天赋资质或才能高低，予于不同的要求标准。墨子能够认识到弟子们的材资有不同并实施相应之教，这是他长期从事教育活动的结果。我们的学习和工作也是如此。

在认识到自己长处的前提下，如果你能扬长避短，认准目标，抓紧时间把一件工作或一门学问刻苦、认真地做下去，久而久之，自然会结出丰硕的成果。

综观古今中外，凡是事业上取得成就的人，都有一个共同的特点，那就是做最适合自己的事。

爱因斯坦在科学上的贡献家喻户晓，而在20世纪50年代爱因斯坦曾收到一封信，信中邀请他去当以色列的总统。爱因斯坦毫不犹豫地予以拒绝。他在回信中写道："我整个一生都在同客观物质打交道，因而既缺乏天生的才智，也缺乏经验来处理行政事务及公正地对待别人，所以，本人不适合如此高官重任。"

历史学家则认为，"爱因斯坦是清醒而明智的，他的智慧和美德不仅在于他发现了相对论，还在于他发现了自己。"

有时一个人竭尽全力去做一件事而没有成功，并不意味着做其他事不会成功。所以在行动之前，先要想一下，如果选择了一条不适合自己的道路，这就注定难以成功。

而我们很多人，在人生道路上的错误往往从违背自己的性格时就开始了：售货员想要教书，而天生的教师却在经营着商店；本来只配粉刷篱笆的人却在画布上涂鸦;有人站在柜台后里三心二意接待顾客的同时却梦想着其他职业。一位优秀的鞋匠为自己社区的报纸写了几行诗歌,朋友们就把他称为诗人,于是他竟然放弃了自己熟悉的职业,利用自己并不熟悉的电脑来写作……

难怪美国总统富兰克林感叹:"有事可做的人就有了自己的产业,而只有从事天性擅长的职业,才会给他带来利益和荣誉。站着的农夫要比跪着的贵族高大得多!"

现代人才学发现,人至少有146种类型的才能,而现在的考试制度只能发现41种,人的大部分才能并未能被很好地开掘和利用。人的潜能如同在地下的石油,只有发现它,把它开采出来,它才能发光发热。

歌德一度没能充分了解自己的长处,树立了当画家的错误志向,害得他浪费了10多年的光阴,为此他非常后悔。

美国女影星霍利·亨特一度竭力避免被定位为矮小精悍的女人,结果走了一段弯路。后来在经纪人的指导下,她重新根据自己身材娇小、个性鲜明、演技极富弹性的特点进行了正确的定位,出演《钢琴课》等影片,一举夺得戛纳电影节的"金棕榈"奖和奥斯卡大奖。

阿西莫夫是一个科普作家的同时,也是一个自然科学家。一天上午,他坐在打字机前打字的时候,突然意识到:"我不能成为一个第一流的科学家,却能够成为一个第一流的科普作家。"于是,他把全部精力放在科普创作上,成了当代著名的科普作家。

每个人都有自己的特长,都有自己特定的天赋与素质。如果你选对了符合自己特长的努力目标,就能够成功;否则,就会埋没自己。

很多人的成功,首先得益于他们充分了解自己的长处,根据自己的特长来进行定位。如果不充分了解自己的长处,只凭一时的兴趣和想法,那么定位就很不准确,有很大的盲目性。人的兴趣、才能、素质是不同的。如果你不了解这一点,没能把自己的所长利用起来,你所从事的行业需要的素质和才能正是你所缺乏的,那么,你将会自我埋没。反之,如果你有自知之明,善于设计自己,从事你最擅长的工作,你就会获得成功。

正如一位诗人所说的:"如果你不能成为山顶上的高松,那就当棵山谷里的小树吧——但要当棵溪边最好的小树。如果你不能成为一棵大树,那就当丛小灌木。如果你不能成为一丛小灌木,那就当一片小草地。如果你不能是一只香獐,那就当尾小鲈鱼——但要当湖里最活泼的小鲈鱼。"

6. 虚心向他人学习

【原文】江河之水,非一源之水也。千镒之裘,非一狐之白也。夫恶有同方取不取同而已者乎?

【大意】江河里的水,不是从同一水源流下的;价值千金的狐白裘,不是从一只狐狸腋下集成的。哪里有与自己相同的意见才采纳,与自己不同的意见就不采纳的道理呢?

虚心使人进步,骄傲使人落后。伟人往往清楚地知道他们的优点,看出他们的过人之处,但他们绝不会因此就不谦虚。他们的过人之处越多,他们就越认识到自己的不足。当别人指出他们的不足时,他们都能谦虚地面对。这就是他们能不断提升自我,成就伟业的原因。

学思并用，做最适合自己的事

传南宋时江西有一名士傲慢之极，凡人不理。一次他提出要与大诗人杨万里会一会。杨万里谦和地表示欢迎，并提出希望带一点江西的名产配盐幽菽来。名士见到杨万里后开口就说：请先生原谅，我读书人实在不知配盐幽菽是什么乡间之物，无法带来。杨万里则不慌不忙从书架上拿下一本《韵略》，翻开当中一页递给名士，只见书上写着："鼓，配盐幽菽也。"

原来杨万里让他带来的就是家庭日常食用的豆鼓啊！此时名士面红耳赤，方恨自己读书太少，后悔自己为人不该太傲慢。

学习他人的一个最重要的方法是自认无知，对于大多数人来讲，这样做很难，因为人人都有虚荣心，不愿意承认自己无知。

曾经有一个学者，学富五车，精通各种知识，所以自认为无人可以和自己相比，很是骄傲。他听说有个禅师才学渊博，非常厉害，很多人在他面前都称赞那个禅师，学者很不服气，打算找禅师一比高下。学者来到禅师所在的寺院，要求面见禅师，并对禅师说："我是来求教的。"

禅师打量了学者片刻，将他请进自己的禅堂，然后亲自为学者倒茶。学者眼看着茶杯已经满了，但禅师还在不停地倒水，水满出来，流得到处都是。"禅师，茶杯已经满了。""是啊，是满了。"禅师放下茶壶说，"就是因为它满了，所以才什么都倒不进去。你的心就是这样，它已经被骄傲、自满占满了，你向我求教怎么能听得进去呢？"

保持"空杯心态"很重要，如果你坚持认为自己是多么有本事，如何有才能，你的话都可以成为权威和经典，那么你只能遭到别人的唾弃，相反，如果你能承认自己的无知，反而容易引起别人的共鸣，从而得到别人的支持与帮助。

要虚心学习他人,最重要的一点是善于肯定他人的长处,当我们真心实意地向他人学习时,首先应该对别人的长处加以肯定,每个人身上都有闪光的亮点,每个人都期待别人来发现并欣赏他的闪光之处,一旦你能够做到这一点,相信他会把这些东西展现给你。当然,有一点值得你注意,当别人向你吐诉心声后,往往期待着你能为他保守秘密,你绝对不能以此为条件去要挟他,更不能随意地把他的经历告诉别人,一旦他发现你失去了他对你的信赖,你就会永远失去他的支持。

7. 量力而行,有选择地读书

【原文】夫知者,必量其力所能至而从焉。

【大意】聪明的人,按自己的力量达到的最大能力,去做力所能及的事直到达到目的。

墨子提出凡事要"量力而行",读书也是一样。书海无涯,人生有涯。如果读书不做有效的限制,就好比大海捞针,耗尽终生也是徒劳无功。尤其是在当今知识爆炸的时代,一个人穷其一生也读不了百分之一二。所以我们要善于限制阅读范围,只有把有限的精力集中到一个目标上,才能易于取得成就,这与放大镜聚光的道理是相同的,只有把分散的阳光集中起来,才能燃起熊熊的火焰。

爱迪生年轻时曾下决心,将图书馆的书全部读完。于是,他就从第一个书架的第一本书读起,依次读下去。以爱迪生的毅力而言,他完全可能成年累月地一直读下去。后来，管理员告诉他："读书要有选择，没有选择，收获就不大，因为时间有限呀！"爱迪生这才迷途知返，从此专攻自然科学方面的书籍，最终成为闻名于世的发明大王。

有选择地去读书，才能做到有的放矢，达到获取真知的目的。在中国文学史上，陶渊明、杜甫、欧阳修都是卓有成就的文学大师。然而杜甫就不喜欢陶渊明的诗，欧阳修也不喜欢杜甫的诗。陶渊明的诗甘美自然，杜甫的诗苦深凝重，风格迥异。如果让杜甫读陶渊明的诗，让欧阳修写杜甫体裁的诗，就会强人所难，根本难以成就文学高峰。

所以，读书需要做选择，应读精华，弃糟粕。清朝曾国藩的读书方法为世人所推崇："不同之书，区别对待。应读之书宜缓宜熟；应阅之书宜速宜多。阅书如攻城，轻骑剽悍，所向无前。"

中国一代文豪鲁迅先生笔锋犀利，力透纸背。究其原因，与他的博览群书、方法得当大有关系。

对于经典的、于自己有用的书，鲁迅先生有"五到"法，即"心到、眼到、口到、手到、脑到"。"心到"，指精力集中，全神贯注；"眼到"，指细心浏览，目光敏锐；"口到"，指诵读朗读，声情并茂；"手到"，指勤用笔墨，勤记笔记；"脑到"，指善于动脑，勤于思考。用这种方法，就可以在短时间内把所读的内容牢记于心。

不仅要精读，鲁迅先生还主张浏览群书，博采众长，"必须如蜜蜂一样，采过许多花，这才能酿出蜜来，倘若叮在一处，所得就非常有限，枯燥了"。小说《狂人日记》，正是因为有相关的医学、生理学和心理学等知识，我们才觉得狂人的形象真实可信。鲁迅还主张不但要读中国的好书，也要读外国的好书，并且科学书籍也要多浏览，不要仅仅抱住目下流行的时髦书，甚至还要读"敌人"的书，做到"知己知彼，百战百胜"。

对于大多数专业外的书籍,鲁迅先生提倡多翻翻:"书在手头,不管它是什么,总要拿来翻一下,或者看一遍序目,或者读几页内容。"他认为这种方法可以防止受某些坏书的欺骗,还有开阔视野,拓宽思路,增长知识等好处。

俗话说:"开卷有益。"通常而言,这话是对的。只要读书就有好处,或从正面,或从反面增长见识;对工作,或直接,或间接都会有所补益。不过这个"卷"要开得适度,这个广泛也应当有个前提,并不是每一种书籍都适合每一个人。山上有许多野菇,有有毒的和无毒的,采菇人如果不加区分一并采回,误食了有毒的,后果不堪设想。

读书也是一样,书籍有好坏真伪,精细不一;知识有利害损益,形形色色,良恶难分。有闭门造车之文牍,亦有异想天开之篇章。苦读精当之书,收效神速,有功倍之益。念伪劣之籍,终生受损而不知应当筛选。读书不专一,太博太杂不好,虽然增长了一些知识,拓宽了视野,但不深不透,不精不专,什么也成就不了。成就不了,就相当浪费了时间,浪费了青春。

宋朝开国宰相赵普,出身乡间,少时读书不多,做官后反复钻研《论语》,他说他是"半部《论语》治天下"。这话既自谦,也自夸,但也在一定程度上反映了经典著作的"含金量"确实不一般。基于此,历代都有人像张之洞一样,为读书人"开卷"提出一些书目,作阅读的引导,帮助读书人在"岔路当中有岔路"的书山学海中,尽可能少走一些弯路。

"开卷"读书,需要拥有一种"取法乎上"的目标:多读具有生命力的经典名著,多读适合自己的有价值的书。歌德在谈到人的鉴赏力提高时说:"鉴赏不是靠观赏中等作品而是靠观赏最好作品才能培育成的。"一本好的书,有如一盏神奇的灯,不过它照亮的不是黑夜,而是求知者的心灵。因此,多"开"经典名著之"卷",可"以少少许胜多多许",以最经济的时间,取最大的收获。

现在我们称为"经典著作"、"古典名著"的书都是经过时间考验流传下来的，这一类书就是值得精读的书。因为名著中所包含的思想和知识养料要比一本普通的书丰富得多，特别是有定评的名著，更是人类智慧的汇聚。对于这样的书，我们要多读，而且要反复读，才能领略到其中的精妙之处，吸收到自己所需的营养。

延 伸 阅 读：

墨子的职业教育思想

春秋战国时期，不仅是中国奴隶制度向封建制度转变的社会大变革阶段，而且还是中国文化繁荣、思想活跃的黄金时期，这为古代职业教育思想的产生奠定了社会、理论两方面的基础。

战国初期，铁器代替了青铜器，开始广泛使用于农耕及其他方面。铁犁和牛耕相结合，极大地提高了农业生产力，促进了社会的发展。私营工商业、家庭手工业已经和官营工商业并驾齐驱，工官逐渐失去了原有的职位，工奴也逐渐得到解放，原来由官府、宗族控制的工商业者转化为独立的手工业者。因此，原来对奴隶主人身依附很强的奴隶渐渐变成人身相对独立的手工业者，个体劳动者人数不断增多。同时，专门从事学术文化的知识分子，即"士"阶层的范围不断扩大。

随着私塾的出现，"学在官府"的格局被打破，各学派的教育家都提出了自己的主张，这为古代职业教育思想的产生奠定了理论基础。孔子反对弟子樊迟学稼圃，倡导"学而优则仕"，通过举荐弟子入仕，强调了政治职业教育。管子最早提出士、农、工、商分业教育，完全朝着社会化职业教育方向发展。而由庶民上升而成为士的墨子,是当时高明的工匠和杰出的机械制造家,他招收的门徒多出身于"农与工肆之人",墨子与弟子直接从事生产劳动。因此,墨子提倡"凡天下群百工:轮、工、鲍、陶、冶、梓、匠,使各从事其所能"(《墨子·非乐》),主张社会成员要参加社会的生产劳动,因材施教,才能发挥他们的一技之长,从而促进生产的发展。可见,与其他学派相比,墨子更强调职业技术方面的教育,这种职业教育大众化颇具时代特色。

与其他学派相比,墨家创造了许多带有职业教育性质的科技成果,其科学知识之丰富是独一无二的,如在几何学、光学、力学和机械制造学等方面均有突出的成就,形成了一整套理论化的知识体系。墨子讲学授徒时,在科学研究活动中引入了实验环节,通过实地演示来进行教学,帮助学生更好地理解所学知识,教会学生运用自然科技知识指导实践,又使学生在实践中得到新的科学知识。墨子所进行的自然科技教育,注重发挥学生思维,用逻辑思维来辨析明理,注重实用与实践。胡适曾说:"墨家论知识,注重经验,注重推论。"

墨家学派是先秦诸子百家中唯一具有科学意识的学派,墨子强调自然科学知识和生产、军事科学技术知识的教育,目的在于帮助"兼士"获得"各从事其所能"的实际本领。因此,墨家学说教给学生实用的知识和技能:"能谈辩者谈辩,能说书者说书,能从事者从事,然后义事成也。"(《墨子·耕柱》)墨家的弟子也确实朝这些方向发展。在传授自然科学技术的教育过程中,墨子重视分科教学,强调实用职业技术的传习,培养创新精神与动手能力。

因此,墨子批判儒家"述而不作"、"击而鸣之"的思想,倡导"述而有作"、"不扣必鸣"的创新精神。创新必须立足于实践。墨子提出"合其志功而观焉",志就是目的,功就是效果,主张以目的和效果的统一去评价一个人的行动。"学"的目的是"行",即"士虽有学,而行为本焉"。墨子明确指出,只有在实践活动中才能获取真正的知识,教育学生不仅要学思并重,而且要理论联系实际,做到真正的学以致用。墨家弟子被推荐到各国从事不同职位的工作,都基本能胜任,就是墨子"学以致用"思想及实践的体现。

墨子精通"六艺",同时他又突破"六艺"教育,增加科技军事和科技器械生产等。墨子及其弟子不但直接参与生产劳动,练就高超技艺,而且从生产实践中探索有价值的经验,并将这些经验知识与技能作为教学内容的同时,生产制造出许多新的器械工具。在生产实践中,墨子重视实用技术的传习,强调了分工与专业技能在社会生产和生活中的作用,指出"譬若筑墙,能筑者筑,能实壤者实壤,能欣者欣"(《墨子·耕柱》)。墨子正是在要求弟子根据自己的能力选择具体科目的同时,广泛地参与生产实践,为社会培养出一大批各科专门人才的同时,也为古代的专业技术教育指明了方向。

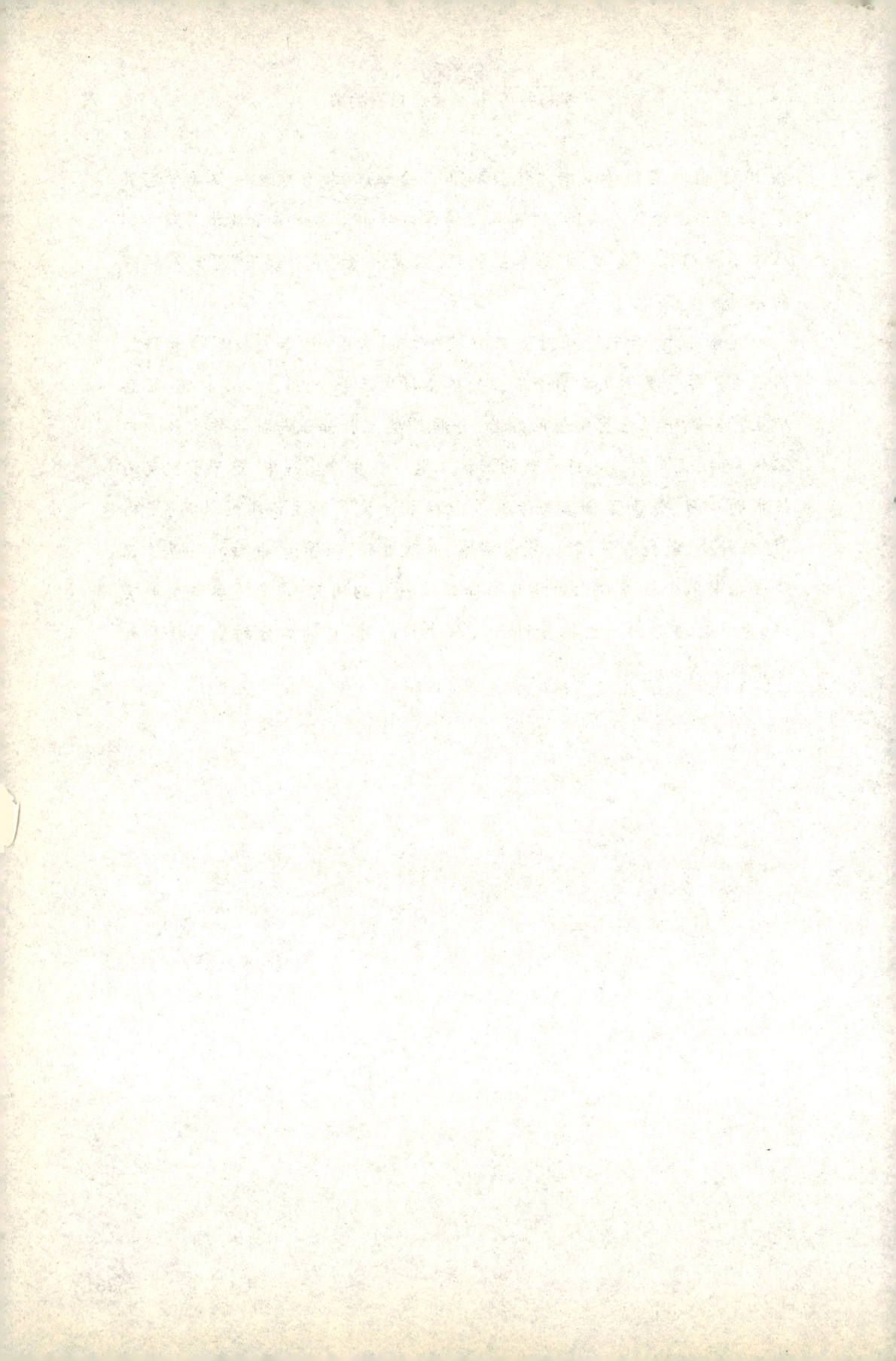